先行——
华为与深圳

金心异 陈倩 李宁 —— 著

广东旅游出版社
GUANGDONG TRAVEL & TOURISM PRESS
悦读书·悦旅行·悦享人生

中国·广州

图书在版（CIP）数据

先行：华为与深圳/金心异，陈倩，李宁著. —广州：广东旅游出版社，2021.10

ISBN 978-7-5570-2506-9

Ⅰ.①先… Ⅱ.①金… ②陈… ③李… Ⅲ.①通信企业—企业管理—经验—深圳 Ⅳ.①F632.765.3

中国版本图书馆CIP数据核字（2021）第130624号

出 版 人：刘志松
责任编辑：龚文豪
责任校对：李瑞苑　刘光焰　黄文健
封面设计：艾颖琛
内文设计：邓传志
责任技编：冼志良

先行：华为与深圳
XIANXING HUAWEI YU SHENZHEN

出版发行	广东旅游出版社
社　　址	广州市荔湾区沙面北街71号首、二层
邮　　编	510130
邮购电话	020-87348243
印　　刷	深圳市希望印务有限公司
	（深圳市坂田吉华路505号大丹工业园A栋二楼）
开　　本	787毫米×1092毫米　16开
印　　张	19
字　　数	335千字
版　　次	2021年10月第1版
印　　次	2021年10月第1次印刷
定　　价	68.00元

【版权所有　侵权必究】
本书如有错页倒装等质量问题，请直接与印刷厂联系换书。

目录

引子   1

第一部分：旋涡中的华为   001

一、壁垒   003
1. 华为在欧美市场屡屡受挫、逐渐成长   003
2. 中兴事件   006

二、盘外招   010
1. 被捕   010
2. 证据   011
3. 捆绑   014
4. "实体清单"   016

三、华为事件的影响   020
1. 华为事件对美国市场的短期影响   020
2. 备胎计划   021
3. 拒绝情绪捆绑   022
4. 供应商的抉择   024
5. 一个喷嚏   026
6. 活下去   028

第二部分：崛起   031

一、偶然？   033
1. 天时   034
2. 地利   040
3. 人和   046

二、蜜月期　　　　　　　　　　　　048
1. 无知者无畏　　　　　　　　　　048
2. 活下来　　　　　　　　　　　　052
3. "高新技术产业"发展战略　　　　056
4. 赛格引领　　　　　　　　　　　064
5. 支持华为　　　　　　　　　　　068
6. 制度创新　　　　　　　　　　　074

三、国际化创新型城市　　　　　　　078
1. 华为版"农村包围城市"与华为思科之战　078
2. 押注3G　　　　　　　　　　　083
3. 攻城略地　　　　　　　　　　　085
4.《华为的冬天》与《深圳，你被谁抛弃？》　088
5. WTO、深圳与跨国公司华为　　　093
6. 坂田的华为与华为的坂田　　　　095

四、深圳向左、华为向右？　　　　　100
1. 关键节点　　　　　　　　　　　101
2. 华为的未来　　　　　　　　　　106
3. ICT基础设施和智能终端提供商　　108
4. 从0到1　　　　　　　　　　　112
5. 科技VS房地产　　　　　　　　119
6. 深圳这五年　　　　　　　　　　124

第三部分：PERIN与GIC中的华为　129

一、ICT产业链　　　　　　　　　　136
1. 张五常：深圳+东莞会超越硅谷　　136
2. 搭车：富士康及其苹果　　　　　139
3. 短板　　　　　　　　　　　　　147
4. 升级　　　　　　　　　　　　　156

二、珠江东岸区域的创新网络 160
1. GVC 中的 ICT 163
2. "俘获型网络" 陷阱 166
3. 深莞惠做对了什么 174
4. 离硅谷还有多远? 180

三、GIC、PERIN 与华为 190
1. PERIN 与华为 190
2. GIC 194
3. PERIN 更需要华为 196
4. 逃离 198
5. 谁在培育中小企业? 200
6. 深圳还是创业之城吗? 201

四、潜在危机 206
1. 转移 207
2. "脱链" 214
3. PERIN 面临国内的竞争冲击 217

第四部分：精神共识 223

一、催生 225
1. 背景 225
2. 中国对外开放是加入美国主导的全球价值链 226
3. 《共产党宣言》 228
4. 咬合部位 232

二、被改变的华为 236
1. "狈战略" 238
2. 锤炼 239
3. IBM 基因 242

4. "不能怪鞋子不好"   244
5. 内核   247

三、共识   250
1. 三个共识   250
2. 市场化改革   251
3. 客户和货源   254
4. 全球化的世界   256
5. 第五个现代化   262
6. 三角形关系   265
7. 革自己的命   269

四、文明的冲突？   270
1. 拥抱对方   271
2. 三种解读   272
3. 任正非的自主创新观   277
4. 深圳的自主创新观   278

五、瞧，任正非这个人   279
1. 饥饿者   280
2. 军人   281
3. 人子   282
4. "中国的乔布斯"   284
5. 爱国者   285
6. 北非之狐   289

引子

2019年5月21日，在深圳坂田总部，华为创始人任正非接受42家中国媒体的联合采访。当天晚上开始，洋洋两万多字的采访实录开始在中文互联网上爆炸性传播。

在这篇答记者问中，任正非发出了许多振聋发聩的声音：

我们永远需要美国芯片。……因为我们不能孤立于世界，应该融入世界。……能获得批准的话，我们还是会保持跟美国公司的正常贸易，要共同建设人类信息社会，而不是孤家寡人来建设信息社会。

我们最重要的是要冷静、沉着。热血沸腾、口号满天飞，最后打仗时不行也没用，最终要能打赢才是真的。我们首先要肯定美国在科学技术上的深度、广度，都是值得我们学习的，我们还有很多欠缺的地方……我们国家整体和美国比，差距还很大。这与我们这些年的经济上的泡沫化有很大关系，P2P、互联网、金融、房地产、山寨商品等等泡沫，使得人们的学术思想也泡沫化了。

自主创新最主要目的是想做孤家寡人，我们想朋友遍天下。

自主创新作为一种精神是值得鼓励的，站在人类文明的基础上创新才是正确的。……但是我们要看到，科技创新是需要站在前人的肩膀上前进的，比如我们的海思并非从源头开始自主创新，也给别人缴纳了大量知识产权费用，有些是签订了交叉许可协议，有些协议是永久授权的，你中有我，我中有你，在别人的基础上形成了我们自己的创新。

自主创新如果是一种精神，我支持；如果是一种行动，我就反对。

不能使用民粹主义，这是害国的。因为国家未来的前途在"开放"。这次中美会谈完了以后，中央电视台讲到"我们要开放、要改革"，我好高兴。实际上，我们还是开放晚了、改革晚了。

这些话听在一直研究科技创新理论、又一直关心中国现代化转型走向的吾人耳中，真的感动不已。这样的声音在国内已好几年听不到了。而今中国正处在一个关键时刻，这位伟大企业家的真知灼见、逆耳诤言，以这样一种答记者问的形式冲破了种种局限，而得以上达天听、下达全国民众，能对中美贸易摩擦、对国家的改革开放产生什么样的作用，姑且不论，但通过这两万多字的阐述，任正非作为一个伟大企业家，终于超越柳传志、王石、马云、马明哲、马化腾等许多同时代的企业家，突出地呈现在历史面前；而华为已不再局限于一个"中国公司"，而是以一个"全球企业"的形象，清晰地屹立于全世界面前。

无论华为未来命运如何，无论任正非最终是怎样的成败得失，但在2019年5月21日，任正非与华为的伟大已经定格。

虽然最近十余年一直在研究科技产业，尤其是深圳的科技创新，但真正深入研究华为，还是2018年以来的事情。过去对任正非和华为一直很敬佩，但也是将他们放在前述同时代几个也很伟大的企业和企业家的群像之中。但5月21日之后，毫无疑问，华为和任正非已经分别成为最伟大的中国公司和中国企业家第一人。

最近几个月时间，我又翻阅了好几本关于华为的书籍。其中一本书中记载的任正非的一些讲话，表明5月21日任正非的许多观点和思想，并非是最近一段时间产生的，而是过去这些年里他一直坚持的思想观点。最令我赞叹的是以下两段话：

关于自主创新的问题，自主创新就陷入熵死里面，这是一个封闭系统。我们为什么要排外？我们能什么都做得比别人好吗？为什么一定要自主，自主就是封建的闭关自守，我们反对自主。第二，我们在创新的过程中强调只做我们有优势的部分，别的部分我们应该更多地加强开放与合作，只有这样我们才可能构建真正的战略力量。我们非常支持异军突起的，但要在公司的主航道上才好。我们一定要避免建立封闭系统。我们一定要建立一个开放的体系，特别是硬件体系更要开放。我们不开放就是死亡。

统一的哲学是创新的基石。王国维讲哲学才能改变中国，今天来看确实是这样的。英国、美国、日本、法国、德国及整个欧洲社会，它们在哲学体系上搞清楚了。……而我们的政策一会儿左，一会儿右，就是从上到下我们的价值观上没有统一，哲学观点没有统一。①

这两段话基本上可以视为任正非"5.21答记者问"中一些核心观点的注脚。前一段话毫无疑问出自一个工科生之口——用一个词"熵死"，就讲清楚了为什么不能搞一个封闭系统；但后一段话则完全不像工科生了，而更像一个哲学家。说实话一个做实业的企业家讲出这段话，十分令人震撼，这是沉痛的领悟。全中国的企业家能够讲出这段话的，迄今为止只看见任正非一个人。

为什么华为任正非能讲出这些话来？因为华为已真正地走向了世界，而不是在一个地域范围内坐井观天。

华为、任正非为何走到了今天？我们不得不将之置于中国改革开放、重建与世界之关系的大背景之下，而现在华为陷入了中美贸易摩擦的旋涡，可以说，其深层次的原因，同样是中国与世界之关系发生了变化。

当年中国重建与世界之关系，深圳特区是一个象征。正是因为有了这个象征中国重建与世界关系的深圳经济特区，才会有了这个真正走向世界的华为。现在中央重新赋予深圳的"中国特色社会主义先行示范区"地位，是否象征着中国重新构建与世界的关系？它能不能解决华为走向世界遇阻的问题？

可能问题取决于，中国的哲学能否与世界兼容。

作为一个全球性高科技跨国公司，在任正非的主导下，华为的哲学是可以与世界兼容的；改革开放40多年，深圳的哲学代表了一种与世界兼容的努力。

华为可以说是中国真正意义上的第一家全球性的跨国公司，它与世界兼容的努力，能为中国带来什么？探究华为这样一家企业与深圳这样一座城市的关系，必然会将我们导引向这样一个问题。

这个问题目前没有答案，希望读者诸君与我们一起思考。

---

① 摘自2017年9月华为总裁办发布的《华为之熵 光明之矢》的公司学习邮件。

第一部分：

旋涡中的华为

华为技术有限公司，是总部位于中国深圳的跨国科技公司，全球最大的电信设备制造商，全球第二大智能手机制造商，自2018年12月以来，受到全世界每个角落前所未有的关注、质疑和讨论。从1987年成立至今，在过去的30多年里华为与全球运营商一起建设了1500张网络，服务超过170个国家，覆盖30多亿人，连续5年全球电信设备市场销量第一，2019年全球份额达到28%。

越接近顶峰越是艰难，更何况登上产业链的顶端绝不仅仅取决于掌握的顶尖技术。早在2000年左右，任正非对今日华为所处的局势就有预感，他预言在登顶的道路上会和美国狭路相逢。只不过当年任正非想要求同存异——戴顶"牛仔帽"化对手为朋友，对19年后一系列风波可能出乎意料。自2018年12月1日孟晚舟被捕，此后华为被美国政府列入实体清单，任正非口中和美国在山顶"相遇"似乎凶险异常，而实际上，这一场"相遇"远比人们想象中开始得更早，持续得更久。

一、壁垒

1. 华为在欧美市场屡屡受挫、逐渐成长

让我们先交代一下华为卷入中美贸易摩擦的来龙去脉。所谓"匹夫无罪，怀璧其罪"，华为成为打击目标，是因为它作为一家中国高科技公司，进入了全球ICT（信息与通信技术）产业领域的最顶端，并在全球市场攻城略地，击败众多欧美公司而成为全球最大通信设备商。

华为随着中国宽带网络技术的崛起而迅速发展，进而开拓海外市场。早在2008年华为尝试打开发达国家市场的时候，就屡次在美国受挫，理由无外乎是美国一直认为华为公司有中国军方背景，而所谓的背景问题有可能对美国国家安全构成威胁。2008年3月，华为和贝恩资本对美国3COM公司的收购计划被美国政府否决。2010年11月美国移动运营商Sprint将华为与中兴的采购投标拒之门外，美国国防部虽然拒绝对华为或中兴置评，却在声明中表示，中国崛起的宽带网络实力给美国国防部网络安全带来威胁。

2011年初，美国外国投资委员会（CFIUS）就开始干涉华为在美投资活动，要求华为剥除其2010年5月收购的美国电脑服务器生产商3Leaf Systems（三叶系统，专利涉及云计算，以下简称3Leaf），而理由也是"将对美国计算机网络构成威胁"。2011年2月11日华为表示此举会对华为的品牌和名声造成"严重损害"，拒绝了美国外国投资委员会的要求，被很多专家认为是"史无前例"的，因为此前类似案例中的公司都按照美国政府的要求剥除了科技资产。2月18日，华为宣布放弃收购3Leaf，并称之为"一个艰难的决定"。

一周后，时任华为副总裁和美国华为董事长的胡厚崑在公司网站上发表了一篇2000字的公开信，对3Leaf事件以及关于华为公司的基本情况向公众进行说明。这篇公开信中，胡厚崑邀请美国当局对华为展开正式调查，表达了华为对美国的民主、

自由、法治和人权价值观的尊重,并表示华为在美国市场进行长远投资的决心,全文着重针对在美投资过程中遇到的对华为"与中国军方有密切联系""知识产权纠纷""中国政府的财务支持""威胁美国国家安全"的质疑、误解和传言做出回应。这篇公开信特别提到华为和其他中国的商业公司一样,享受中国政府对高科技企业的税收优惠和研发创新的支持,深圳经济特区的市场经济环境为公司提供了发展成长的良好环境;华为从来没有享受超过政策给予商业公司之外的额外资金支持,包括中国的商业银行授予华为的高额卖方信贷,实际上是提供给华为客户的。华为的一番诚恳剖白似乎和当时比利时Option电信诉请欧盟对华为和中兴通迅进行反倾销、反补贴调查遥相呼应。

对于中国电信设备企业进军美国市场的一系列受挫,国内一些专家评论这是美国将贸易问题政治化,将2008年金融危机的责任和损失转嫁给中国等发展中国家。3Leaf事件后,深圳市WTO事务中心表态,会通过促请商务部加大各国政府间的协商力度,加强对走出去企业的引导和宣传及服务建设,来帮助企业进入美国市场。商务部新闻发言人也公开表示,希望美方能够增强审批的透明度,为中国企业赴美投资提供公平待遇。

虽然连续在美国受挫,但在中外媒体看来华为进军美国市场的决心毋庸置疑,公司逐渐积累了丰富的经验,在国际技术市场竞争中日益崛起和成熟,典型案例就是在3Leaf事件后不久,华为在芝加哥对摩托罗拉向华为竞争对手诺基亚西门子网络公司泄露华为的商业机密一案达成和解,华为做出了务实的选择。此后,有关专利技术等商业诉讼不再是华为在美国市场面临的主要麻烦。

但这不意味着华为在美国市场遭遇的壁垒消失。2011年11月美国众议院情报委员会再次以威胁国家安全为名宣布将对华为和中兴等中国电信企业展开调查,要求两家公司披露与中国政府的关系,并提供使用两家公司产品的美国电信企业名单、销售报价策略清单等。这无异于是要对华为和中兴通迅的全球产品供应链进行摸底。数月后,美国六名国会议员要求美国国务院调查华为与伊朗的业务往来是否违反了美国制裁伊朗法案。美国国会于2011年通过的该法案,禁止美国政府实体与向伊朗出口用于干扰、监听或限制自由言论技术的公司签订合约。不久华为做出让步,声明将不会在伊朗寻求发展新的客户,也将会限制发展与现有伊朗客户的往来,并解释做出这一决定是由于伊朗局势日渐恶化。然而华为主动限制伊朗业务发展这一举动并没能让美国政府对华为在美投资限制松口。

华为不仅在美国的市场遭到围堵，在其他国家和地区的开拓也屡屡受阻。受美国影响，"五眼联盟"[①]的其他成员国也加入阻止华为进入本国市场的行列。2012年3月，澳大利亚政府禁止华为参加澳大利亚高速互联网网络建设的投标，理由是担心遭到来自中国的网络攻击，并表示对华为投标资格的限制并非限制中国投资。

英国对华为态度则摇摆不定。一方面，华为是在英国投资与运营的众多中国企业中品牌识别度和知名度最高的中资企业，英国官方常常将华为在英国投资、运营、扩张和科研投入作为典型案例，反映中英经济科技合作的深度。另一方面，受美国影响，2012年4月，英国《星期日独立报》（*The Sunday Independent*）透露英国情报部门认为华为的中国军方背景对英国网络安全构成威胁，时任英国首相的卡梅伦（Cameron）有可能将华为列入英国政府的黑名单，可能禁止华为继续参与英国升级4G的网络业务。受此影响，华为已经获得的欧洲各国4G网络基础设施建设合同也有可能泡汤。

与欧洲和加拿大左右摇摆的态度不同，美国坚决要利用知识产权和国家安全两张牌抑制华为在美国市场的发展。美国众议院情报委员会在持续一年多的调查之后出具了一份报告，认定华为和中兴威胁其国家安全，而路透社引述美国消息人士的话称白宫并无明确证据。华为和中兴也相继发表声明，指责美国众议院情报委员会的报告不实，目的是阻挠中国公司进入美国市场、阻碍竞争，是稍加伪装的保护主义。中国主流媒体强烈指责美国此举是在美国大选冲刺阶段的敏感时间点上，将"中国牌"作为拉票手段，并指出美国会因为其对中国企业的不公平而承受损失。

为了消除美国及其他国家对华为国际业务扩展的担忧，华为发表网络安全白皮书，承诺决不与间谍机构合作："我们从来没有损害任何国家，也没有盗窃任何国家情报和企业秘密，或者侵入个人隐私的企图。我们从来都不支持或者容忍这样的活动，我们也不支持任何国家机构希望我们从事的非法活动。"可惜就如英国《金融时报》（*Financial Times*）一篇社论指出，虽然华为努力消除欧美等国的担忧，欧美等国家却觉得华为做得还远远不够，尤其是公司所有权结构问题。《金融时报》驻北京记者拉比诺维奇（Rabinovich）的报道《藏在华为身后来到美国的中国小鱼》[②]，将华为和中兴比喻成中国工业的大鲸，而其他进入美国和欧洲的中国私营企业，在美国的投

---

① 由美国、英国、澳大利亚、加拿大和新西兰组成的情报信息共享组织。
② Simon Rabinovitch.2012."Huawei hullabaloo hides Chinese minnows—US uproar over telecom group ignores rise of smaller deals." *Financial Times*: https://www.ft.com/content/5efe1c4a-11dd-11e2-b9fd-00144feabdc0.

资引起完全不同的反应，不仅因为这些私企投资规模小，多投资于房地产、清洁能源等领域，不涉及网络和电信设备等基础设施，最重要的是这些企业没有华为所有权不清晰的包袱。虽然华为在全球电信产业链的地位逐渐上升，但美国对其主要担忧集中于以华为公司所有权为表征的安全风险上。

此后多年，知识产权和国家安全风险成为美国持续打压中国电信通信企业的常规牌，频繁地在各种时间节点上拿出来以达到它的政治目的，到 2018 年 2 月，美国仍然只是以国家安全风险为由警告美国政府部门如 FBI、NSA、CIA 不要购买华为和中兴的手机。暗地里，美国继续从各种渠道搜集不利于华为和中兴的相关证据。

2. 中兴事件

2017 年初，特朗普入主白宫，他强硬的对中贸易策略导致中美贸易摩擦升级。

美国政府持续数年的调查，终于找到一名曾服务于中兴的美国律师，并获得两份中兴通讯的内部机密文件，一份名为《进出口管制风险规避方案——以 YL 为例》，该文件详细记录了如何透过转手贸易等行为逃避美国的出口禁令，另外一份名为《关于全面整顿和规范公司出口管制相关业务的报告》。美国商务部称这两份文件是重要的确实证据，证明 2012 年中兴违反美国对伊朗出口禁令，将一批混有美国科技公司软硬件的产品出售给伊朗最大电信运营商伊朗电信（TCI）。

2016 年 3 月 7 日，美国商务部公布最后调查结果和意见，正式将中兴通讯列入"实体清单"，对中兴采取限制出口措施。2017 年 3 月 7 日，中兴认罚，同意缴纳 8.92 亿美元罚金，承诺解雇 4 名高管，并通过减少奖金等方式处罚 35 名员工，以换取美国解除对中兴的技术禁令。美国商务部将中兴通讯做成典型案例发布，以儆效尤。

但是中兴对履行处罚"偷工减料"，只解雇了 4 名高管，并未减少那 35 名员工的奖金，且再次在调查中提供虚假陈述。这导致美国将处罚迅速加码，于 2018 年 4 月 16 日对中兴重新启动为期 7 年的技术禁令，中兴将不能在生产中采用任何来自美国的产品和技术。4 月 19 日英特尔公司宣布接受美国商务部的命令，停止和中兴的交谈和技术交流，高通公司则没有做出回应。

信息科技产业几乎每个领域都离不开芯片，随着中国在电信产业的扩展，2018年中国芯片进口再创新高，达到3100亿美元，同比增长20%，芯片的贸易逆差也在2018年达到了前所未有的高度，进口额是出口额的3.7倍。根据2018年IC Insights对全球芯片产业的调研数据，美国公司占据全球半导体芯片市场52%的份额，包括中兴通讯在内的众多中国电信企业进口的高端芯片和芯片技术绝大多数来自美国。芯片是一个高度垂直分工的产业，除了英特尔之外，世界上很少有几家电路厂家能独立完成芯片从设计、制造到封装测试的整个流程，中国的半导体芯片公司也不例外。美国对中兴的技术禁令意味着中兴通讯用于生产的20%—30%的核心元器件，包括基带芯片、射频芯片、存储元器件等将被断供，且几乎找不到替代品。

4月20日，中兴发表声明，认为美国商务部制裁处罚过重，"极不公平，我们不能接受"，同时公司成立合规管理委员会，组织员工重新学习欧美法律、法规等知识，并参加合规考试。而中国国资委研究中心王绛则在4月20日发文表示：中兴通讯在欧美国家缺乏法律意识和保密意识，相关应对行为非常愚蠢和被动。

中兴一位高管匿名接受国内媒体采访，表示中兴的这次危机和中美贸易摩擦息息相关，并指出几个关键节点：2012年中兴案始于奥巴马执政期间，中美贸易平稳，2016年，调查接近尾声，美方考虑发布禁令，此时正是特朗普和希拉里角逐总统之位，2017年3月，中兴接受美方处罚，与美国商务部达成和解，此时是特朗普入主白宫的第三个月。

国内舆论有不少人赞同这个观点，认为美国"欲加之罪，何患无辞"，将对中兴的禁令作为与中国贸易谈判的筹码。这次中美贸易摩擦的确和中兴所在的高端制造业尤其是通信行业息息相关。"中国制造2025"是基于2013年习近平主席提出的"在关键领域、卡脖子的地方要下大功夫"号召，于2015年由中国国务院公布的"制造强国"的十年规划。政府期望通过制造业的创新，保持国家综合实力和创新活力。由于中国的工业尚处于后发位置，政府通过政府补助与保护背书等方式来补贴制造业厂商，使这些厂商以各种方式获得和控制产业链的技术，美国认为这不符合市场经济的做法，并以此为由对中国发动贸易打击。2018年4月，时任美国总统特朗普对中国进口产品加征关税，名单中有一部分是"中国制造2025"的相关产品。2018年5月29日，特朗普再次决定对从中国进口的500亿美元商品征收25%的关税，公告的清单直接指明"中国制造2025"的相关技术。中兴的这次危机可以说是天不时，地不利，人不和。

生死存亡的危机笼罩中兴,《福布斯》(Forbes)甚至认为中兴会很快申请破产。2018年5月6日,没有选择余地的中兴通讯低头认罚,表示已经正式向美国商务部申请暂停执行出口限制令,三天之后,又发布公告声称"受拒绝令影响,本公司主要经营活动已无法进行"。中兴的低姿态似乎取得了效果,5月14日,特朗普发推文表示"会同习近平合作,致力于让中兴恢复营业",此举立刻遭到民主党参议员和美国众议院拨款委员会的激烈反对。5月22日,特朗普在白宫会见媒体时表示,初步确定将对中兴通讯的罚款提高至13亿美元,并要求中兴更换公司领导层和董事会,作为放宽对中兴7年出口限制的条件。美国参议院银行业委员会继续扮白脸,立刻通过了一份附加在有关改革美国外国投资委员会的立法草案中的修正案,限制特朗普放松对中兴通讯的制裁。一番唱作下来,5月25日,美国商务部向美国国会通报,拟有条件地解除向中兴通讯出售美国公司生产的产品和技术的限制令。收紧在中兴通讯脖颈上的绳索终于有所松动,而美方留给中兴执行惩罚的期限也不宽裕。

2018年6月7日,美国商务部长威尔伯·罗斯(Wilbur Ross)表示美国政府已经与中兴通讯达成和解,以交换美国政府解除中兴的出口禁令,中兴需要立即缴纳10亿美元罚款,并于协议期内在第三方留存4亿美元保证金,在30天内撤换董事会和管理层,以及允许美方指定人员加入公司的合规团队。扮白脸的几位跨党派参议员当日对《2019年度国防授权法案》进行了新的修正,禁止美国所有政府机构购买或租用中兴、华为及其下属或子公司的通信设备和服务,同时禁止美国政府为中兴、华为及其下属及子公司提供补助或贷款,并且恢复对中兴通讯违反出口管制的惩罚。6月18日,维持对中兴通讯惩罚的《2019年度国防授权法案》在美国参议院以压倒性多数通过。接下来中兴是否能及时迅速有效地执行美国商务部的惩罚,将决定这家公司是否还拥有在全球电信产业链中的玩家身份。

2018年6月29日,在中兴通讯A股和H股恢复交易所交易后的17天,公司董事会全体14名董事辞职。相应的,美国商务部宣布从7月3日至8月1日,部分解除对中兴的出口禁令。2018年7月13日,中兴通讯缴齐10亿美元罚款和4亿美元保证金后,美国商务部正式解除对中兴的出口禁令,中兴终于可以恢复正常生产。经协调,《2019年度国防授权法案》中有关维持对中兴禁售令惩罚的修正案也被删除。8月24日,美国商务部委任前联邦检察官霍华德(Roscoe Howard)加入中兴合规团队。

中兴事件落下帷幕，美国对中兴的严厉制裁和封杀几乎将这个全球通信技术产业链上的大玩家从产业链上拿掉，这对中国跨国科技公司的震撼是极其深远的：一方面，中国半导体行业的高阶芯片研发领域的短板从没有如此明白清晰地展露在所有人面前——对美国芯片企业的高度依赖随时可能让中国通信技术产业链断掉。在对中国"无芯""缺芯"的反思中，中国多个跨国科技公司宣布进军芯片研发领域。根据2018年IC Insights对全球芯片产业的调研数据，相较于美国52%的全球市场份额，中国大陆的全球市场份额为13%，比中国台湾16%的全球市场份额还要低。短期内，中美在芯片研发制造的差距很难缩小，美国暂时还是全球芯片的主导者。

另一方面，更多有识之士清醒地认识到美国对中兴和华为等企业的围堵是无可避免的结果，中兴事件对后来的华为事件几乎有预言的意义。中兴事件中，《2019年度国防授权法案》数度增删修改的禁售令修正案不仅针对中兴通讯，还涉及华为及其他中国电信通信企业。虽然随着中兴通讯和美国政府达成和解协议，《2019年度国防授权法案》中的禁售令修正案最终被删除，但美国政府自始至终针对的是以华为和中兴为代表的整个中国电信通信行业，美国政府的国家安全威胁论所针对的不是几家中国电信通信公司，而是中国电信通信技术在全球产业链的崛起。全球四家主要5G厂商中，中国的华为和中兴占据了半壁江山。要有效遏制中国在5G领域的发展，美国政府将营收超千亿、电信设备制造领域中国第二大、有"小一点的华为"之称的中兴通讯撂倒，下一步无可避免地就要和华为在"在山顶相遇"了。

2018年7月，美国、澳大利亚、加拿大、新西兰和英国五国组成的"五眼联盟"情报机构负责人开会，一致认为华为是"安全威胁"，需要加以抵制。8月23日，澳大利亚率先宣布禁止华为和中兴参与该国5G移动网络建设；11月21日，白宫指责"中国日益频繁的网络攻击"；11月27日，新西兰以"重大网络安全风险"为由禁止该国移动网络使用华为的5G设备。对此华为的一位高管曾表示，华为是所有科技公司里被各种机构安全监测最严格、最多的一家企业，即使按照最严格的标准检测，依然没有检测出任何安全问题，也没有哪家企业或组织拿出证据证明华为5G存在安全问题。华为早已在美国"专利案"和"安全威胁"的经典手段中成熟起来，法律意识非常强，可谓进退有度。美国似乎也意识到，不用点盘外招是无法真正打击到华为的。

二、盘外招

1. 被捕

设想一下,"伊万卡·特朗普在香港国际机场被香港警方逮捕并关押六天至保释听证会,就因为中国大陆想要因为,比如说,美国和中国台湾之间的贸易摩擦而引渡并审问伊万卡"。这是否很荒谬?这正是 CNN 对 2018 年 12 月 1 日,中国华为公司副董事长兼首席财务官孟晚舟在加拿大被捕一事的讽刺比喻。

孟晚舟是由香港前往墨西哥途中,在温哥华转机时被加拿大警方应美国政府司法互助要求逮捕的,并面临美国纽约东区联邦地区法院的指控。应孟晚舟要求,法庭在 12 月 6 日的保释聆讯之前不会公布指控的具体信息。《环球邮报》(The Globe and Mail)援引知情人士的话表示孟被逮捕可能是因为华为涉嫌违反美国出口管制向伊朗出售"敏感科技"——与中兴事件中,美国对中兴的指控何其相似。此外,外媒还指出孟晚舟涉嫌"以假账资料掩护"华为违规。

CNN 称孟被捕的时间点非常"尴尬"且"特别糟糕",因为孟晚舟被捕的同一天,美国总统特朗普和中国国家主席习近平正在阿根廷布宜诺斯艾利斯共进晚餐并进行会晤,希望能达成中美贸易摩擦的休战意向。时任美国国家安全顾问约翰·博尔顿(John Bolton)在接受访问中提到,他事先知道孟晚舟会被捕,但没有透露总统特朗普是否事先已知道。美国媒体迅速将这一事件和胶着中的中美贸易摩擦联系起来。加拿大方面则迅速撇清,加拿大总理贾斯汀·特鲁多(Justin Trudeau)称"扣留孟晚舟无政治动机"。

中国政府方面首先关注的还是孟晚舟作为中国公民的人身自由和安全。中国驻加拿大大使馆在 12 月 6 日发表了强烈抗议的声明,并向美国和加拿大两国提出严正交涉,要求美加两国政府立刻恢复孟晚舟的人身自由。尽管中国民间对此事件反应颇为激烈,政府在孟被捕的第一周内的反应可谓相当克制,除了公开谴责外,表示仍会在 90 天期限之前继续贸易协商和会谈。美方却对中国政府的克制态度有不同解读。美方中国问题专家认为这说明中国政府对中国经济形势没有足够信心。美国外交关系委员会（CFR）的一位高级成员在 CNN 的采访中说："如果中国方面（对经济）更自信的话，他们会取消所有（贸易协议中）的承诺。（华为）公司是中国的巨头企业，公司创建人的女儿，同时也是公司首席财务官，和精英领导层的关系不可能有比这更紧密的了。"CNN 援引一位美国政府官员称美国将寻求引渡孟晚舟，这将为华盛顿提供与中方贸易谈判的筹码。国内的《环球时报》则建议，"现在不是中国政府出手与美国竞赛流氓手段的时候，华为应首先认真同美国打一场法律战争，争取在法律上驳倒美方的所有指控"[①]。

华为接下来的应对则步步为营，希望争取通过法律程序控诉美国政府的不公：首先发表声明，表示没有掌握什么有关对孟晚舟指控的信息，公司也不知晓孟有任何不当行为，还强调华为在伊朗的运营一直严格遵守相关法律法规以及联合国、美国和欧盟的相关法案。

至此，虽然各方都有猜测，美方并没有正式明确地宣布将孟晚舟的案件作为中美贸易谈判的筹码。不管是媒体过度解读，还是美方有意无意地引导，孟晚舟被捕事件无可避免地被涂上了浓重的政治色彩，使得华为在僵持的中美关系中越陷越深。

2018 年 12 月 7 日，孟晚舟的保释听证会在位于温哥华的不列颠哥伦比亚省高等法庭召开，法庭批准媒体要求，撤销孟早前申请的禁止报道令，关于此案件的细节也逐渐浮出水面。

2. 证据

案件的焦点之一是注册地为香港的 Skycom 科技公司（中文名为"星通技术有限公司"），孟晚舟被指控通过星通绕开美国政府与伊朗进行非法交易。孟晚舟除了担任华为的首席财务官、副董事长，还在多家华为子公司中担任过或正在担任职务，其中就包括星通。根据《香港01》报道，香港公司注册处资料显示 1998 年，星通在

---

① 胡锡进：《美打不垮华为 请不要采取卑鄙的流氓手段》，环球网，2018 年 12 月 6 日。

香港注册成立，翌年该公司的秘书公司改为孟曾任董事、现已撤销注册的香港讯通有限公司［Speedcom（HongKong）Co.Ltd］。之后公司股权多次更改，华为系内公司、孟当时担任董事的华盈管理曾全资持有星通。孟晚舟于2008年2月至2009年4月前后，在星通担任过董事，其股份就从华盈管理转移至毛里求斯注册的离岸公司Canicula Holdings。最终星通在2017年撤销注册，彼时中兴因为违反美国对伊朗制裁法案而受到第一次罚款。星通2009和2010年的财报显示，其主要业务是投资控股并担任与伊朗（签订）的合同的承包商[①]。

美国当局根据调查所获得的信息认为华为将星通作为非官方的子公司运营，并出具如下证据：

1. 星通前雇员陈述，星通的雇员有华为的电邮地址和华为的徽章。在伊朗工作的雇员根据不同的业务需要使用不同的文具（华为和星通都有）。星通在伊朗分部的领导层是华为的雇员。
2. 文件显示，多个星通的银行账号是由华为雇员控制的，这些雇员2007—2013年间是账户的签字人。
3. 星通的官方文件，包括数份备忘录，上面有Huawei的标志。
4. 电邮通信和其他记录显示，所有被确认的星通业务使用的都是包含"@huawei.com"的电邮地址。

美国指控孟晚舟和其他华为代表共谋向众多跨国金融机构做了虚假陈述，其中包括一家在美国开展业务的全球性金融机构。美国方面指出，为了从这些跨国金融机构获得银行服务，用美元结算在伊朗的业务交易。针对这些银行的尽职和合规调查，孟晚舟和其他华为代表反复表示：华为不控股星通，也不会利用金融机构来处理任何与伊朗相关的交易。

在这场保释聆讯之后的半年，即2019年6—7月份，《金融时报》和路透社等外媒爆料，原来美方证词中的跨国金融机构是汇丰银行。汇丰银行因洗钱和违反制裁法案等一系列问题被美国司法部盯上，为了逃脱处罚，同意在其他案件中"配合"美国司法部的调查。华为公司正是这种"配合"下的受害者——最终导致华为CFO

---

① 《华为孟晚舟被捕》，《香港01》2018年12月6日；《加拿大代美国扣人引爆国际舆论热》，《香港01》2018年12月6日；《细究法规：美国凭什么扣人？》，《香港01》2018年12月6日。

第一部分：旋涡中的华为

孟晚舟的被捕。这种反转让外媒都惊呼"华为被汇丰银行'阴'了"。《金融时报》还透露，汇丰曾于2019年年初向中方解释说自己是"被迫"的。

汇丰是如何"配合"美方的呢？原来2012年和2013年路透社曾报道过星通公司涉嫌向伊朗最大的运营商违规销售美国惠普公司的设备——惠普称它禁止向伊朗出售任何其产品。当时华为除了对媒体澄清了这件事，还与合作伙伴进行了沟通和澄清。华为表示，它和星通都没有向伊朗方面提供惠普的设备。当时孟晚舟亲自与汇丰银行的一位高管面谈，并提供了一份PPT文件说明情况。在PPT文件中，孟晚舟解释道："华为在伊朗的运营严格遵守了相关法律法规以及联合国、美国、欧盟的制裁法案……华为与星通进行的是普通的业务合作……华为曾经是星通的股东，我曾经是星通的董事会成员。持股和进入董事会都是为了更好地管理我们的合作伙伴，帮助星通更好地遵守相关的管理规定……华为已经卖掉了其在星通的所有股份，我也辞去了董事职位。"

华为没有想到，当汇丰因为自身涉嫌的违法问题面临美国司法部起诉时，以这份PPT文件交换美国司法部的宽恕，并结束了和华为的合作。这份文件被过去几年一心想要扳倒华为的美国司法部当作起诉华为和逮捕孟晚舟的"核心"证据。汇丰银行也摇身一变成为该案中的"受害者"。

这份PPT文件真的如美方想象的那样强有力吗？孟晚舟的代理律师戴维·马丁（David Martin）反驳了美方指控，他表示检方已提交的证据不能证明孟晚舟违反美国或加拿大法律，美国的制裁法很复杂，是随着时间推移不断修改的，并且有些电信设备被排除在对伊朗的制裁之外。在外媒爆料汇丰银行"阴"华为后，任正非回答《金融时报》记者提问时说："这家银行从一开始就清楚星通在伊朗的业务，也知道星通与华为的关系。华为和这家银行之间的邮件可以证明，上面还有银行的Logo呢。所以从法律的角度来讲，他们不能说他们被骗了或者不知情，因为我们有证据。"[①]在接受《金融时报》的采访前，任正非还接受了美国CNBC的采访时，他表示只要法庭把这些证据公开，那么华为被捕高管所涉及的问题是"可以澄清、解决的"。[②]

保释聆讯披露的案情非但显示美方没有证据证明孟晚舟犯下任何罪行，反而显示美国当局早有预谋要逮捕华为高管。根据法庭披露的案情，美国当局相信：大约

---

① "Ren Zhengfei's Interview with the Financial Times", *Financial Times*, 2019-6-24. https://www.huawei.com/en/facts/voices-of-huawei/ren-zhengfeis-interview-with-the-financial-times.
② 2019年6月25日，华为公共及政府事务部关于任正非接受CNBC采访《美国怎么都打不死我们》的纪要。

在2017年4月之后,华为觉察到了美国正对华为进行的刑事调查。当时华为在美国的子公司接到了大陪审团的传票,要求了解华为在伊朗业务有关的所有记录。从那时起,华为高管就有意开始改变行程,不再途经美国。尤其是包括孟晚舟在内的华为高层,完全终止了赴美行程。美国政府认为这是华为"做贼心虚",可能就在那时,美国当局就决定要抓住一切可能的机会逮捕华为的高层,而孟晚舟无疑是一条大鱼。根据法庭公开的信息,针对孟晚舟的逮捕令是美国纽约东区联邦法院在2018年8月22日发出的。根据美国当局自述,它们最早于2018年11月29日获得了孟晚舟将飞往加拿大的信息。美国当局相信,综合各方信息判断,除非孟晚舟2018年12月1日在加拿大转机时被临时逮捕,否则不可能有逮捕她、保证她被引渡到美国被起诉的机会。

虽然美方提出的证据不充分,但它们显然不愿意轻易放过孟晚舟和华为,检方请求法庭不予批准保释。孟晚舟向加拿大保释庭法官表示愿意戴上电子脚镣接受监视,加拿大控方依照美国司法部提供的证据指控孟晚舟拥有七本护照,辩护律师表示当事人目前只有两本有效护照:中国护照(因公普通护照)以及中国香港特区护照,且曾拥有加拿大的永久居留权。最后孟表示愿意上交上述两本护照以换取保释。法院当日没有做出裁决,对此华为公司回应"相信加拿大和美国的法律体系后续会给出公正的结论"。

案情详情披露后,中国外交部副部长分别召见加拿大驻华大使和美国驻华大使,进行严正交涉。2018年12月11日,孟晚舟以750万美元(1000万加元)保释金,获加拿大不列颠哥伦比亚省高等法院准许保释,等待引渡至美国,案件延后至2019年2月再行审判。事后孟晚舟在微信朋友圈发文称自己已回到家人身边,并配文"我以华为为傲,我以祖国为傲"。

3. 捆绑

由于暂时无法将孟晚舟引渡至美国境内,美方一计不成又生一计,坚决要将孟晚舟案件与中美贸易谈判捆绑。2018年12月12日,在路透社采访中,美国总统特朗普公开表示,如果有利于国家安全或者美中达成贸易协议,他将"干预美国司法部针对中国华为公司高管孟晚舟的案件"。这是特朗普第一次证实此前媒体的猜测——会将该案件作为中美贸易谈判的筹码。加拿大总理贾斯廷·特鲁多针对特朗普的言论回应道,"不管其他国家发生了什么,加拿大现在是法治国家,永远是法治国家"。加拿大外长克里斯蒂娅·弗里兰(Chrystia Freeland)在记者会上警告特朗普不要将华为高管孟晚舟引渡一案政治化。中国外交部发言人陆慷立即回应称欢迎美国高层人士干预。加拿大驻华大使麦家廉(John McCallum)称,特朗普的干预及其他因素,已经给孟晚舟的案件避免引渡提供了支持。

至此,孟晚舟案件已不再是一起司法事件,而是发酵成涉及中、美、加三国的司法、政治、外交事件。12月13日,中国驻加拿大大使卢沙野亲自撰文,在《环球邮报》发表评论批评孟晚舟事件是有预谋的政治行动,是美国动用国家权力对一家中国高科技企业的政治追杀。中国则对孟晚舟被捕事件仍然保持清醒,将此事件和胶着中的中美贸易谈判分离开来,集中精力促使贸易谈判能继续下去。此后的数月间,中美两国的贸易争端也经历了拉锯式谈判。

2019年1月21日,美国政府通知加拿大政府,美国计划正式提出引渡孟晚舟。按照司法程序,美国必须在保释后60天内,即1月30日前提出引渡申请,否则孟晚舟将重获自由。同时美国当局开启了大规模针对华为的调查,例如启动2014年美国最大的电信运营商之一T-Mobile公司起诉华为"从美国企业窃取商业机密行为"一案的调查。孟晚舟这位华为高管作为美国当局在中美贸易谈判的筹码没有白宫预想的那么好用,焦点也随之悄悄转移到了华为公司本身。

1月28日,美国代理司法部长惠特克(Whitaker),商务部长罗斯、国土安全部部长尼尔森(Nielsen)以及联邦调查局局长在美国司法部举行联合新闻发布会,宣布正式要求引渡孟晚舟,并以23项罪名起诉华为。华为公司回应称,对受到的指控感到失望。29日,中国外交部发言人耿爽于例行记者会上表明严正立场,指责美加滥用两国间双边引渡条约,严重地侵犯中国公民的合法权益,并且敦促美国撤销逮捕令以及停止发出正式引渡请求。

3月1日,加拿大司法部正式启动该案的引渡程序。3月3日,孟晚舟的律师团队发表声明称,已于3月1日向加拿大不列颠哥伦比亚省高等法院提起民事诉讼,指控加拿大联邦政府、加拿大边境服务局以及加拿大皇家骑警严重侵犯孟晚舟的宪法权利。

3月6日,孟晚舟在不列颠哥伦比亚省高等法院再次出庭。检方律师表示已经与辩方律师团队达成协议，将此案延期至 2019 年 5 月 8 日再审理。5 月 8 日，孟晚舟出席行政聆讯，法院决定孟晚舟将在 9 月 23 日到 10 月 4 日之间在不列颠哥伦比亚省高等法院进行证据披露申请聆讯，同时批准孟晚舟搬迁至位于桑纳斯的别墅。

4. "实体清单"

2019 年 3 月初至 4 月底，中美双方就贸易协议进行了多轮高级别磋商，双方似乎各退一步，看起来签订最终协议指日可待。但贸易谈判变故横生，5 月 3 日，据路透社等媒体报道，华盛顿当日收到北京发来的做出重大修改的贸易协议草案。美方表示，中国删除了将修法以解决美国主要关切的承诺。另一方面，据《南华早报》报道，谈判将达成协议之时，美国不断增加要求，甚至要求修改一些中国法律。中方认为美国要求危害中国主权，所以拒绝了美方增加的要求。中方修改了协议草案。路透社引述美国政府消息人士的话报道称，中国新的草案协议中删除的美方关切的承诺包括盗取美国知识产权和商业机密、强制性技术转让、竞争政策、金融服务准入以及货币操纵等七个方面。可以看出两国关注的焦点有很大一部分和华为所在的电信产业链息息相关。

随着中美贸易矛盾激化，5 月 6 日，美国总统特朗普在其推特上宣布自 5 月 11 日起将 2000 亿美元的中国商品关税从 10% 上调到 25%。5 月 13 日，中国国务院关税税则委员会发布公告，决定自 6 月 1 日起，对 600 亿美元的美国进口商品加征关税。国内相关大型电子代工业者加速撤离中国，布局其他市场。据摩尔芯闻消息称，包括鸿海、和硕、广大、英业达、仁宝、纬创等厂商已经开始积极布局中国以外的地区，建立生产基地，为贸易摩擦的课征关税项目扩大做好应对的准备。

美国东部时间 2019 年 5 月 13 日，美国商务部工业与安全局（BIS）宣布，因违反《出口管制条例》规定向伊朗政府及中国人民解放军提供技术、损害美国国家安全，对中国内地和香港的四个实体及两个个人实施制裁，将它们列入管制实体清单。美国商务部部长罗斯表示："我们不能允许中国的军民融合发展战略，它通过国家行为者策划的被禁技术转让阴谋来破坏美国的国家安全。"

5 月 16 日，美国总统特朗普签署行政命令宣布进入国家紧急状态，允许美国禁止"外国对手"拥有或掌握的公司提供电信设备和服务。美国商务部宣布将华为及其 70 家公司列入出口管制实体清单之列，命令未经批准的美国公司不得销售产品和技术给华为。BBC 评论道，由于美国开始限制华为与美国公司进行贸易合作，中美之间的贸易摩擦扩大为"科技冷战"。华为事件成为中美紧张关系的一个分水岭，对华为的压制已成为华盛顿和北京关系的核心，双方有意无意甚至是被迫地将对华为的施压与贸易摩擦联系起来。

5 月 17 日，华为海思半导体总裁何庭波发出内部邮件称，该公司多年前已经对芯片做出极限生存假设，并为公司生存研制了国产化备用芯片。何庭波表示，华为方面今后将实施"科技自立"方案，将国产化备用芯片"全部转正"，以确保公司大部分产品的战略安全与连续供应。

5 月 19 日，谷歌公司宣布已经停止与华为的商业往来。华为消费者业务总裁余承东表示："我们准备好了自己的操作系统。如果无法继续使用这些系统（安卓），我们就准备开始 B 计划。""华为的确拥有备用系统，但仅在必要情况下使用。说实话，我们并不想使用。"

5 月 20 日，美国商务部宣布向华为颁发了一张为期 90 天的临时通用许可证，对华为的禁令做出"有限豁免"，目的是减轻对现有客户的影响。但华为仍被禁止购买美国零部件用以生产新产品。

美国扼制华为的行动在它的欧洲同盟里并没有引起太多共鸣和追随，法国、德国、荷兰相继发声，称不会封杀华为。《环球网》报道 5 月 16 日在巴黎举行的"VivaTech"国际创新技术展上，法国总统马克龙参观了华为的展厅，并在接受采访时说："我们的态度不是封杀华为或其他任何公司，而是要维护国家安全及欧洲主权。但我认为，现在发动一场科技竞争或贸易摩擦……是不恰当的。"彭博社对马克龙的发言评论说，这是美国对华为采取封锁行动后，欧洲领导人首次发表公开评论，表示不打算屈服于美国的压力而封锁华为 5G 设备。彭博社还说，马克龙的言论反映了整个（欧洲）地区的情绪。尽管德国计划收紧管理其电信网络安全的规则，德国总理默克尔已明确表示不会排除任何一家供应商。而英国外交大臣杰里米·亨特（Jeremy Hunt）14 日也明确表态，称英国政府将评估如何使用华为的设备，英国欢迎中国发展，并且不希望与中国进行"冷战"。

5 月 22 日，据路透社援引美国官员的话报道了中美贸易谈判的进展，称美国向中国提出的八项要求：

1. 一年内减少贸易顺差1000亿美元，之后一年再减少1000亿美元；
2. 停止"中国制造2025"中对先进制造业的补贴；
3. 接受美国对"中国制造2025"产业的潜在进口限制；
4. 实施"直接的、可验证的措施"，阻止网络间谍入侵美国商业网络；
5. 加强知识产权保护；
6. 接受美国对中国敏感技术投资的限制，并不进行报复；
7. 将目前10%的平均关税降至与美国相同水平（3.5%）；
8. 开放服务业和农业；

此外，美国还要求，两国须在每季度共同审查进展情况。

很明显，这八项要求中有一大半是针对中国高科技产业，矛头直指包含发展5G网络和芯片产业在内的"中国制造2025"计划，第六条更是强行要中方接受一直以来美国对以华为公司为代表的中国通信企业在美技术投资的严厉限制。美国的意图越来越清晰——不是贸易赤字，而是遏制中国高技术发展。

进入6月，中美贸易摩擦从互征关税、"华为禁售"等形式向"科技竞争""金融竞争"的形式演化——针对华为的禁令有超出商业领域的苗头。

5月29日，电气和电子工程师协会（IEEE）通过邮件宣布华为员工将被禁止作为旗下期刊的编辑和审稿人。虽然该禁令在多方有良知的科学家、专业协会等组织的抗议下，于6月3日宣布解除，但这一事件昭示了相关领域中国科学家在美国的政治风险。

6月1日，中国政府宣布，由于美国联邦快递未经许可将华为公司由日本寄往中国的邮件转寄美国检查，违反中国快递业有关法规，中国国家邮政局等有关部门决定对联邦快递立案调查。

6月8日，CNN报道了中国国家主席习近平和俄罗斯总统普京在圣彼得堡的会面，称俄罗斯和中国宣布了一项重大声明——华为和俄罗斯最大的电信运营商MTS签署了5G合同，华为将于2020年在俄罗斯开发5G网络。报道还称，普京警告华盛顿针对华为的一系列行为有在数字技术领域激发"技术竞争"的风险。

另一方面，华为正式通过法律渠道寻求在美国市场的公平。6月12日，路透社报道称，华为公司已要求美国最大电信运营商威瑞森通信支付230多项专利的费用，总计金额超过 10 亿美元，相当于威瑞森 2018 年四季度净利润的一半。6 月 21 日，华为公司在美国哥伦比亚特区联邦地区法院对美国商务部提出诉讼，在诉讼文件中，华为称在 2017 年 7 月，该公司曾将一套包括服务器和以太网交换机在内的电信设备发往位于加利福尼亚的测试实验室，并计划在测试完成后送回中国。但该设备随后在阿拉斯加被美国当局扣押。

2019 年 G20 峰会在日本大阪举行，中美领导人在峰会中会面会谈，中美贸易摩擦以及华为被禁售成为这次会面各方关注的焦点。6 月 29 日，VOA（美国之音）报道，美国总统特朗普和中国国家主席习近平在大阪 G20 峰会会面时谈到华为，特朗普表示华为问题极为复杂，但华为并不代表"重要的国家危机"，他会将华为的问题留在美中贸易谈判的最后处理。不过，他已经允许美国企业继续向华为出售产品。但是在这次会面中，中美领导人都没有谈及有关美国引渡华为首席财务官孟晚舟的事情。

与特朗普明确的软化态度不同，白宫官员则极力淡化这种软化的态度，也就是表现得更"矜持"一些。7 月 2 日，一名白宫贸易顾问称美国将"允许向华为出售芯片，这些都是低技术含量的产品，不会对国际安全造成任何影响"。次日，路透社报道说，美国商务部一名高级官员告诉商务部的出口执法人员，仍应把华为视为出口管制黑名单上的实体。白宫首席经济顾问库德洛（Larry Kudlow）形容说，在华为问题上的调整只是"稍微放开"一般商品的出口许可证申请。对于特朗普在华为禁运一事上态度的软化，美国国内的态度出现分化，华为供应链上的美国公司对这一变化表示欢迎，而美国的政客们则更多持反对意见。

美国参议院民主党领袖查克·舒默（Chuck Schumer）表示，华为是美国迫使中国进行"公平"贸易的为数不多的有效杠杆之一，如果特朗普在华为问题上让步，将大大削弱美国改变中国"不公平"贸易行为的能力。美国共和党参议员马可·鲁比奥（Marco Rubio）也表示，如果特朗普解除了华为的限制，他将犯下大错，美国国会就需要通过立法来恢复对华为的限制措施。《独立报》（The Independent）的首席商务评论员詹姆斯·摩尔（James Moore）认为，改变对华为的政策需要整体政治气候的改变。

7 月 10 日《环球时报》援引外媒报道，美国商务部宣布对华为部分解禁。但是美国商务部部长罗斯同时强调，华为仍然在美国商务部的"黑名单"上，部分解禁的前提是这些生意"不会对美国国家安全构成威胁"，并称此举是为了落实两周前美国总统特朗普在日本大阪 G20 峰会上对中方做出的承诺。

对于特朗普政府在华为禁售令问题上的软化，任正非反应淡定，他表示这对华为业务不会产生"太大影响",公司正在适应美国对其敌视的新时代。任正非说他理解特朗普的表态,"特朗普总统的声明对美国企业有利。华为也愿意继续从美国企业购买产品……但我们看不出这对我们正在做的事情有太大影响。我们仍将专注于做好自己的工作"。任正非在接受法国媒体采访时表示,美国政府将华为列入实体清单后,华为从欧洲厂家采购了更多的产品,比如增加了从意法半导体生产商购买的器件数量。

三、华为事件的影响

1. 华为事件对美国市场的短期影响

华为事件会对美国供应商产生怎样的短期影响?

首先是孟晚舟被捕和华为禁售令等黑天鹅事件给产业链上的企业带来的短期冲击。金融市场做出了最为迅速的反应——孟晚舟被捕消息传出后,华为的全球供应链伙伴,如台积电、舜宇光学等股价随即急挫,中兴、鸿海等亚洲同业的股价也随之下泻,华为的欧洲对手爱立信和诺基亚的股价则有所上升。因为华为事件的政治意义,其打击面很快扩大到整个亚洲股市,紧接着是欧洲股市和美国股市,一天内美国道琼斯指数下跌450点。

华为事件带来的不仅是对股市的短期影响,更大的则是对全球两大经济体的伤害。华为首席法务官宋柳平称,华为被美国政府列入实体清单后,首当其冲的是华为产业链中的1200多家美国公司。在特朗普对华为发布销售禁令之初,许多美国公司因为担心违规,纷纷主动宣布停止与华为公司交易,除了谷歌还有高通、英特尔等华为的芯片供应商。如同一年前将中兴撂倒一样,美国再次利用中国高端芯片产业的短板将利刃挥向华为。只是这次这把利刃更像一把双刃剑。

回顾2018年的全球半导体芯片市场,中国境内的半导体芯片销售额高达1584亿美元,同比增长20%,占全球总量的33.1%,是全球最大的半导体芯片单一消费市场。美国芯片公司在中国区的营收直接影响业绩水平。而华为 2018 年芯片采购金额为 210 亿美元,是世界第三大买家,占全球销量的 4.4%。失去华为这个重要客户是美国这些企业所能承受的吗?

2019 年 8 月 7 日,美国负责政府合同的机构发布了一项关于禁止联邦机构采购包括华为在内的五家中国公司电信设备的临时规定。华为翌日发布媒体声明,说对此不感到意外,并将继续在联邦法院挑战该禁令的合宪性。华为公司还表示,美国政府的这项禁令对保护美国电信网络和系统的安全没有任何帮助,最终伤害的是美国农村地区依赖华为网络的广大用户。

2. 备胎计划

在国内舆论为华为受到美国围堵和禁运而担心,纷纷猜测华为会否像中兴一样受到重创时,任正非云淡风轻的姿态似乎给大家吃了一颗定心丸。任正非表示,华为一年前在中兴事件中就受到了美国实体管制,2019 年 5 月 20 日美国政府给华为的"90 天临时执照"对华为没有多大意义,华为已经做好了准备。任正非说,华为感谢美国企业,他们为华为做出了很多贡献,华为的很多顾问来自 IBM 等美国企业。

对于谷歌宣布停止和华为合作,任正非回应道,"谷歌禁令对华为影响比较大,但谷歌也在跟华为一起想补救措施。谷歌是一个好公司,是一个高度负责任的公司"。对于被美国政府列入实体清单后,多家美国企业宣布停止与华为合作,任正非的回应也一针见血,指出禁运与美国政客有关,而与美国企业无关,他们和华为都是市场运营主体,是"同呼吸共命运"。对于国内舆论非常紧张的"断供"问题,任正非很有信心,指出华为已经对极端情况做好准备,因此不会出现"断供"。此前《金融时报》曾报道,华为在中兴事件后加紧了关键元器件的采购,也通知供应商加大了备货量,最开始的目标是六至九个月;2019 年年初孟晚舟事件后,又把目标提高到一至两年。任正非在接受记者采访时也证实了这点,他也提到华为对孟晚舟事件的预测比实际发生的时间要晚两年,因此春节期间,五一节期间,华为的员工都加班加点"抢时间"增加库存。

除了"囤货",华为还有"备胎"。5 月 21 日,美国商务部宣布对华为的禁令推迟 90 天实施,这距离华为被列入实体清单才过去一周。舆论普遍认为这次局势逆转和5月17日华为海思总裁何庭波发出的《致员工的一封信》有关。这篇内部信里，何庭波宣布华为保密柜里的华为自主开发的备胎芯片"转正"。从华为历年公布的材料中，"备胎"一词最早见于2012年，在当时2012实验室座谈会上，任正非说"我们做操作系统、高端芯片是一样的道理，当别人断了我们的粮食的时候，备份系统要用得上"。华为的"备胎计划"启动于十几年前，在给华为戴上"牛仔帽"的并购计划流产之后，任正非决定正视可能存在的极端情况，并为此做充分的准备，砸钱砸人——用每年4亿美元的研发费用以及1.5万名基础科学家撑起了"备胎"计划。

"备胎"计划包括芯片、操作系统和数据库三个方面。经过数年的投入和努力，用于智能手机上的麒麟芯片获得成功，这也成为华为的"底气"。除了麒麟芯片，海思还拥有服务器芯片（鲲鹏系列）、基站芯片、基带芯片、AI芯片、物联网芯片，这些均进入全球科技产业的第一梯队。任正非表示："即使高通和其他美国供应商不向华为出售芯片，华为也没问题，因为我们已经为此做好了准备。"华为还拥有从2012年就开始规划的自有操作系统"鸿蒙"，可以用来取代google开发的移动端的安卓系统和Windows系统。除了迫于美国的技术围堵而浮出水面的芯片和操作系统"备胎"，华为还正式面向全球发布AI-Native数据库GaussDB和业界性能第一的分布式存储FusionStorage8.0。华为数据库的征程起源于2008年我国提出的去"IOE"化，即去掉对IBM小型机、Oracle数据库、EMC存储设备的依赖，以在开源软件基础上开发的国产系统取而代之，避免国内企业的数据系统受制于人。

华为"备胎"计划的启动极大地鼓舞了国民的士气和中国电子信息行业的信心。当然也出现了对"备胎"计划的有效性和可替代性的质疑及讨论。最有代表性的一个质疑声音可能是方舟子，他说："备胎如果好用，何必等到破胎了再用？怕美国公司赚不到钱？"对此，任正非专门回答："动用备胎，体现了自主创新，但不想孤家寡人，我们的朋友遍天下，不能伤害朋友，方舟子可能不理解我们的战略。"

3. 拒绝情绪捆绑

国内因为紧张对峙的中美贸易关系催生的反美情绪，因为芯片短板被"卡脖子"的恐慌感，因为华为"备胎"计划受到的鼓舞，一部分激进和盲目的情绪转变成了民粹主义情绪。欧亚集团（Eurasia Group）亚洲区主管迈克尔·赫尔森（Michael Hirson）就华为事件评论说，"美国采取行动狙击中国最著名的科技公司之一……已使得中国民族主义情绪高涨"。

作为一个跨国公司，华为一直坚持对内对民粹主义防微杜渐，对外拒绝民粹主义情绪的捆绑，对于公司内部有可能出现的民粹主义，华为公司董事、高级副总裁陈黎芳在 2018 年 4 月 20 日公司内部举行的新员工座谈会上这样说："关于美国市场，公司一直认为，市场不选择我们，抱怨也没有意义。"此时，正是华为被中兴事件波及的时候。陈黎芳在座谈会上还说，"大家关心世界格局，现在网上看到的各种信息也很多，我想把任总最近和我们团队分享的话，也分享给大家：'我们要正视美国的强大，看到差距，坚定地向美国学习，永远不要让反美情绪主导我们的工作。在社会上不要支持民粹主义，在内部不允许出现民粹，至少不允许它有言论的机会。全体员工要有危机感，不能盲目乐观，不能有狭隘的民族主义。'"

对外，华为尽力避免和民粹主义的联系，可常常"树欲静而风不止"。孟晚舟事件后，中美两国政府都已经明确表示将华为作为贸易谈判和政治目的的一部分，中国民间的情绪找到了一个实体目标，无法克制地为华为附着了一些毫无必要的联想，"不用华为用苹果就是不爱国""批评华为就是崇洋媚外"。2019 年年初，一首在国内社交媒体上流传的儿歌《华为美》，引起国外媒体的关注并认为这是官方授意的宣传手段，路透社等国外媒体用"病毒般传播"形容这首歌。对此华为终端有限公司旗下微博"花粉俱乐部"迅速发文澄清"这部作品在华为不知情、未参与的情况下由网友自发创作"。国内一部分清醒的舆论认为这首儿歌有捧杀华为的嫌疑，担心华为被民粹和浮躁之风裹挟，被道德绑架拖累，给许多尚未"入坑"的消费者造成负面印象。

华为一而再地被媒体和民粹主义推上舆论的风口浪尖，显然是一向保持低调的任正非不想看到的。2019 年开始，任正非开始频繁出现在公众面前，澄清误会，解释现状，安抚人心。2019 年 5 月 21 日，任正非在深圳华为总部接受五家中国媒体的集体采访，回应了多个外界关注的问题。在多次中外媒体的采访中，任正非针对国内民粹主义势头说，目前国民对华为的两种情绪，一种是鲜明的爱国主义支持华为，一种是华为绑架了全社会的爱国情绪。任正非明确地驳斥了民粹主义对华为品牌的绑架，"不能说用华为产品就爱国，不用就不爱国。华为只是一个商品，如果你喜欢，那你用，不喜欢就不要用，不要和政治挂上钩，千万不能煽动民族主义"，他还说自己家人在用苹果手机，苹果的生态很好。

4. 供应商的抉择

无论是民粹派还是开放合作派，在华为被列入美国的实体清单后，都将目光投向了美国产品和技术的国内替代品。对于华为来说，在撑过了美国制裁的头三到五年后，需要找到上至芯片下至手机中道康宁的玻璃和3M胶水的替代品。华为产业链的可替代性和包括华为"备胎"在内的替代品的有效性引起了大范围的讨论和质疑。《电子产品世界》一篇文章认为，华为的技术能力和技术储备以及业务规模都比中兴强大，受到的禁令也没有中兴当时被禁运时那么严苛，因此华为很多美国供应商是可替代的。而半导体是大家认为华为供应链中替代性比较低的元部件，根据2018年底华为公布的92家核心供应商名单，其中有33家美国企业，华为的美国供应商主要是半导体和软件公司。因此，关于替代性的讨论焦点毋庸置疑落在了半导体和芯片厂商身上。

首先，从华为的芯片采购规模和采购模式来看对国产替代产能的要求。根据市场研究公司Gartner在2019年2月21日发布的最新数据显示，华为2018年半导体采购支出超过210亿美元，是全球第三大芯片买家，占全球4.4%的市场份额。任正非5月21日在接受采访时说，"在和平时期，我们从来都是'1+1'政策，一半买美国公司的芯片，一半用自己的芯片"，即华为210亿美元的半导体采购支出中，美国公司的芯片的总价值超过100亿美元。如果要完全替代美国的"1"，国内半导体和芯片厂商的产能短期内提升到这个规模几乎是不可能的。包括EDA、设备到国产芯片在内的整个国产集成电路产业，国内市场认可度比较低。以现在国内集成电路厂家的体量是无法进入华为供应链的，只能通过第三方招标带进去，与华为的合作仅限于某款产品采购。有业内人士透露，"以前国产芯片进入华为，要么是在低端市场上更具备性价比，要么是产品的某个单一功能达到或者超过了国际厂商。定位是补充、谈判筹码之类的备胎角色"。

其次，由于很多现实条件的制约，国产芯片相对于国外芯片，性能比不过，成本也偏高。有国产芯片行业人士反映："没有试用机会，很难把性能提上去；没有市场规模，成本也降不下去。"除海思本身拥有华为业务的支撑之外，国产芯片大部分只能在低端市场徘徊。因此有人预测，如果华为必须选择国内替代品，在比较长的一段时间内，华为可能需要承受产品性能和市场份额的牺牲。

最后，从华为的业务板块对元器件的需求来看，据专业人士统计，华为消费者业务、运营商业务、企业业务以及海思等部门的主要产品线中，除了磁盘存储业务依赖美国的希捷、西部数据等公司生产的硬盘、磁盘阵列，其他产品线所需器件和软件都有国产替代品。但是，大部分国产产品的性能暂时无法达到华为现有产品的要求。根据业内人士如集微网所披露的信息，按照华为业务板块整理了集中讨论的国有替代芯片，其中低端替代和暂时无法替代占大多数。

低品质和低体量相辅相成，无法构成良性循环，破局的关键其实就是华为。国内集成电路厂商要开发出满足华为现有产品需求的产品，必须在中高端、核心器件取得突破，并在较短的时间内实现技术落地，进行成熟的商业化转化。在中兴事件之前，华为供应链从产品角度考虑，选择的是全球顶级的供应商，对国内供应链扶持不够；在中兴和华为事件之后，华为意识到不能只有自己强大，而应该更多地从战略角度考虑：大幅度提高对国产替代产品的重视度，扶持多元的供应链渠道。现在华为主动加大国内厂商的业务量，并且开始在研发层面进行合作。消息人士介绍，"与华为的研发，需要国内厂商从最初的研发方案对接、器件库参数方阵、测试、修改等环节都能跟上华为的节奏"。

因此，华为启动"备胎"计划之后，真正的难点就是生态圈的建立。无论是华为海思"麒麟"芯片还是华为"鸿蒙"操作系统，都需要软硬件高度配合，搭建一个能够链接软件开发者、芯片企业、终端企业、运营商等产业链上多个主题庞大而完整的生态圈。

华为的问题绝不仅仅是华为自己的问题，它体现了中国科技产业生态圈尚不完整，无法满足自主发展的需求，许多科技产业龙头企业对美国供应链依赖过多，而对国内供应链合作缺失。如果华为和越来越多的中国科技企业对此反省，重视和国内厂商的磨合及合作，中兴事件、华为事件反而会成为一个绝好的契机，促进我国集成电路产业链主要环节提前达到国际先进水平，更多企业进入国际第一梯队。提升供应链安全，加速华为向国内供应商的切换，同时保持华为产品的高品质和市场份额，其实需要整个国产集成电路产业的人力、资本的投入和支撑。

5. 一个喷嚏

要想回答华为事件给全球信息通信产业链带来什么样的影响,就必须回到最开始的那个问题:是什么导致华为"被迫选择在山顶上和美国直接进行 PK"?为什么华为的"站到世界的顶尖"和美国"一起为人类做贡献"的理想无法实现。

首先,中美意识形态的不同决定"经济冷战"或者"科技冷战"出现的必然性。经济发展本质上还是创新驱动,一个国家的科技地位很大程度上决定了其经济地位。"经济冷战"或"科技冷战"无非是经济地位或科技地位之争,那么是谁挑起了这一轮"冷战"?对此有两种看法,一种认为是中国的赶超思维导致了这场"冷战",另一种则认为是美国的霸权思想所致。

第一种观点最早见于 BBC 对中兴事件的一篇评论,可以说代表了西方媒体的一贯思维模式。他们认为中国在科技和经济发展上产生"自主"和"赶超"的思维,萌生于新中国成立后西方国家对中国的技术封锁,而这种技术封锁正是因为中国与西方国家的意识形态差异。改革开放后,中国着力发展经济,通过仿造等方式发展制造业,但在核心技术上一直难以突破。而美国对中国最大的优势在于创新质量和技术发展能力的引领地位。中国媒体上经常出现的"在某某领域,我国长期受制于国外,严重依赖进口"也被西方媒体当作"赶超思维"的证据。2013 年习近平主席提出,"在关键领域、卡脖子的地方要下大功夫"。"中国制造 2025"的规划应运而生,提出了让中国从"制造大国"转变为"制造强国"的目标。在全球手机销量方面已经超过美国苹果的华为,简直就是"中国制造 2025"这个宏伟计划的化身。华为处于全球产业链的顶端,代表中国也会跃升为核心技术领域的全球领导者。BBC 的这篇评论认为这种"赶超"和"自主"的精神为美国所忌惮,而"中国制造 2025"及其代表实体华为公司成为这次贸易摩擦中美国实施精准打击的目标。

第二种观点的代表人物,哥伦比亚大学可持续发展中心教授杰弗里·萨克斯(Jeffry Sachs)在为 CNN 写的一篇评论中指出,40 年来,中国遵循西方的规则,采用的发展策略和此前日本、韩国、新加坡等国家和中国的港台地区采用过的发展策略并无不同。中国和任何国家一样,通过教育、国际贸易、基建和技术发展来提高人民生活水平。美国一直以来指责中国"窃取"美国的技术是不恰当的。在科技高速发展的当代,科技竞争不仅存在于国家之间,也普遍存在于企业之间,包括美国企业。

科技领先者非常清楚应该通过持续的创新而不是保护主义来保持领先地位。19世纪早期，美国也曾无所顾忌地采用来自英国的技术。如果中国是个人口没这么多的亚洲国家，美国会将中国的技术发展作为一个成功范例来鼓吹。在过去的一百年，美国从崛起到称霸世界，在人类科技的方方面面都处于领先地位，并以科技来获得霸主地位。美国无法容忍中国这样一个制度和意识形态与美国完全不同的国家超越它。因此，美国一直在遏制中国在科技领域的发展，而这种遏制随着中国在5G技术领域的领先趋势被激化成了"战争"。美国的强势，迫使其他国家不得不"选边站队"，全球则进入了"冷战"的局面。

无论是"赶超思维"，还是"霸权主义"，两方在两点上是保持一致的——中美意识形态不同以及美国坚决捍卫它的引领地位。信息所具有的商品和意识形态的二重性，作为信息交互最频密和巨大的实体，互联网及通信行业很难与政治考量隔绝。在中美意识形态的差距没有缩小的情况下，华为副董事长胡厚崑在2019年4月举行的华为全球分析师大会上所说的"让技术归技术，政治归政治"在现阶段很难实现。

"经济（科技）冷战"的局面已经形成。被迫"选边站队"的除了"五眼联盟"的其他同盟国外，还有华为的主要供应商公司所在的日本和韩国。特朗普宣布对华为的禁令两天后，韩国政府才不得不做出小心谨慎的回应。如果"经济冷战"局面长期持续，甚至扩大，比如美国不仅仅对华为、中兴实行禁运，而是对中国全面进行高科技禁运，美国能达到遏制中国科技上升的势头吗？全球产业链会面临什么样的变局？CNN在一篇报道中指出，虽然赞同美国政府对中国的短期围堵措施，但是美国想要达到目的，应该和中国建立更加紧密的、更有利于美国的关系，而不是一味地把中国逼到和美国"全面开战"的绝境里。如果类似中兴事件、华为事件的中美对抗一再发生，在市场力量的博弈之后，中国必然发展与美国截然不同的独立技术系统。我们已经看到博弈的超短期结果是双输——中国能用到的芯片和高科技硬件回到大约十年前的水平，而在华为等中国高科技公司产业链上的美国公司会暂时承受营收大幅下降的冲击，美国会失去一个充满着创新和活力的巨大市场。

博弈的中期，华为这样的中国公司丢失的市场份额会被以美国企业为主的其他公司占据，美国会从对中国的技术制裁中获益。在这个时期，原来被美国企业规模效应所压制的华为供应链上的中国企业，因为并不缺乏研发和生产的能力和储备，会加快研发先进技术，同时获得更大的市场和发展空间，短时间的技术落后会逐渐被自主产品或和其他国家交流合作而替代，与美国的技术差距会逐渐缩短。

长期看来，中国和美国会走上不同的技术路线，会生产不兼容的技术系统以及适用各自系统的高科技硬件，全球产业链在这些博弈中会逐渐分裂。以美国为核心，一部分国家使用美国的科技生态系统，但是美国产业链的重要程度下降。以中国为技术发源地，一批国家采用中国开发的新科技生态系统。这些国家大多是发展中国家，如印度尼西亚、马来西亚、泰国、柬埔寨等，它们或者对华为没有限制，或者其市场由华为等有价格优势的中国科技企业占据绝对主导地位。中间可能会存在相当于缓冲带的国家，有限度地使用华为等中国公司的设备和技术。

其实全球某一个领域的产业链分裂成多套系统并不是新鲜事，甚至如今华为在5G领域的技术领先地位正是得益于电信行业标准的分裂。正如《金融时报》的《美国为什么没有一家能够与华为竞争的公司？》[①]一文中提到的，在20世纪90年代美国政府和美国电信产业做出的一些选择导致了优势地位的丧失。当时欧盟采用先统一技术标准（GSM），然后让不同的设备供应商在同一技术标准下进行竞争，在这种竞争下形成了一个良好的产业生态圈，华为通过长时间的研发和设备投入，先通过成本优势开拓市场，随后通过储备人才以及人才的不断成长，形成了技术优势，在同一技术标准下脱颖而出。而美国做出的选择是让不同的技术标准（CDMA、TDMA等）相互竞争，虽然初衷是为了减少竞争，但最终因为失去价格优势，没有形成良好的生态圈，从而无法获得规模效应逐渐被淘汰。可以说，很久之前美国就放弃了和华为在5G领域竞争的能力，只不过直到最近，美国在电信行业的失败决策的影响才扩散到政治层面。

如果将美国电信行业的例子放大到全球，结果只会更糟，因为将没有受益者，全球产业链的效率会因为两种不兼容的技术规范和协议可能产生的摩擦而降低，这对全球产业链来说是不幸的。

6. 活下去

2020年2月10日，美国贸易代表办公室宣布，不再认定包括中国、印度、南非与巴西在内的共25个国家为"发展中国家"。而中美的"脱钩"乃至科技竞争还在继续。

[①] 基兰·斯泰西：《美国为什么没有一家能够与华为竞争的公司？》，《金融时报》2019年4月26日。

第一部分：旋涡中的华为

当地时间5月15日美国商务部工业与安全局宣布对华为实施新规，要求无论是美国本土还是美国以外生产的厂商将使用了美国的技术或设计的半导体芯片出口给华为时，必须得到美国政府的出口许可证，这进一步打击了华为半导体芯片供应。不久，加拿大法庭于当地时间5月27日裁定华为高管孟晚舟案符合引渡的"双重犯罪"标准，引渡程序将持续。6月30日，美国联邦通信委员会宣布将华为列入"威胁国家安全名单"，这意味着该部门的拨款不得用于采购华为的产品。受美国影响，华为在欧洲的业务拓展也受挫，7月5日，法国国家网络安全局（ANSSI）宣布将限制使用华为设备的电信业者的授权许可；7月14日，英国政府正式公布了禁止华为参与当地5G网络建设。7月15日，美国国务卿蓬佩奥宣布，将对包括华为在内的一些中国科技公司的雇员实施入境签证限制。8月17日，美国商务部公布了对华为新一轮的制裁措施，一方面限制美国以外企业用美国软件设计的芯片，另一方面将38家华为下属企业加入实体清单，主要涉及华为云以及第三方供应商，这导致华为旗下被出口管制的企业达到152家，而华为获取外国芯片的能力也被进一步限制。

波士顿咨询（BCG）在2020年3月发布的一份报告中指出，美国对中美技术贸易的限制可能会终结其在半导体领域的领导地位，如果美国完全禁止向中国客户出售半导体产品，美国在全球半导体市场份额将损失18%，收入损失37%，并实际上导致美国与中国技术脱钩。

面对外购芯片链条被"切断"，华为短期内积极转向其他供货渠道，日本调查公司Fomalhaut Technology Solutions的统计显示，华为的最高端智能手机"Mate30"的5G版与制裁前的原机型相比，中国造零部件的使用比率按金额计算从约25%提高至约42%，美国造零部件则从约11%降至约1%。成为代替的是华为自主设计的产品和来自日本等美国以外供应商的采购。但也有分析师认为"美国的打压升级无疑也在影响日本以及韩国企业的选择"。

处在夹缝中的、面临巨大不确定性的华为，在2019年的业绩主要还是依赖中国国内市场。根据公司于2020年3月31日发布的2019年年报，当年销售额同比增长19.1%，达到8588亿人民币，略低于2019年年初预期。徐直军在2019年年报发布会上坦承，美国的打击和遏制还是给华为带来了很大的影响，部分客户或区域没有继续选择华为的5G技术。5G手机出货还是依靠国内市场，而三星的5G智能手机出货量是国际性的。2019年华为在美洲、欧洲、中东、非洲、亚太地区的收入占比都出现下降，其中亚太地区的收入同比下滑了13.9%。因此海外市场还是华为2020年最大的变数。根据2020年8月28日华为投资控股发布的上半年财报，营收为4507亿元，年增13.7%；上半年华为消费者业务成长最快，收入为2558亿元，年增15.9%。而营运商业务增长放缓，年增8.9%，收入1596亿元；企业业务收入363亿元，年增14.9%。受COVID-19影响，2020年华为盈利能力进入第二季度后才开始提升。

虽然在2019年和2020年上半年维持稳健增长，华为却仍然将姿态放低，2020年生存下来是第一优先。当前华为在5G标准技术建议数量方面位列全球第一，5G必要专利数量位列全球前二。2020年2月，华为运营商BG总裁丁耘透露，华为已经获得了91个5G商业合同，其中欧洲47个，亚洲27个，其他区域17个，累计发货了60万个5GAAU模块。2019年华为的研发费用达1317亿元人民币，占全年销售收入15.3%。根据市场机构Counterpoint的最新报告，2020年4月份，全球智能手机总出货量年减41%的情况下，华为以21.4%的市场占有率首次超越三星的19.1%，成为全球第一。

华为在努力做好自己的事情，顽强地活下去。正如任正非在2020年7月底访问上海交通大学、复旦大学、东南大学和南京大学时的讲话提到的："求生欲使我们振奋起来，寻找自救的道路。……你要真正强大起来，就要向一切人学习，包括自己的敌人。"

这么多年来，坚持自强、开放的道路不变，坚持创新，找到一个一个的机会点，华为一直是这样走过来的。

第二部分：
崛起

华为技术有限公司，是在深圳经济特区创业并发展壮大起来的高科技公司的典型代表。研究华为与深圳的关系，首先要看到华为出现在深圳的即期发生学原因和本质逻辑。

研究华为的创业和发展史，还可以看到，在2015年之前，华为公司的发展壮大、在全球的崛起，与深圳这个城市的发展壮大、在全国与全球的崛起，实是一个共振的双线长波，就像一段优美的华尔兹双人舞，双方随着音乐旋律起承转合、若即若离、缠绵悱恻、高潮迭起。但到2015年，双方似乎各自发展、渐行渐远，至少前进曲线不再相伴而行、交叉重叠，高速公路穿山而去，国道公路则循着河谷继续往下游走。

第二部分：崛起

一、偶然？

接下来我们要做的事情，大致上相当于梳理一番并相互对照深圳这座城市和华为这家公司的发展史。

简单地说，深圳的"史前史"，在最后一段时间，属于新安县（宝安县）在割让香港之后剩余的那部分。深圳崛起的历史始于1979年，这个发源过程在1979年之内经历了四次变动：1979年1月，撤销宝安县，设立深圳市（县级）；3月5日，国务院批复同意广东省宝安县改设为深圳市，受广东省和惠阳地区双重领导；7月，中央决定在深圳、珠海、汕头、厦门建立特区；11月，中共广东省委决定将深圳市改为地区一级的省辖市。

官方设定的深圳正式生日则是1980年8月26日，第五届全国人民代表大会常务委员会第十五次会议中通过了由国务院提出的《广东省经济特区条例》，批准在深圳设置经济特区。这是一个法定生日，但不能否认的是深圳的诞生过程是以1979年为起点。

1978年下半年则为这次诞生进行了最初的铺垫（孕育）：

1978年6月，中共中央政治局开会听取谷牧西欧五国考察团汇报，决定打开国门，发挥广东毗邻港澳、华侨众多的优势，要求广东切实搞好宝安、珠海两个边防县的建设，从港澳引进技术、设备、资金、原料，搞加工装配业务，扩大外贸出口。

1978年7月，中共广东省委书记习仲勋到宝安县调研"大逃港"问题。

1978年10月，广东省委向国务院上报了《关于宝安、珠海两县外贸基地和市政规划设想》的报告；交通部向中央上报了《关于充分利用香港招商局问题的请示》，袁庚赴香港出任招商局副董事长主持工作。

1978年12月18—22日，中共十一届三中全会召开，决定"全党工作的着重点应该从1979年转移到社会主义现代化建设上来"，提出了"改革、开放、搞活"的重大战略方针。

1978年12月26日，袁庚到蛇口进行实地考察。这次考察决定了后来建立蛇口工业区。而深圳的改革开放，用一句话说就是："先有蛇口，后有深圳特区。"

这是深圳崛起的源头。

华为的源头也是在蛇口。

1987年10月，任正非与他人集资2.1万元，创办华为公司，注册为集体企业，主要业务是作为香港康力公司的HAX模拟交换机代理商，经营小型程控交换机、火灾警报器、气浮仪开发生产及相关的工程承包咨询。

任正非在深圳创立华为，是偶然的吗？也许。如果他不因故离开深圳南油集团，恐怕就不会创立华为。但是复员转业投奔妻子所在的深圳南油集团应该是一种必然，离婚后在深圳创业也应该是一种必然：当时的中国，没有比深圳更好的创业城市，任正非不可能回到当时的贵阳去创办华为。

也许我们可以矫情地说，任正非、华为与深圳，这是命中注定，天作之合。但以事后诸葛的眼光来看的话，我们至少可以说，华为在深圳的创业成功，占尽了天时、地利与人和。

1. 天时

先看看天时。至少包括以下三个方面：

其一，改革开放的大环境，给了中国人一定程度的经济自由，尤其是允许私人办企业。

20世纪80年代中期，以"家庭联产承包责任制"为标志的农村改革，已经大获成功，政府将改革的重心转移到城市改革上来，标志有三：引入商品经济理论，推动企业制度的改革，试图把承包制从农村引入城市搞活国有企业，与此同时允许私人经商办企业；推进价格双轨制改革，渐进建立市场主导的价格形成机制；采信"沿海经济大循环理论"[1]，推动对外开放，加入全球市场。

---

[1] 国际大循环经济发展战略一词始见于王建1987年在新华社内部刊物《动态清样》上发表的文章《走国际大循环经济发展战略的可能性及其要求》。1988年陈全贵于《福建论坛：社科教育版》发表文章《关于沿海经济发展战略与国际大循环构想》中进行了深入讨论。

第二部分：崛起

虽然在全国范围内允许个人经营办企业是1988年才推出的重大改革，但在引领全国经济体制改革的深圳特区，在1987年一定程度上已开了口子，所以才会有华为以"集体企业"来注册公司经商。

1982年，中共十二大提出，鼓励和支持劳动者个体经济"作为公有制经济的必要的、有益的补充"适当发展。随着改革开放的深入，城乡个体经济发生分化，其中一部分通过规模化成长为私营企业并构成私营经济的主体。但是私营企业的产生和发展，较之个体经济要艰难得多，争论也更多，从关于雇工的争论，到姓"公"姓"私"的争论，再到民营企业家"原罪"的争论，一刻都没有停息过。1987年党的十三大指出，私营经济与个体经济一样，都是社会主义公有制经济的补充。当年，偌大的中国开始有第一家雇工达到8个人的私营企业（之前奇怪的规定，雇工不超过7个人属于社会主义的补充，超过7个人就是资本主义）。1988年《中华人民共和国宪法修正案》规定，"国家允许私营经济在法律规定的范围内存在和发展""国家保护私营经济的合法的权利和利益"，这才确定了私营经济存在的合法性。同年6月，国务院颁布了《中华人民共和国私营企业暂行条例》。这是继1950年12月政务院通过的《私营企业投资暂行条例》后的第二个有关私营企业的专门法规。从此，中国的私营企业才有了合法地位，自1989年开始有了登记的记录。

这正是1988年全国下海经商潮兴起的历史背景。

让我们把镜头拉到全国，任正非选择的创业机会，其实略略领先于1988年的全国"下海潮"。1988年，国务院出台文件，允许私人办企业，同时允许科技知识分子在外兼职，这是导致当年的"下海潮"的主要诱因之一。深圳许多公司如万科、金蝶等均创办于1988年，即此机缘也。华为的真正创办时间，有说是1987年，也有说是1988年，原因不外如此。

1988年的中国，下海创业的最佳地点，一是深圳，一是海南。后者是因为1988年国家创办第五个大"特区"，决心在海南岛上进行最大程度的开放，所以导致百万人下海南，但海南建省之初，却把重心放在了建筑和贸易上；而深圳相较于从零开始的海南岛，更加吸引知识分子、科技人才在此创办公司。某种意义上可以说，1988年的海南，展现出更加彻底的对外开放的势头，而1988年的深圳，则更着重于在改革体制方面冲锋陷阵。

典型的事例是，就在华为成立后两个月，1987年12月1日，深圳市顶着"违宪"的责难，在深圳会堂公开拍卖了一个8588平方米地块50年的使用权。这一开先河之举直接促成了宪法中有关土地使用制度内容的修改，即《中华人民共和国宪法修正案》（1988年）在删除土地不得出租规定的同时，增加了"土地使用权可以依照法律的规定转让"的规定。

深圳建立了全国第一个合法的土地市场，率先试行国有土地使用制度综合改革。由此，更多的改革号角不断在深圳吹响。1987年，中国第一家股份制银行——深圳发展银行宣告成立，股票编码为"000001"。

其二，深圳经济特区当时刚刚开始进行第一次产业转型升级，从贸易转向工业。华为可以说顺应了深圳的这一战略调整。

在1980年深圳经济特区正式建立之后的数年里，政府主要忙于基建，以及确保基本的物资供应，虽然已开始引进外资设立工业企业（主要是在蛇口），但前五年的经济发展，主要靠贸易及流通业，以及基建。

1985年，香港大学亚洲研究中心的陈文鸿博士，在当年5月号的《广角镜》杂志撰文《深圳的问题在哪里？》，该文用大量的数据推论出两个重要观点：其一，深圳的发展速度是靠大量的基建投资才产生的，比如1983年深圳的7.2亿元工业总产值中，建筑业占了6亿多，真正的工业总产值才1亿多元；其二，1979年建特区以来，深圳的社会商品零售总额比工农业总产值大，1983年社会商品零售总额超出工农业总产值50%，1984年上半年则超出56%，这反映出深圳的经济结构并不是像报道的那样以工业为主，而是以贸易为主。

陈文鸿批评说，深圳的经济是依赖贸易的，而在贸易中又主要是对国内其他地方的转口贸易，无论是直接的还是间接的，转口商品主要是进口商品，或包含相当比例的进口商品。外引内联的资金之所以投资深圳，主要是因为这个庞大的贸易和由此而来的高利润。深圳五年多发展以来的表面繁荣，也主要是根植于此。

该文章在国内外激起了一场关于深圳特区的大论战，其中相当大的一部分意见批评深圳工业比重太低。这一风波导致所谓的中央对深圳特区"拔针管"，1985年底深圳倒闭贸易公司近3000家。时任深圳市委书记卸职，时任国务院副秘书长李灏南下担任深圳市委书记。

1985年11月，由国务院直接领导组织召开"深圳经济特区发展外向型工业座谈会"，中央的第七个五年计划也明确要求"经济特区要在继续积极引进先进技术的同时，逐步做到生产以外销为主，力争给国家多创外汇"。深圳据此提出"七五"计划的工业目标：利用外资15亿美元，国内投资60亿元人民币，新建工厂500间，到 1990 年，工业总产值 90 亿元。

深圳由此开始第一次产业转型升级。自此深圳进入雄心勃勃的快速工业化阶段。

事后来看，陈文鸿对深圳特区的批评有些吹毛求疵。从现实的常识来说，当时的深圳特区完全是一个农业县，倘若不进行大规模的交通、城市等基本建设，根本不可能形成发展工业的基本先决条件。特区前五年基建投资在 GDP 的占比较高，纯属正常，无可指责。从经济学理论来说，任何一个地方的工业化进程，不外乎有两种路径，一种是所谓"进口替代"，一种是"外科手术式植入工业"，在当时深圳尚不具备后一种的条件，而基建又缺少资金——当时中央政府仅给了 1 亿人民币的特区开办费，杯水车薪，远不敷用，那么靠做贸易完成原始资本积累，实属无奈。当时深圳唯一的政策优势，是中央给了 10 亿美元的外汇额度，而国内对进口轻工电子产品的需求又十分强烈，那么深圳靠这种贸易赚取第一桶金成了自然而然的选择。

事实上，后来联想创始人柳传志所总结出的"贸工技"路径，不仅仅是许多企业的创业路径——华为事实上也走了这条路，从最初的贸易，到自己做工厂，再到做技术研发。只不过华为在创业期很快就走完了"贸—工—技"之路，赌博似的投入到了自主技术开发模式，并且把这条路走通了；而联想则对"贸、工"两阶段形成了路径依赖，没有下决心走向"自主技术开发模式"而已——对一个城市或地区来说，一定程度上也是适用的。国内许多沿海城市，包括温州、宁波等，都是先通过做贸易（甚至是走私，也是一种贸易，只不过是非法贸易）完成原始积累，再走向工业的，温州到现在都不能说完全走上了自主技术开发的模式。

无论如何，1985—1986 年，深圳开始了以大力发展工业和制造业为标准的工业化进程，并出台许多政策支持工业发展。1987 年创业的华为生逢其时。

其三，深圳特区的工业化从一开始就将重心选择在了科技工业尤其是电子工业，并下决心成为中国第三个电子工业中心。而华为选择的行业也刚好是属于电子工业中最具发展潜力的通信设备产业，华为的创业与深圳的大势正相吻合——得天时者天助之。

其实早在 1980 年，时任电子工业部副部长刘寅就来到深圳，并与时任深圳市委书记梁湘商定，将电子信息产业作为深圳市的主导产业；1983 年 7 月，时任电子工业部党组成员、办公厅主任马福元与其他相关部门成立联合规划组，为深圳特区电子工业编制规划。

不过真正大干起来，还是在李灏时期。1985 年，李灏南下赴任深圳市市长之前，与相关领导对以下认识达成共识：要使电子信息工业成为深圳第一工业，务必上下都要充分重视，并采取得力措施，首先要对深圳电子工业明确定位。当时电子工业部在全国布局上有两个重点，一是上海，一是北京，南方不是重点，相关领导认为应把深圳确定为第三个重点地区，一致认为深圳发展自然会带动珠三角和其他地区发展。

相关领导商定了三项具体措施：一是深圳市和电子工业部合作办个电子总公司，就是后来的赛格集团；二是筹备成立电子行业协会，因为深圳已是大部门制，没有专业局，电子工业的很多事情可以交给协会办；三是电子工业部在深圳设一个办事处，代表电子工业部在这里做一些行政管理工作。当时这三个机构，由担任过电子工业部办公厅主任、局长、党组成员的马福元负责筹建。

以李灏从国务院办公厅的出身，他希望有大的项目带动深圳科技工业的发展，当时主抓的项目有赛格集团、开发科技、先科、莱英达等。赛格集团很快就决定上马四大基础工程：其一是中外合资彩管项目，1989年5月，赛格集团与日立公司合资兴办赛格日立公司，项目总投资1.6亿美元，年产量160万只彩管，这在当时是国内彩电行业屈指可数的大项目，可谓轰动一时；其二是为赛格日立彩管配套的玻壳项目，亦即中康玻璃，成立于1989年8月，总投资23亿元人民币，年产1380万套彩管玻壳；其三是深爱半导体的大功率晶体管项目，1987年设立，投资1349.6万美元，此项目1997年才正式投产；其四为超大规模集成电路项目，决定先搞超大项目的后工序（封装测试）生产线，这就是赛意法微电子项目，1997年建成投产，成为中国最大的封装测试工厂。

开发科技（后来的上市公司"深科技"）原本是电子工业部在湖南怀化创办的一家生产磁头的工厂，工厂一直没做起来，经营陷入困难。在李灏牵头下，将其搬迁到深圳，与香港公司进行合作，港方技术入股40%，最终在深圳获得了大发展。

改革开放为毗邻香港的深圳发展电子产业提供了最有利的政策条件。20世纪70年代到90年代初的20年，正是全球信息产业快速发展的时期，信息产业的核心动力已经开始从欧美扩散至亚洲，产业转移推动全球生产制造中心从欧美转向了日本，继而又转向韩国，乃至中国台湾和中国香港。时至70年代末，对高利润、低成本的永久诉求，催生了新一轮产业迁移的到来。

中国的改革开放恰好踩在这个节点上，深圳则成为承接全球产业转移的第一站。

外资进入中国试水的第一单，是从1979年3月15日广东省华侨农场管理局与香港港华电子企业有限公司在北京签约光明华侨电子工厂开始的,这家工厂最开始约定的主业是为港华电子公司加工产品。当年12月,经国家外国投资管理委员会批准,深圳特区华侨城经济发展总公司再次签约与香港港华电子企业有限公司合资经营,成立一家合资企业"广东光明华侨电子工业公司",主要生产经营收录机、电视机等产品。广东光明华侨电子工业公司由此成为深圳第一家合资企业,是后来深圳康佳集团股份有限公司的前身。

1979年下半年,掀起了一股广东省以及国家各部委、局在深圳布局企业的风潮,这股风潮构成了深圳早期电子工业的雏形。

这一年来到深圳的广东省属企业包括:7月,省电子局决定,在深圳特区建立对外加工生产基地,将粤北三间小三线厂(8500厂、8532厂、8571厂)迁至深圳组建新厂;9月省计委批复,省电子装配厂改名为深圳华强电子工业公司;12月,第四机械工业部(即后来的电子工业部)从广州750厂抽调一批技术骨干到深圳组建深圳电子装配厂,此即后来的爱华电子。

加上深圳自己的赛格集团、先科电子等国企,这些国有工业企业共同奠定了深圳电子工业的最初基础,它们的目光主要盯着的是国内市场。

外资尤其是港资工业企业的涌入,打开了深圳电子工业与全球联系的视野,并打造出高效率运作的物流供应链体系。

在20世纪80年代中期之后,由于深圳特区转向以工业发展为主轴,吸引香港制造业大举北迁。到1996年这一过程达到最高潮。1997年之前,香港在内地共有12万个工业项目,其中80.5%位于珠江三角洲。另据统计,1989—1992年间,香港在内地进行的外发加工业务有94%是在广东,仅在深圳和东莞两地就占到60%,其中深圳占43%,东莞17%。

这些产业大都是劳动密集型消费品制造业。据1996年的统计数据,1996年港商在外地拥有生产设施的工厂中,96.1%集中在内地,东南亚各国的只占3.9%。而设在内地的工厂又主要集中在深圳、东莞和广州等地,占到总数的90.4%。

但这些制造业项目大都并不属于当时深圳市政府的政策所希望发展的高科技产业,而相当比例上属于所谓"三来一补"加工业。这些工业项目迅速布满了深圳关内的工业区,之后又外溢到关外地区。在1992—1993年深圳特区发展高科技工业的热情首度达到沸点时,深圳加工工业的发展规模也首度达到了一个顶点。

当时香港的电子、制衣、纺织、玩具、钟表、制鞋、塑料等主要制造业部门已将70%—90%的劳动密集型生产加工工序和生产线转移到珠江三角洲，在香港保留的公司则转向生产的前期和后期的管理与服务，从事寻取订单、扩大市场、组织原材料供应、收集加工信息、开发设计产品、营销策划、品质管理、财务管理以及改进包装等工作。这就是所谓的"前店后厂"模式。

这种模式使得香港消费品制造业在全球的市场份额达到了最高水平。有资料显示，香港制造业有十多种轻工业产品（包括成衣、玩具、人造花、钟表、收音机、蜡烛、首饰等）的出口值或出口量居世界首位。其中的港资消费电子产业，在当时的内地仍可算是使用新技术的具有较高技术含量的产业，它最终融入了深圳电子工业的体系之中，为之后深圳IT产业的发展充当铺路石的作用。

深圳电子工业的湖大水深，为华为成长为一条大鱼提供了最基本的产业链环境。

当然不仅仅是电子工业，深圳特区在全国最早提出靠科技推动产业发展，这样一个大环境不排除对华为走向自主技术研发之路产生了思维方式上的影响。而深圳从20世纪80年代后期就开始重视科技，显然也是华为创业成功的重要"天时"条件。

2. 地利

从"地利"这个角度来看的话，我们可以说，华为很幸运出生在深圳经济特区。

其一，在20世纪80年代这个时间点上来说，深圳简直可以说是整个中国最好的创业之城。说是当时唯一的科技创业之城也不为过。

除非在特殊的时代，或者特殊的国度及地区，一个正常的市场经济社会，创业常常会发生。具体到某一个企业的创业，总会有偶然的机缘，但在一个市场经济体中，创业总会发生，这是一个必然。尤其在一个从禁止个人办企业的计划经济体转向一个允许私人办企业的市场经济体，这样一个转轨的初期，长期被压抑的创业、创富欲望一旦被开闸，那么其喷薄而出的动能，必然会显现为一个创业潮。

这在全国尤其是沿海地区表现最为显著。但就20世纪80年代的中国来说，最佳的创业之城则非深圳莫属。由于深圳经济特区是当时在中国整个计划经济体系中撕开的一个缺口，一个最先给予国民经济自由的地方，所以当时整个中国最具有创业和创富欲望的人蜂拥至深圳。许多公司创立，其中有少数活到今天，更少的企业成长为大公司。华为自然就是其中之一。因此，从根本上说，华为，还有其他优秀的公司的成功，是深圳特区作为中国改革开放先锋地的一个逻辑结果。

深圳的创业环境，除了国家给予的某些特殊的探索政策之外，更主要是以下几个特点：

1. 从一开始，深圳就向香港学习，奉行"小政府、大市场"的原则，政府尽可能不干预市场机制发挥作用。

在当时的中国，深圳经济特区向世界开了一扇小窗，进行了大量的突破性经济制度改革，使得深圳与内地相比形成巨大制度落差，大量具有企业家天赋的人才涌向深圳，出现漏斗效应。这是任正非能够在深圳而不是在贵阳创办华为的原因。浪花在深圳集聚为浪潮。

这种制度落差最明显的表现就是深圳政府角色与内地政府大不同。

从特区初创之始，深圳市就一直想要建立一个香港那样的"小政府"，政府对微观经济尽量不管或者少管，对经济不乱管。

从1981年起，深圳特区持续地对原有行政管理体制进行改革。最关键的是1981年8月起的这次，在全国率先打破按行业设置政府经济管理机构的旧模式，对政府机构进行大规模精简，撤销、合并重叠的机构。1982年撤销了文教办、财贸办、农业局、农机局、畜牧局、水电局、商业局、粮食局、对外贸易局、水产局、交通局、公路局、工业局、轻工业局、二轻局、建材工业局、物资局等20多个政府部门。18个官商不分的经济主管局全被改为独立核算、自主经营、自负盈亏的经济实体，使政府对企业管理由直接管理改为以间接管理和市场导向为主。

很多人不明白为何深圳市能够建成国内相对成熟的市场经济体制。其实这次行政改革的一个关键是不设具体的产业主管部门，这就有效减少了对微观经济的干预。深圳市以设立国有企业来取代行业主管，后来又进行两次国资改革，把竞争领域的国有企业大都卖掉，只留下公共服务类和天然垄断类的国有企业，之后又在好几个公共服务类的国企中引入外资大股东，使得国资不深度介入自由市场。如此，深圳市政府就既没有欲望也没有手段去干预微观经济运作，更不会因为补贴国企而对与之竞争的民企不公平。

国内大多数城市之所以很难忍得住那只乱干预经济的手，主要原因中就包括：（1）为了偏袒、补贴或保住国有企业而肆意破坏市场规则；（2）许多经济主管部门忍不住要寻租，尤其是当财政困难时，这样就会在该地形成恶性循环。而深圳由于没有多少国有经济主体在市场中运作（除房地产行业外，这本身就不是一个高度市场化的行业，但深圳市政府一般也不会为了照顾国资房地产公司而破坏土地市场的规则），所以对政府来说所有市场主体都是纳税人，都为深圳经济做出了贡献，没有必要厚此薄彼；与此同时没有那些行业主管部门，政府那只忍不住乱伸乱摸的手就不存在了——如此就形成了良性循环：有限权力的政府使营商环境优化，于是有更多的民营企业成长起来，更多的外资企业进来投资，政府就更加不依赖国有企业，更加着意维护公平竞争的市场环境。

到2001年，深圳市共进行了七次行政改革，基本建成了国内最接近市场经济的体制。虽然2001年的第七次行政改革最后的效果差强人意且多有反复。虽然也有许多学者认为深圳的政府模式日益向内地和传统模式回归，渐失先锋性，但没有人否认，迄今为止，深圳市政府仍是国内最尊重市场经济规则的地方政府，仍是干预经济最少的政府，深圳仍然是最善待民营经济的国内城市之一。

市区街三级分权，以及政府与原住民并存为两个一级土地供应商，也是深圳治理体系的特点之一，也有利于市场经济体制的形成。在2003年"全域城市化"之前，所谓原关外地区的镇街都有相当程度的经济发展权，这种分权传统事实上弱化了政府对经济的管制。

政府致力于公共品的提供，而不介入微观经济的运作，这给了企业"海阔凭鱼跃，天高任鸟飞"的自由舞台，使得它们可以专注于企业自身发展，不至于把太多精力用于应付官僚体系。

2. 深圳不照顾国有企业，给了民营企业发展的平等机会。

华为很幸运地生长在深圳特区，顺应了深圳在最初20年实行的大胆的制度改革，因而获得了中国民营企业成长的宽松环境。在华为最初几年的发展过程中，几乎感受不到政府管制的存在，只要你有市场生存能力，你就可以得到发展。

3. 对华为所进入的科技产业来说，深圳政府特别重视，这给了华为最好的创业环境。

事实上在1985年，认识到以基建和外贸为主的经济结构引起了社会批评和上级不满，深圳特区即从政治姿态上表现出要向科技进步方面转变。1985年11月，深圳市首次召开全市科技技术工作会议，时任市委书记做《加速发展特区科技事业，发挥"窗口"和"扇面"作用》的重要讲话，第一次在深圳提出"科教兴市"。

1986年，深圳市委、市政府发布《关于加强科技工作的决定》，提出"经济建设必须依靠科学技术，科学技术必须面向经济建设"的方针，加强对全市科技工作的宏观指导和管理，加大对科技事业的投入，并首次提出研发以企业为主体。

1987年2月，深圳市政府颁布了《关于鼓励科技人员兴办民间科技企业的暂行规定》。

1987年5月，深圳市政府发布《深圳市科学技术进步奖励暂行办法》，希望调动科技工业者和经营管理者的积极性和创造性。1987年10月，深圳市政府决定每年拨出1000万元成立"深圳市科学技术发展基金会"。1988年，深圳市政府又出台了《加快高新技术及其产业发展暂行规定》。

许多人认为1987年2月所推出的"鼓励兴办民间科技企业"的红头文件，促成了华为、中兴、金蝶等一大批深圳知名科技企业在1988年前后的开始创业——华为总裁任正非也承认1987年的文件确实对华为的最初创业起到了很大的刺激作用。

其二，华为创业所在地的南油开发区，紧邻当时深圳特区最为开放的前沿蛇口。

任正非在创业之前所供职的南油集团，成立于1984年8月8日，是由深圳市投资管理公司、中国南海石油联合服务总公司及中国光大集团共同投资的大型中外合资企业。而中国南海石油联合服务总公司入驻蛇口半岛，则是招商局蛇口工业区努力争取的结果。

中国正式对南海东部海域油气进行勘探始于1983年，归属于当年设立的中国海洋石油总公司。1990年南海东部油田开始生产原油，1996年产量达到年产1000万吨。

招商局蛇口工业区则是在设立深圳经济特区之前就由香港招商局集团在当时的宝安县蛇口公社率先设立的开发区，在时任招商局常务副董事长袁庚的锐意争取之下，成为中国改革开放最早打开国门的地方，被党和国家领导人高度肯定，称之为"蛇口模式"。

为了打破困局，袁庚决定抓住当时石油部准备进行南海石油开发的机会，吸引南海油田的陆上服务基地落户蛇口，那将带来巨大的投资和利润回报，并让蛇口工业区获得巨大发展机遇。为此，1982年6月，招商局蛇口工业区与深圳市（投资管理公司，以土地入股）、广东省、石油部四方国企联合设立了南山开发集团，以此为平台开发赤湾港和3.4平方千米的后方陆域，以此形成南海东部油田的陆上支持服务基地，袁庚担任南山开发集团的董事长兼总经理。

南山开发集团设立后，深圳市又吸引了中海油、光大集团，于1984年8月三方（深圳市投资管理公司、中国南海石油联合服务总公司、光大集团）合资设立深圳南油集团（南油开发区），将紧邻蛇口工业区和赤湾港的23平方千米土地划入南油开发区。南油集团由此发展成为以房地产业、港口仓储业、先进工业、高新技术产业以及商贸旅游业为主要业务的大型国企集团。

南油开发区虽然不属于蛇口工业区，但它紧邻蛇口，南油集团与招商局、南山开发集团成为蛇口半岛上三家主要的国企。受蛇口模式的感染，在当时也是一块改革开放的热土。蛇口半岛与罗湖－上步组团是当时深圳特区仅有的两块开发成形的城市区域，而当时普遍认为蛇口组团的改革开放氛围更好，城市基础设施更为成熟，而且由于蛇口工业区大力主打工业和招商引资，形成了发展工业的良好势头。这都令华为迅速从贸易转向工业变得更为容易一些。

其三，于华为创业的地利条件而言，不能不提到深圳毗邻香港的地理优势。

须知深圳经济特区的设立，首先就是因为毗邻香港的地利之便。

1978年底袁庚决意抢滩蛇口，也是因为"香港的地价太贵，中心区的地价仅次于日本东京的银座，每一平方米要1.5万港元，就连郊区的工业用地每平方米也要500元以上。由此，袁庚认识到，如果利用广东毗邻香港的土地和劳动力，利用香港和国外的资金、技术、图纸、资料、专利和全套设备，将这两者结合起来，就会同时拥有内地和香港两方面的有利因素"。

1979年4月底，广东省委书记在中央工作会议上代表广东省委向中央请示，提出："广东省委要求中央在深圳、珠海、汕头划出一些地方实行单独的管理，作为华侨、港澳同胞和外商的投资场所，按照国际市场的需要组织生产，初步定名为'贸易合作区'。"

1979年7月15日《中共中央、国务院批转广东省委、福建省委关于对外经济活动实行特殊政策和灵活措施的两个报告》，给予广东、福建特殊政策，也是因为两省对接港澳和海外华侨的特殊地理优势和海外人脉优势。

1980年8月26日全国人大常委会通过《广东省经济特区条例》，规定"在广东省深圳、珠海、汕头三市分别划出一定区域，设置经济特区（以下简称特区）。特区鼓励外国公民、华侨、港澳同胞及其公司、企业（以下简称客商），投资设厂或者与我方合资设厂，兴办企业和其他事业……"，正式宣告"经济特区"的合法诞生。三个特区的选址，深圳就是利用毗邻香港的优势，珠海则利用毗邻澳门的优势，汕头则是面向海外华侨。

而深圳经济特区在设立之初，有过先开发"罗湖"还是先开发"上步"片区的争论，最后"罗湖"派占上风，主要因为当时罗湖已经拥有口岸，可以和香港建立直接的联系，而当时港英政府并不同意在上步对岸加设口岸（皇岗口岸 1985 年才开始兴建，1988 年开始通关）。

深圳经济特区最初五年的原始资本积累，主要路径之一（另一个是搞土地经营开发），也是依靠紧邻香港的地利之便，利用国家给予的 10 亿美元外汇额度。

当年陈文鸿在《广角镜》上痛批深圳特区，所用的材料倒也非虚："深圳的经济是依赖贸易的，而在贸易中又主要是对国内其他地方的转口贸易，无论是直接的还是间接的，转口商品主要是进口商品，或包含相当比例进口商品。外引内联的资金之所以投资深圳，主要是因为这个庞大的贸易和由此而来的高利润。深圳五年多发展以来的表面繁荣，也主要根植在此。""内地的报纸说，深圳市场上的家用电器和成衣，80% 以上为内地顾客买去。"

《1979—2000 深圳重大决策和事件民间观察》则引用 "1984 年 11、12 月间，中央一位主要领导同志在视察珠江三角洲后说：'广州、深圳、珠海等地，由于设备原料大部分进口而产品则大部分内销，使外汇短缺，黑市猖獗。如不及早解决，势将捉襟见肘，冲击人民币。''进口设备、原料，生产"洋货"内销赚钱不是办法，不顾一切拿外汇进口高档消费品等牟取暴利也好景不长！'"

事实上当时消耗外汇最主要的还不是"进口原料产品内销"，而是"拿外汇进口高档消费品内销"，而当时的所谓"高档消费品"，也无非是家用电器、所谓时装（还记得"港衫"这个词吗？）等商品。当时小小的罗湖就有 3000 多家贸易公司，这些贸易公司既有私人创办，也有全国各省市自治区、中央各部委在深圳特区创办的窗口公司。

客观来看，当时全国人民对这些消费品的需求太过强烈，而深圳这些贸易公司通过满足这种需求而获取暴利，只能说这是当时特殊历史环境下必然会产生的机会。去赚这个钱才是硬道理。事实上，许多人抓住这个机会赚到了大钱，完成了最初的原始积累。王石的万科集团最初叫"万科科教仪器公司"，就是进口所谓"科教仪器"（后来还做饲料进口贸易）倒卖到内地赚到第一桶金，1992 年后才进入房地产业，联想创始人柳传志最初几年也是南下深圳，拎着皮包在深圳倒卖电脑到内地赚钱。

任正非的华为公司最初也不过是利用深圳毗邻香港之便，倒卖一些电子产品如火灾警报器、小型程控交换机到内地来赚钱，说这是华为的第一桶金也不为过。

之所以当时中央政府对此严肃看待，不过是因为此事冲击了国家的外汇储备而已。而当时国家外汇太过紧缺,所以才会如临大敌。也正是由于外汇这个视角,中央才会在1985年肯定蛇口,因为蛇口是吸引外资办出口加工业,所谓"赚外国人的钱",为国家赚取外汇,而不是消耗国家的外汇储备。

当然华为很快从贸易转向工业,自己研发生产程控交换机,只不过做的是"进口替代"——用自己的程控交换机来替代进口,帮国家节省外汇。这当然也是值得鼓励的。华为接下来的生存策略是通过"进口替代"建立自己的工业生产能力,以相对低价占领国内市场。而这正是民族工业正常的发展路径。

3. 人和

从"人和"的角度来看,主要是任正非身上潜在的企业家精神的被激发。

大多关于华为的书籍都会提到:"1987年10月,在深圳湾畔,任正非和他人合伙投资21 000元创办了一家小公司,取名'华为',注册为集体企业,经营小型程控交换机、火灾警报器、气浮仪开发生产及相关的工程承包咨询。"但关于华为创业时的具体情形,却大都语焉不详。

据说,在创办华为时,任正非正处在他人生最为困厄的时期,其时43岁的他刚刚离了婚,并且被迫离开了原来供职的国企。

任正非祖籍浙江省金华市浦江县,出生于贵州省安顺市镇宁县。人们大多根据他后来所写的一篇回忆文章《我的父亲母亲》来了解他早年的生活经历:1963年他就读于重庆建筑工程学院(现为重庆大学),毕业后就业于建筑工程单位。1974年应征入伍成为基建工程兵,参与辽阳化纤总厂工程建设任务,历任技术员、工程师、副所长(技术副团级)。1983年,随国家整建制撤销基建工程兵,任正非复员转业至深圳南海石油后勤服务基地。

作为其时中国陆军一个军种的基建工程兵部队,1983年撤销建制,部分(水电、交通、黄金)转入武警部队序列,一部分(水文地质部队)转为相关军区的给水团,而其中冶金部队中的两万名军人加入到深圳经济特区的建设中来,后来转型成为深圳建设集团、天健集团等公司,但任正非显然不属于这支部队。

大部分关于华为创业史的文章,都提到任正非是因为在电子厂"被一家居心不

第二部分：崛起

良的贸易公司轻易地骗走了200万元"，才被南油集团开除，并因此与孟军离婚。

任正非2019年10月接受北欧媒体采访时曾回忆："那时的干部还是任命制，我当一个小公司的副经理，其实我没什么权力，一个个干部都是上面任命，带着头衔来的；有些人也并不向我汇报工作，但是做错事了，要我承担。在不懂市场经济的时候，我犯了大错误，给人骗走了货款，我花一年多时间去追货款，那时没钱请律师，我把所有法律书籍学了一遍，准备自己当律师打官司。最后追回了财产，但不是现金，变现还是有损失的。后来公司就不要我了，我无路可走，最后只好创业。"

据任正非自述："华为的前几年是在十分艰难困苦的条件下起步的。这时父母、侄子与我住在一间十几平方的小房里，在阳台上做饭。"

无论如何，在创业之前，43岁的任正非已经到了山穷水尽的地步是毫无疑问的。所以，我们要说华为创始时的"人和"，体现在哪里呢？

首先，我们要说，在绝境之下，任正非潜在的企业家精神被激发出来了。

出身贫寒，军旅出身，工程兵部队，让他特别能吃苦。小时候他的生活条件就十分艰苦，十四五岁长身体的时候，全家人经常饥一顿饱一顿，最困难的时候，全家九口人只能合用一条棉被，可以说是"家徒四壁""一贫如洗"；在基建工程兵部队建设辽阳石油化纤厂时，睡在草地上的土坯房，冬天最低气温零下28度，吃最粗糙的干粮。能吃这样的苦，才能创业。

任正非见过大世面。他在部队时，就因为在辽阳化纤厂建设中有发明，用数学方法推导了一个仪器，这个仪器当时中国没有，国外的也不一样，于是这个小发明在当时被夸成大发明，国家就让他参加1978年3月的全国科学大会。然后迅速入党，作为全国党代表参加1982年9月中共第十二次全国代表大会。参加过这两个全国性大会，显然让一直在基建工程兵部队基层工作的任正非见了世面，使其有了全国视野。这种视野下的判断力是他在大裁军之前就离开部队的重要原因。

任正非的个性富有激情，他自认为自己是一个很有说服力的人。这在华为的创业期很有帮助，他能说服另外几个人来共同出资2.1万元创办华为，这很重要；此后说服郑宝用、李一男加入华为，这对华为的创业成功也至关重要。

当然还有一些基本的因素。他在部队长期搞科研，而且是要立即解决现实问题的应用研究，知道科研是怎么回事；他在南油集团工作的几年，做工厂的管理，所以知道工厂管理是怎么回事，知道企业经营是怎么回事。这对当时创办企业来说，已经是超额的条件了——因为当时许多创业者并没有办企业的经验。

天时、地利、人和，华为于是在 1987 年底南油新村的出租屋里诞生。

二、蜜月期

在华为的初创期，有两个抉择很关键：一是进入通信设备行业；二是下决心自主研发。

这十年，于华为而言，是进行"进口替代"，深耕国内市场并站稳脚跟的阶段；于深圳而言，则是由承接香港轻工制造业转移，到进行第二次产业转型升级，大力发展高新技术产业的阶段。

深圳地方政府对发展高新技术产业的热情迸发，采取种种措施扶持高科技企业发展，而华为则因为开拓全国市场受到行业政策和金融体制的种种限制，迫切需要政府的支持，由此导致了华为 30 多年历史上仅有的与深圳的蜜月期。

1. 无知者无畏

华为无意中切入的电信设备市场，事后证明是一个发展极为迅猛、技术迭代迅速并且市场容量颇大的市场。行业的选择对一个企业来说十分重要，如同"男怕入错行，女怕嫁错郎"，进入一个发展迅猛且市场容量很大的行业，才是华为日后崛起为千亿美元级跨国公司的关键之一。

但是选择进入这个行业，任正非后来说完全是"无知者无畏"的后果。他多次提到跟爱立信 CEO 的一次对话——

爱立信 CEO 曾经问我过一次："中国这么差的条件下，你怎么敢迈门槛这么高的产业？"我说："我不知道这个产业门槛很高，就走进来了，走进来以后，我就退不出去了，退出去我一分钱都没有了，两万多块钱都花光了，退出去我就只有做乞丐了。"

这是一个怎样的行业？

一般而言，电信行业分为三个部分：电信基础网络、电信基础服务、通信设备制造。华为进入的是第三个领域，通信设备制造。三个部分之间有紧密的逻辑关系，互相深刻影响。通信设备制造产业的发展，取决于电信基础网络和电信基础服务的发展。

从国际上来看，20世纪80年代是全球电信改革的年代。在此之前，虽然电信技术一直在不断进步之中，但各国的电信基础网络都处于某种程度的垄断状态——该行业具有一定程度的天然垄断特点——在美国是AT&T公司，在英国是BT公司。

1983年，经过数年的诉讼，AT&T与美国司法部达成协议，1984年最大的电信垄断企业美国电话电报公司（AT&T）正式解体，其22个地区性运营公司重新组成7个独立的地方电话公司（即"贝尔七兄弟"），MCI和Sprint作为两家后起的电信公司与AT&T共同分割美国长话市场。美国此举引发了全球范围的电信体制改革。

1984年，英国紧随美国实行电信体制改革，引入竞争打破BT的垄断地位，并对新业者进行不对称管制，扶持新加入者；1985年，日本宣布全面放开电信市场，根据《电气通信事业法》把电信公司分为"一类电气事业者"（拥有基础电信网的电信公司）和"二类电气事业者"（没有电信网的公司）两类；德国于1989年进行电信体制改革，修改一系列电信法，在卫星通信领域颁发了50个营业许可证和40个无线通信许可证。

电信体制的市场化改革导致电信行业大发展，也促进了电信设备制造产业的繁荣。包括阿尔卡特、爱立信、ITT、西门子和Western Telettra等电信设备制造巨头迅速发展起来，当时北电（即北电网络）已经在数字交换市场上逐步确立技术领先地位。

从技术进步的角度来看，20世纪90年代是技术大爆炸的年代。IP技术、互联网、运营商私有化以及竞争的引入使得整个电信产业彻底改变。

如果说20世纪80年代是移动通信技术1G的时代——这一技术来源于摩托罗拉和贝尔实验室的蜂窝移动通信系统，到20世纪90年代初，就是2G的时代，这一时代最有代表性的两个技术即：TDMA（时分多址）技术和CDMA（码分多址）技术。

1996年，在ITU（国际电信联盟）的带领下，产生了全球达成共识的第三代移动通信系统（3G）——IMT-2000。此后的 4G、5G 事实上是在 IMT-2000 基础上的演进，4G 命名为 IMT-Advanced，5G 命名为 IMT-2020。

但 3G 通信技术并未能实现全球的统一，因为北美、欧洲与中国各自采用了不同的技术标准，美国是 CDMA2000，欧洲是 WCDMA，而中国是 TD-SCDMA。此外电气和电子工程师协会提出了第 4 个 3G 标准：WiMax。以 Intel 为代表的 IT 厂家主推 WiMax 标准。

由于每一个终端设备厂商都要因 CDMA 而付给 Qualcomm 大量的专利费用，于是大家都想方设法绕开 Qualcomm，这导致 CDMA 的技术生态越做越小。4G 终结了各个标准的独立发展，形成了全球统一的 LTE 技术标准。

电信运营商与电信设备商之间的关系，以及它随着技术进步的演变，将会是进入这个领域的华为所要面对的主要行业环境。

20 世纪 90 年代，电信设备供应商一改原来的自己研发所有产品的做法，开始承担起系统集成商的角色，为电信运营商提供端到端解决方案。他们通过第三方提供的产品和设备，以 OEM 方式以及合作伙伴的方式建立起更为广泛的产品线。这一战略的核心是由第一方产品进行测试，以保证不同厂家产品之间的兼容性。这种商业模式的转变也促使一些全球设备供应商角色的转变，他们从管理产品研发的角色转变为对客户关系的管理。

这一时期是电信设备企业重新洗牌的时期，一些外国公司纷纷退出各自没有优势的领域，如北电、爱立信逐渐退出固定网络，日本的 NEC 和富士通逐渐淡出某些地区的电信市场等。但这一时期的竞争基本上是技术的竞争，一些性能先进、质量稳定的产品进一步巩固了各自的市场地位，如诺基亚、爱立信在移动网络，西门子、阿尔卡特在固定网络，思科、北电在数据网络等。

北电的 10G 光传输技术打破了人们认为的 2.5G 是光传输极限的局限认识，也让北电在光传输市场领先，稳居老大的地位。2000 年时，北电的收入达到了 303 亿美元，控制了全球光纤设备市场的 43%，几乎是第 2 名朗讯的三倍。

这就是华为进入通信设备行业时的全球背景。

可以说在 20 世纪 80 年代，全球主要发达国家相继从工业社会进入了信息社会。

而刚刚打开国门的中国，发现自己在电信行业远远落后了。1980 年时我国拥有的电话机数量仅相当于美国 1905 年、英国 1947 年和日本 1958 年的水平。当时我国的长途电话电路仅 2.2 万条，而作为发展中国家的印度，也已有 10 多万条。即便是

第二部分：崛起

到了华为公司创立的 1988 年，中国的固定电话拥有量才达到每百人 0.86 部，这还包括了公用电话，家庭安装电话数量则十分稀少。

刚刚启动改革开放进程的中国领导人深刻地认识到电信是重要的基础设施，也深刻地认识到邮电体制是阻碍我国电信行业发展的重要障碍。从 1979 年开始，国务院就持续推动邮电管理体制改革。1988 年，即华为公司创立之年，中国国务院批准邮电部"三定"方案，明确提出了邮电体制改革的方向和步骤，要求邮政和电信分营；1994 年，进一步要求邮电部政企分开，1995 年电信总局和邮政总局分别进行企业法人登记；另外，1993 年宣布向社会开放经营无线寻呼、国内 VAST 通信、电话信息服务等 9 种电信业务，1994 年，中国联通成立，标志着通信业开始打破垄断，引入竞争。1999 年 2 月，国务院通过中国电信重组方案，将"中国邮电电信总局"按业务性质进行纵向分解，分别组建了"中国电信""中国移动""中国卫通"和"国信寻呼"，后将国信寻呼注入"中国联通"。2002 年，电信企业进行了新一轮重组，原"中国电信集团"被分割成南北两个部分，北方重组为"中国网通"，南方重组为"中国电信"。

电信业的一系列重大改革，极大地促进了通信业的繁荣发展。到 2000 年全国共拥有固定电话装机 1.71 亿部，全国局用交换机 2.05 亿门；全国手机拥有量 1.4 亿部，GSM 数字蜂窝移动电话交换机容量 2.19 亿门；2003 年，全国电话用户数突破 5 亿，移动电话用户数首次超过固定电话用户数。

从通信技术进步的角度来看，中国的电信行业在改革开放后，艰难而又迅速地逐渐跟上全球通信技术发展的步伐。

由此可知十余年里中国电信行业需求经历了一个怎样的高速增长。而这对通信设备制造行业也提供了一个巨大的历史机遇。华为在 1988 年进入的，正是中国电信产业爆发式增长的前夜。

需求很旺盛，国家也大力投资电信行业。然而当时中国并不拥有通信设备生产先进技术和能力，西方通信设备企业因此大举进军日益开放的中国市场，并且很快就凭借先进的技术获得了市场的欢迎。20 世纪 90 年代，中国的通信设备市场完全被国外产品占据，他们拥有专利技术，其他公司想要生产同类产品必须支付高昂的专利转让费。这也导致 1990 年以前，中国程控交换机市场被七个国家八种制式的产品垄断，称为"七国八制"（日本的富士通和 NEC，瑞典的爱立信，比利时的贝尔，法国的阿尔卡特，德国的西门子，美国的 AT&T，加拿大的北方电讯，芬兰的诺基亚），从农村电话网到国家骨干电话网，无一幸免。

1980年，中国邮电部决定"引进程控交换机生产线项目"，经过三年多的中外多方努力，1983年7月30日，上海贝尔与ITT贝尔比利时公司合作程控交换机，在北京人民大会堂签订了上海贝尔电话设备制造有限公司合营合同，时任国务院副总理李鹏出席了签字仪式，我国程控交换机实现了从无到有的突破。1984年1月1日上海贝尔公司成立，1985年10月1日，国内第一条程控交换机生产线宣告投入生产。1988年3月，朱镕基在上海贝尔电话设备制造有限公司国产化现场会上指出，只有实现了国产化，才可以减少使用外汇，降低成本，说明那时上海贝尔还没有实现国产化。

但上海贝尔的进入，带动了国产通信设备进口替代的浪潮，华为即是这浪潮的一部分。

2. 活下来

在创办华为之后的最初几年，任正非对做什么并没有清晰的思路。

华为主要是代销香港的HAX交换机，以赚取价格差获利。这跟深圳特区最初几年的创业者都是做外贸赚取第一桶金如出一辙，这也是陈文鸿指出深圳特区实以建筑和贸易为主导产业的原因所在。

如何活着？这是所有初创型企业必须要思考的第一个问题。如何活得更好？是短期只考虑一时利润？还是中长期必须要考虑核心竞争力的整体提升？对于中国高科技企业而言，以联想为例，往往会引发外界争论，到底是走倪光南技术路线？还是柳传志说的市场更紧迫？

这似乎没有答案。无关对错。在最开始的四五年，华为如那个时代的绝大多数代销"倒爷"一样，顽强地活了下来。时过境迁，今天翻看当时年鉴，不难发现，在数千上万家代销商中，最后活下来的寥寥可数，华为无疑是其中最成功的。

或者说，任何一个人或公司，在轻易就能赚到钱的黄金时代，一方面努力活着，另一方面也能清楚认知"快钱"的副作用，这并不容易。毕竟，快钱对于绝大多数人或企业来说，可以迅速让企业与个人丧失在追逐短钱、快钱的虚幻中。

对"活着"的理解，对危机感的不懈警惕，融入华为血液中，经年累月，不断流淌。

诚如任正非所说，华为没有成功，只是在成长，只要20年以后我们还活着，就是"一览众山小"。

1988年的华为，也许顺风顺水，毕竟倒爷低买高卖策略来钱实在是快。但问题的关键是，学建筑出身、技术上并不懂通信的华为却就这样切入了通信设备行业。这仅仅是一个偶然："一次偶然的机会，任正非经辽宁省农话处的一位处长介绍，着手代理香港鸿年公司的电话交换机产品。"

孙力科的著作《华为传》（中国友谊出版公司2018版）是这样说的："那个时候他有个朋友正在做程控交换机的生意，程控交换机即存储程序控制交换机，是电话交换网中的交换设备，控制着电话的连接和交会。这种设备售出的前提条件是要有电话，当时电话在中国还没有普及，但是很多商人都看好这一市场，纷纷入驻，无奈市场没建立起来，加上很多人缺乏销售渠道和人脉，因此囤了许多货在手中，任正非的朋友便是如此。""因此朋友就想到了他，更重要的是这位朋友知道任正非在过去曾经是大企业中的经理，在销售和人脉方面多少会占据一些优势，因此就让任正非帮忙卖机器，并给予相应的提成。"

2019年3月任正非在接受外媒采访时回忆说：

> 刚刚创业的时候，我们拿到营业执照的那天，就一分钱都没有了。我们曾经觉得"华为"这个名字不好，因为是闭口音，我们想改掉名字，但是我们拿到营业执照以后就改不了，因为一分钱都没有了。
>
> 当时注册资本要两万元，那时我的所有转业费加起来只有三千元，就找人集资。其实有些人集资只是出了一个名，没有出钱，真正资本不到两万元，应该在一万六千元左右就开始创业了。其实是逼上梁山。如果当时政府给我一个小官，也许我就不会创业了，走官场的路，最终做到一个处长就退休回家钓鱼。逼上梁山以后，只好走向华为创业，只有这么点钱。
>
> 刚开始公司就一两个人，货物要运回来，不可能租车，只有自己扛着一包包的货物往公共汽车上搬。货物装卸时，我搬20米放下来，再去搬另外一包，20米、20米……搬到马路边，再扛到公共汽车上。我在那时曾经是中国顶级红人，革命化、年轻化、知识化、专业化都占，不进第三梯队才怪，突然变成个体户，社会上讥讽很多。我一包包货物扛到车上，售票员很好，允许把货运到南山蛇口，我卸下来，再20米、20米……否则看不见会被偷的，一包包再搬上楼去。

任正非自己详解如何获得香港公司的销售代理：

  香港鸿年公司跟我们接触以后，考察了我的个人历史，找很多人调查我的历史。当时我还很生气，他们把过去的一些事讲给他们听后，考察完的结论，认为我是一个可以信任的人，他们就给我授权："广州仓库里有价值一亿的货物，你可以去提货。货物卖了以后，钱可以先周转一段时间，再还给他们。"他们给我的底价也比较合适，我们通过卖货物回款，中国当时正在快速发展，很需要这些物品。香港鸿年公司对我们很信任，公司老板原来是一位很优秀的学者，叫梁琨吾，由于他们的信任和支持，我们开始得到了逐步发展，积累了一部分资金。

  据《华为传》说："目光长远的任正非意识到单纯地代理或者仿制别人的产品，只会让民族企业的竞争力越来越差，会导致市场越来越混乱，最终导致整个行业都被外商垄断和控制。他认为想要改变现状，就要发展与外商相抗衡的民族品牌，就要提高产品质量，提高产品的性价比，并将假货一网打尽。

  "任正非觉得这对华为来说，既是机遇，也是挑战。思考了一段时间之后，任正非决定不再代理程控交换机，而是让华为自己研发生产先进的程控交换机……此举让合伙人非常不解，因为当时的生意越来越好，钱也越挣越多，华为在代理交换机方面的优势非常明显，大家都不愿意冒险。这样的担心不无道理，因为那个时候，国家的工业基础薄弱，在相关领域更是落后西方一大截，即便是国有企业也没有信心打破这种垄断，所以放弃了在通信电子方面进行研发的努力。华为的实力比起那些国有企业差了很多，想要研发成功非常困难。

  "眼看着合伙人之间的分歧越来越大，任正非只能一个个上门劝说。他也知道目前华为的生意进入了正轨，在未来几年时间内还是可以挣钱的，可是几年之后，市场上的新技术、新产品不断出现，华为代理的产品就会落伍，而且最终会被淘汰掉。而事实也证明了任正非的猜测……在任正非的努力劝说下，大家统一了意见，决定自己研发程控交换机。"

  这意味着华为在切入通信设备市场后，终于走上了"进口替代"的自主开发路线。1991年9月，华为租下了当时宝安县蚝业村工业大厦三楼，正式开始研制程控交换机。

  国内的一些像任正非一样的有识之士也开始想要"进口替代"，研发自己的交换机产品，其中包括：

第二部分：崛起

原西安691厂技术科长侯为贵受命于1985年在深圳成立了中兴半导体公司，在做电话机生意的过程中，侯为贵意识到电话通信利润丰厚，于是组织人手研制小型程控电话交换机，1987年，中兴第一款产品ZX-60模拟空分用户小交换机，获得邮电部入网许可。1990年，中兴研发了第一台数字程控交换机ZX-500，中兴也正式转型为通信设备制造商。

1986年，原邮电部邮电研究院（大唐电信的前身）一所就已经研制出了2000门的数字程控交换机DS-2000。1992年，邮电研究院十所在DS-2000的基础上，用传统的方法和思路实现的万门数字程控交换机DS-30也通过鉴定。1993年，由电信科学技术研究院、院属第十研究所和朱亚农博士在美国创办的国际电话数据传输公司（ITTI）公司共同组建的西安大唐电信成立。

1987年，解放军信息工程大学（郑州）的青年教师邬江兴及其团队也实验成功了一台千门的模拟程控交换机。中国邮电总公司投资600万，让邬江兴他们试试大一点的数字程控交换机。1991年11月，邬江兴和同事们研制的具有完全自主知识产权的万门数字程控交换机HJD04通过鉴定，这就是著名的"04机"。1995年3月，由"04机"技术持有方与另外8家生产企业共同出资，巨龙信息技术有限责任公司在北京注册成立，邬江兴担任董事长兼总裁。

这4家后来被称为通信设备制造业推动"进口替代"战略的民族企业"巨大中华"。当然不止这4家，仅20世纪80年代中后期国内就诞生了400多家通信制造类企业。

在当时来说，与巨龙与大唐相比，深圳的两家公司中兴通讯与华为都是小字辈，华为更是没有任何体制与专业背景的小字辈。但华为与中兴幸运的是，它们出生于深圳。

像许多深圳的民营科技企业一样，当最初建立研发力量时，他们的眼光都必须向北看，从内地获得技术支持。为了拥有自己的技术，任正非跟清华大学的一位教授签订了合作开发用户交换机的协议，这位教授派了一个25岁的博士生为华为做开发——这个博士就是先后主持华为几代程控交换机的设计与开发、日后成长为华为元老级人物的资深常务副总裁的郑宝用。1989年，毕业于清华大学的郑宝用加入了华为，被任正非任命为总工程师。华为实行工号制度之后，任正非是1号，郑宝用是2号，后来他被外界称为华为"二号首长"。

据周留征著《华为创新》（机械工业出版社2017年版）一书指出，刚开始的"自主研发"只是散件组装和简单模仿。没有技术，没有积累，没有人才，也只能"照着葫芦画瓢"。华为的第一款产品BH01单位用交换机就是先购买散件再自行组装的；具有"自主研发"性质的产品BH03也基本上是模仿别人的。"这不仅是华为创业初期技术水平的真实写照，也是华为自主研发之路的蹒跚学步期。"

《华为传》提到1991年12月底，BH03通过测试后，"华为全体员工在新仓库里开了个别开生面的餐会，庆祝华为在夹缝中顺利生存下来。当时任正非提出了一个伟大的设想，他希望华为能够'做一个世界级的、领先的电信设备提供商'……合伙人劝任正非要切合实际，一步步往前走，他没有听进去，而是更加豪气地说：'十年之后，世界通信行业三分天下，华为将占一分。'此言一出，在座的人一个个惊得目瞪口呆。"

1992年，任正非找到华中理工大学，寻求合作，最后得到了当时华中理工大学一名留校的毕业生郭平，将其聘为华为的技术骨干，并任命为项目经理，让其负责交换机的研制。在郭平的带领下，华为推出了BH03K。

郑宝用与郭平联合开发了对华为来说具有跨时代意义的HJD48产品，之后又推出了HJD-04500系列。在1992年的一年里，华为逐渐摆脱了小作坊的名号，组建起自己的设计和营销团队，生产自主品牌的交换机。也正是在这一年，华为的总产值突破1亿元人民币。

尝到人才所带来的研发价值意义后，1992年开始，华为就在名牌大学设立奖学金，大手笔招揽理工科人才。

3. "高新技术产业"发展战略

1992年对深圳这座城市来说是非常关键的一年。

1989年之后，作为改革开放路线代表符号的深圳特区，许多大胆的改革计划被迫叫停，1990年深圳的城市治理体系回归到体制。

1992年之后，国家再一次驶上了改革开放的快车道，而深圳特区则重新回到排头兵位置。1993年3月，李灏不再担任深圳市委书记，由原深圳市人大常委会主任厉有为接任市委书记，1994年5月，原化工部副部长李子彬南下担任深圳市市长，这样的人事更迭没有改变深圳经济特区作为中国改革先锋的角色和趋势。深圳也在这

第二部分：崛起

之后推动了一系列重要的经济体制改革，包括进行国企改革，以及建立新兴金融市场。

当然，一个重要的事实是，1994年前后，深圳开始第二次产业转型升级，从原来的以轻工制造业为主，开始转向以发展高新技术产业为主。1994年12月中共深圳市委一届八次全体扩大会议提出"大力发展高新技术产业，调整优化产业结构"；1995年7月，深圳市召开全市科技大会，提出贯彻全国科技大会精神，实施科技兴市战略，把推进高新技术产业发展作为今后的中心工作，明确了信息产业、新材料、生物技术为今后发展的三大支柱产业，并制定了相应的配套扶持政策；在三个月后的1995年10月，深圳市委、市政府发布《关于推动科学技术进步的决定》，明确"以高新技术产业为先导"的战略思想。

当然这样的产业转型升级并不是突然从1993—1995年就出现的，而是一个不断推动的过程。

从20世纪80年代后期开始，市委、市政府就已十分重视科技与经济的结合，只不过当时科技工作仍只是部门性的工作，虽然是比较重要的部门性工作，但仍未上升到全面主导工作的层次上来。

而且有一个很重要的因素，是当时的国家科委想要利用深圳特区为科技体制改革探路，国家科委（后来的科技部）推动了深圳市走向科技发展。

1985年担任航天工业部副部长、1988年5月—1993年4月担任国家科委常务副主任（当时宋健为国务委员兼科委主任）的湖北人李绪鄂是当时中国科技产业化的大力倡导者，他亲自推动了"火炬计划"（人称"火炬司令"）和国家级高新区的建立。他和李灏在此问题上取得高度共识，主导了深圳最初的科技产业化。

1992年的深圳市科技工作会议上，当时仍担任国家科委副主任的李绪鄂曾有一个长篇讲话——《希望深圳闯出科技促进经济发展的新路子》，洋洋洒洒1.5万字，基本上把他的科技产业观都讲出来了。李绪鄂说，1986年他来深圳时，就和李灏同志讨论过怎样推动深圳吸引高技术这样一些工作，来了好几次，总的感觉"深圳的商品意识极为浓厚，科技意识相对来说要差得多，其实在广东沿海这样的情况都差不多，香港可能就更突出一些"。

但是他指出："对广东、深圳、珠海而言，这几年之所以发展得比较快，是得益于改革开放，得益于商品经济的发展；但是现在情况在变……深圳、广东特有的优势可能在上海也有了……国家今后要把开放地区的特殊政策从广东、东南沿海逐步引向长江沿江……这样一来，深圳特有的优势相对来说就没那么优了。但是长江沿江,比如说上海、南京、武汉、重庆、成都这一带的科技优势,深圳根本无法可比。所以形势在变化,优势在转化。"

李绪鄂说:"中国的科技成果之所以转化困难,就是有一个根本的体制问题,在于中国的科技人员大部分不在企业里……深圳几乎没有独立的科研机构,在这一点上,既是缺点,也是成了优点。缺点是缺少科研单位,有名声、有高水平的科技集体没有,只有个别松散的科研人员;优点呢……把经济和科技结合,一上来就摆到简单的合理的方式里头来,所以企业的科技进步,增强企业的科技开发能力,就是深圳市科技工作的重要和主要的工作内容了。"

李绪鄂建议深圳应该在企业内部建立强大的科研机构、开发机构,包括和名牌大学,有实力的内地研究所共同来建;另外,集中更多的人力精力和资金,走引进消化吸收的路子。至于深圳要不要搞基础研究?他认为还是要搞一些:"如果没有一点基础,你自己没有本事解决自己特有的问题,没有积累,即便请人,也得从头搞。另外,你没有一个学术氛围,没有一个学术地位,对于提高全民的科技意识,提高全民的文化程度、文明程度是一个损失。"

他强调深圳要大量吸引科技人才来办个体企业、集体企业、民办企业,深圳有更好的气氛和环境条件使民间科技企业得到发展,还建议吸引海外留学生回深圳参加工作。

而在同一个会议上,李灏也做了万言讲话,指出"特区经济的发展已经迫切需要转到依靠科技进步的轨道上来。当前,我们正在迈进第二个十年,正在实施'八五'计划,在这个新阶段,我们提出要在保持'深圳速度'的基础上,再创'深圳效益',把深圳建设成为以先进工业为基础,第三产业为支柱,农业现代化水平较高,科学技术比较先进的外向型、多功能的国际性城市"。

李灏也明确地认识到,"要把经济发展转到依靠科技进步的轨道上来,关键是企业……科技成果转化为现实生产力的主战场和主要力量也在企业;建立以企业为主体、科研生产一体化的科技开发体系,从体制上根本解决'科研生产两张皮'的问题,这也是发达国家和地区的成功经验"。

李灏在讲话中说,"要使企业在科技开发、科研成果转化为商品中的主体作用得到充分的发挥,关键是要建立一种推动企业自觉追求和依靠科技进步的机制,一种动力和压力相结合的激励机制",李灏认为这首先要"建立起一个有秩序的社会主义商品经济的市场环境",其次要"建立有利于推动企业技术进步的企业制度""一个有效的办法是加快企业的股份化改造",第三是要"建立一个多渠道、多层次的社会化科技投入体系,大幅度增加科技投入"。

可以说,这两篇讲话体现了李灏和李绪鄂在解决"科技经济两张皮"这个中国老大难问题上深圳特区可以有所作为方面,达成了共识。事实上这也是两人在五六年时间的合作与磨合之后,对此问题的探讨不断深入的结果。应该说,二李在当时的中国,算是对当时全球的新技术革命有所认识,并对中国应该走科技工业化的路子有深刻理解的远见卓识者,在当时算是眼光比较超前的人。

然而如何建立起一整套促进科技产业化的制度体系,两人虽然有大量的探索,但是在李灏任内这个问题也只能说是开了个头。更何况李灏在对此问题有系统认识之时,已到了他任期的最后阶段,他已没有时间找到系统的解决方案。

可以说,在1987—1988年的一系列产业政策试探后,1992—1993年,在李灏主政的后期,深圳全面探索科技产业发展政策,在政府侧打出了深圳推动高新技术产业发展的第一个小高潮。李灏自己也承认,在1990年之前,深圳自己对能否搞高科技没有信心,政府一直只提"先进适用技术",一直到1990年之后,才第一次使用"高新技术产业"这个名词。

如果说,1987年前后市政府最初的几份文件,下意识地往科技和电子信息产业的初步努力,激发了1988年前后深圳工程师创业的最初一番小高潮的话,可以说深圳电子信息产业的最初发生和逐渐做大,民营科技创业企业的崭露头角,让深圳有了最初的底气谋求更大的成就,并逐步提高了深圳特区政府做大做强高新技术产业的兴趣和冲动。产业和政府是一个互相激发、互相促进的过程。

1991年8月,深圳市委、市政府颁布《关于依靠科技进步推动经济发展的决定》,把发展科学技术摆到经济和社会发展的重要位置,提出"以先进工业为基础"发展高新技术产业的战略,并首次提出了认定高科技企业的量化标准。

同样在1991年8月,经国务院批准,科技部、广东省政府、深圳市政府共同创办了以科技成果转化为宗旨的中国科技开发院。

1992年深圳的明星企业是中科健、天马、华源、安科、长园等十家企业,第一次被广东省政府认定为高新技术企业。

这一年,由市长郑良玉、副市长朱悦宁率领政府有关部门及企业家组成的深圳市科技合作考察团,走访了北京、西安、南京、上海等城市,推动企业与全国大学、研究所建立长期合作,以提高创新研发能力。

1993年5月，深圳市政府发布《深圳市企业奖励技术开发人员暂行办法》及《深圳市企业技术开发经费提取和使用的暂行办法》。

1993年6月，深圳市政府率先以政府规章形式发布《深圳经济特区民办科技企业管理规定》，对内地科技人员来深圳创办科技企业给予优惠政策。

从1993—1994年开始，深圳提出二次创业，将科技工作提升到全局重中之重的工作，当时的市委书记厉有为、市长李子彬主导了科技政策体系的建构；深圳进行第二次产业转型，由加工贸易转向高新技术产业。

1993年初，中共中央政治局委员、广东省委书记谢非率队到珠三角各城市调研高科技产业发展情况。当时省委书记谢非感觉广东的"三来一补"已经走到了尽头，应该做一些跟科技创新相关的一些事情来推动产业的转型，他带着这个目的来到深圳考察，希望找到一些话题。时任深圳科技局计划处处长的刘应力带着谢非去看深圳的一批高科技公司，其中包括华为。

震惊于深圳高新技术发展状况，谢非当即决定6月底在深圳银湖召开"珠江三角洲地区发展高新技术产业座谈会"，省长朱森林等全体省委领导以及全省地市级负责人出席了会议，谢非做了讲话，肯定了深圳高新技术产业在全国和全省的领先地位。

深圳市科技局前副局长周路明回忆，在这之前，深圳市领导包括各部门的干部对科技公司的了解几乎是为零，那一次参观之后，谢非一行非常兴奋，没有想到深圳还藏着这么一批搞高科技的公司。此前，大家都认为深圳就是做商业的。于是临时把关于座谈会的会址放在深圳，也就是这个背景下，深圳市委书记厉有为在这个会上做了一个发言，立誓发展高新技术产业。

厉有为看到高新技术产业的方向，因而决心推动深圳二次创业和第二次产业升级，宣布暂停审批"三来一补"企业，提出"科技兴市"战略，要把高科技企业打造成深圳的支柱产业。淘汰高污染企业，鼓励高新科技产业发展，1993年是深圳重要的转折点。

1994年12月8日，李子彬在中共深圳市委一届八次全体扩大会议上讲话，提出"大力发展高新技术产业，调整优化产业结构"，抓好七大主导产业，加快高新技术工业区（村）和龙岗大工业区的建设步伐，并进一步阐述"三来一补"政策。

1940年出生的李子彬1964年毕业于清华大学工程化学系，1984年担任辽宁锦西化工总厂厂长，1989年7月出任锦西市委常委、常务副市长，两年后直接由副厅级干部擢升为化工部副部长。

第二部分：崛起

李子彬在化工部分管科技、教育和基建三个方面的工作，这本是两个副部长管的事，交由他一个人管，而在他离开化工部后，又由两个副部长来管，其中科研教育这一块的接任者是成思危，他后来推动在中国建立风险投资体系，号称"中国创投之父"。

"在化工部分管科技、教育时，我分管5所大学、34个研究院、31个设计院，如果没有那一段经历，可能对国际上科技教育发展的状态，也就不可能有一个基本了解。那几年经常到世界各地去跑，对科技领域的思考和积累很深。"李子彬后来回忆说。

李子彬了解到，IT产业、新材料、生物技术、新能源、海洋科学、宇航科学，是世界主要的科技创新方向。IT当时已形成世界大势，而生物技术在全球则是20世纪60年代开始投入，但要成为领军产业，至少还得20年——将来生物产业会与IT产业并驾齐驱，但那是二三十年后的事情。

他到深圳任职后，就为深圳挑选未来可以发展的科技产业。他认为宇航科技、海洋科学、新能源这些，当时的深圳都搞不了，所以最终选定IT、新材料、生物技术这三大产业方向。

就在李子彬正式就任深圳市市长的同一个月，1995年5月26—30日，中共中央、国务院在北京召开了继1978年之后时隔17年的又一次全国科技大会。时任中共中央总书记江泽民在这次大会讲话中，确认了科技要和经济相结合的战略观点。

1995年7月，深圳市召开全市科技大会，提出贯彻全国科技大会精神，实施科技兴市战略，把推进高新技术产业发展作为今后的中心工作，明确了信息产业、新材料、生物技术为今后发展的三大支柱产业，并制定了相应的配套扶持政策；在三个月后的1995年10月，深圳市委、市政府发布《关于推动科学技术进步的决定》，明确"以高新技术产业为先导"的战略思想。

自20世纪80年代特区初期的探索，深圳对自己能做什么产业的认识越来越清晰，也越来越集中形成共识。终于在90年代中期，对发展高新技术产业的价值观和方法论进行了全方位的探索，由此奠定了深圳高新技术产业和区域创新体系的价值观，即方法论基础。

在李子彬任内，一直致力于深圳区域创新体系的建立，除了1993年已经创建的科技成果交易中心、技术经纪厅、知识产权审判厅等机构外，1994年3月出台了中国第一部无形资产评估的政府规章《深圳经济特区无形资产评估管理办法》，1995年11月出台《深圳经济特区企业技术秘密保护条例》，1996年1月出台《深圳市科技技术奖励基金管理暂行办法》，1996年创立了深圳市高新投；1997成立中科融公司，1998年再成立深圳创新投等。

在20世纪90年代中期，主要的制度建构有以下几项：

一是1995年11月，深圳市人大常委会颁布《深圳经济特区企业技术秘密保护条例》。这是中国第一部规范竞业制度、保护技术秘密的地方性法规。

二是1995年深圳制定了《深圳经济特区技术入股管理办法》，初步形成了与国际惯例接轨的、符合高新技术企业特点的、以保护知识产权为核心的分配制度和经营管理制度；1998年9月，深圳市人民政府发布《深圳经济特区技术成果入股管理办法》，将原来对技术入股比例从不超过20%的限制放宽到35%，并规定了具体的操作办法。

三是1996年深圳市科技局出台了《深圳市科技三项费用管理办法》，对政府科技促进经费的使用进行进一步规范。

四是1996年8月制定出台《深圳市新产品税收优惠政策实施暂行办法》。

五是1996年10月深圳市科技局公布了《深圳市高新技术企业认定办法》，在1992年"试行办法"和1993年"暂行办法"的基础上，最终形成新的"认定办法"。1998年2月，深圳市科技局再次修订了《深圳市高新技术企业（项目）认定和考核办法》，以及《深圳市高新技术企业（项目）认定标准》。

六是1996年12月出台《深圳市工程技术研究开发中心暂行管理办法》，决定组建市级工程研发中心。

七是1997年9月深圳市委、市政府出台《深圳市国有企业内部员工持股试点暂行规定》，对深圳高新技术产业发展有重要影响。

1998—1999年前后，深圳高新技术产业发展达到一个高峰。

1998年2月，深圳市政府发布《关于进一步扶持高新技术产业发展的若干规定》（"旧22条"），全面完善和规范了政府推动高新技术产业发展的政策措施。该政策出台后，科技、税务、财政、国土、人事、劳动、住宅、外事、银行等部门迅即研究落实意见，把减免税收、减免土地使用费、减免城市增容费、解决户口指标、解决微利商品房、办理赴港长证、安排科技贷款等各项优惠政策落实到企业。

"旧22条"出台后，当时全国至少有30个省市自治区来考察，随后它们的政策也出来了，广东省的"35条"出来了，上海的"18条"出来了，武汉的"36条"出来了，北京的"34条"出来了。一些大城市都先后跟进。当时任深圳市科技局局长的李连和回忆说,"很多城市就把深圳的'22条'拿回去,去将他们的领导的军:'你看人家深圳出的什么?这是什么力度?'"这些人来考察深圳的"22条"后,最短的6个月,长的8—9个月,其他省市就都出台了类似的规定。

李子彬甚至说:"深圳最兴旺、影响力最大的时候,高新技术产业在全国影响力的标志是1998年一年。"当然并不仅仅是"22条",还有"96总规",还有深圳当年的国企改革,都成为全国各地学习的榜样。

在各地纷纷模仿深圳出台科技政策之后,深圳感到自己的22条政策已不具优势,遂于1999年9月24日出台了《关于进一步扶持高新技术产业发展的若干规定》(修订),仍然是22条,俗称"新22条"。

"新22条"与"旧22条"相比,做了很多扩大优惠政策。比如:

在"旧22条"对政府财政投入的基础上,"新22条"规定,市本级科技三项经费1999年达到当年预算财政支出的2%(较"旧22条"提前一年实现),以后逐年增长,"十五"期间达到预算内财政支出的2.5%。

再比如,第9条规定,"经认定的拥有自主知识产权的高新技术成果转化项目,五年免征企业所得税、营业税,返还增值税地方分成部分的50%,之后三年,减半征收企业所得税、营业税,返还增值税地方分成部分的50%",除了加大优惠程度外,更强调了"拥有自主知识产权"的奖励措施。

第15条则在"旧22条"之第10条的基础上,增加了生物技术和新材料企业提取技术开发费用的政策。

也有更多新加的内容,比如第4条规定:

"鼓励国内外风险投资机构来我市设立风险投资机构。凡在我市注册、对我市高新技术产业领域的投资额占其总投资额的比重不低于70%的,比照执行高新技术企业税收和其他优惠政策。并可按当年总收益的3%—5%提取风险补偿金,用于补偿以前年度和当年投资性亏损。"

再如第5条规定,"从1999年起市政府每年出资1000万元设立出国留学人员创业资助资金,并在每年的科技三项经费中安排2000万元用于资助出国留学人员带高新技术成果、项目来我市实施转化和从事高新技术项目的研究开发。"

第20条则规定"由市政府出资设立'深圳市科技贡献奖(市长奖)',对在我市高新技术成果产业化活动中有突出贡献、创造巨大经济效益的科技人员,进行重奖"。

新旧"22条"可以说是深圳科技产业政策"好看又好吃"的代表作,对深圳的高新技术产业发展起到了巨大的推动作用。

深圳市政府侧所有科技及产业政策的努力在1999年达到一个高潮,其标志符号就是1999年10月首届中国国际高新技术成果交易会在深圳的举行,可以说突显了深圳高新技术产业发展的成就,给深圳贴上了"中国高科技产业中心"的标签。

从历史的眼光看,深圳是国内较早将高新技术产业作为整个城市主导的发展战略的,也因此相对于国内其他城市打了一个至少10年的提前量,这也令它占得了10年先机。

4. 赛格引领

虽然从20世纪80年代,深圳就努力想要建立自己的电子工业基础,但在1985—1994年这10年间,最令人印象深刻的,是由港商主导的香港轻工制造业的大举北迁。

从20世纪60年代开始,香港本土的制造业进入黄金时代,在纺织工业的基础上,积极开拓电子、玩具、塑料、钟表、制鞋、五金、光学用品等产业。到70年代前期,香港制造业对GDP的贡献已达到30%以上。然而1973年的石油危机诱发全球性经济危机,各国强化贸易壁垒,加强对纺织品的进口限制,使香港纺织工业受到冲击;加之东南亚各国于此时开始参与国际分工,其相对较低的成本对香港制造业形成直接威胁。

1979年中国内地开始改革开放,并靠近香港设立深圳经济特区。最初香港人担心深圳特区相对低的土地和劳动力成本将会对香港的工业区造成冲击和威胁,但很快香港人就从招商局在蛇口设立工业区的模式中看到了出路:可以将内地的低土地、人工成本和充足的劳动力供应,与香港的信息、管理、技术、物流优势结合起来,应对东南亚的竞争。于是香港制造业开始其北迁步伐。这一进程于1985年深圳特区开始向工业转型之后迅速加快,尤其是深圳特区在吸引香港制造业北迁时,并未如最初设定的那样,"三个为主,五个不引进",反而是放开大肚大量吃进,尤其是本土居民村集体开发的小型工业区,对"三来一补"更是来者不拒。

第二部分：崛起

如同水银泻地，短短的十多年时间，香港上述各种传统轻工业品制造业工厂几乎全数迁入以深圳为主的珠三角地区。到2000年此一过程基本完成时，据统计香港纺织业加工工序的90%、制鞋业的80%已迁到以深圳、东莞为主的珠三角地区，香港自己则转向时装、机械设备、仪器及零件业等产业。1981年时，香港制造业尚雇佣90万名工人，到1995年已下降为38.6万人，1999年更进一步下降到24.5万人。

香港制造工厂北迁，同时也是一个扩大生产规模、增加投资新的工厂、完善上下游产业配套体系的过程。20世纪80年代初香港的制造业工厂数也不过4万多家，但北迁之后到1997年，香港仅设在深圳的工厂就有1.24万家，在整个珠三角注册的港资工厂则有6万家之多，而与此同时，留在香港本土的工厂仍有1万多家。

涌入深圳的1万多家港资工厂，迅速做大了深圳工业的规模。1985年深圳工业总产值仅为26.7亿元，2000年规模以上工业总产值已达2518亿元，2008年这个数字则变为15860亿元。

在1985年时，深圳仅有蛇口半岛的蛇口工业区、南油工业区、华侨城东部工业区以及福田的上步工业区等几个工业区。这些工业区大部分是依托央企开发。由于深圳市缺少资本，不得不采取以空间换资本的策略，以大块土地的整体开发权吸引央企进入深圳。某种程度上这也是对招商局蛇口工业区模式的复制，包括：将南油工业区（最初计划是23平方千米，后来减少）划给石油部和中海油南油集团，将华侨城片区划给香港中旅集团（后独立出来，成为直属于中央国资委的华侨城集团），将上步工业区的西片区划给中国航空工业集团、广东华强电子集团等，深圳市赛格集团也成为上步工业区的"大地主"之一，而深圳市投资管理公司则整体开发莲塘工业区、车公庙工业区等。

原住民城中村迅速加入到工业区开发的大潮中来，他们比深圳市政府更欢迎"三来一补"模式的加工业，因政府从"三来一补"加工业中收不到税，而城中村则可以收到工厂租金和工缴费，并可以安排村民担任不负责实际工作只拿工资的副厂长。

从地理空间角度来看，到20世纪90年代中期，深圳市域范围内，在特区内形成了以电子、轻工业为主的上步、八卦岭工业区，以高新技术为主的科技工业园，以机械加工为主的梅林工业区，以轻工、纺织为主的莲塘工业区；特区外则沿着107国道及深惠公路两条发展轴展开制造业布局。1994年，深圳市GDP已经超越国内许多老工业基地，上升到全国城市第6位。

香港北迁的制造业并非全无科技含量的低端加工业。事实上，其中的电子、机械、冶金、模具等行业，由于当时中国内地轻工业相对于全球来说比较落后，香港这些在全球并不算很先进的企业，所带来的都已经是令内地望尘莫及的先进技术。它们和央企及深圳地方国企在电子元器件方面的投资一起，奠定了深圳电子工业的基础。

但在整个20世纪90年代，深圳电子信息产业中占主要的部分，或者说更大放异彩的，并不是华为、中兴通讯这两家通信设备制造企业，而是以赛格集团、长城集团（深科技）、中航工业等国企为主的电子元器件企业，以及以康佳、创维为主的家用电器巨头。

康佳电子成立于1980年5月21日，前身是"广东光明华侨电子工业公司"，是中国改革开放后诞生的第一家中外合资电子企业。1979年3月15日，广东省华侨农场管理局与香港港华电子企业有限公司在北京签约成立光明华侨电子工厂，这家工厂最开始约定的主业是为港华电子公司加工产品。当年12月，经国家外国投资管理委员会批准，深圳特区华侨城经济发展总公司与香港港华电子企业有限公司合资经营，成立一家合资企业"广东光明华侨电子工业公司"，主要生产经营收录机、电视机等产品，1984年建成第一条彩色电视机生产线。

创维则是建立于1988年的港资企业，迅速成为当时国内重要的彩电生产企业之一。原为惠州地方国企的TCL集团，原来的主打产品是固定电话机，1996年收购香港老牌的彩电生产集团陆氏集团位于深圳蛇口的生产工厂，从此进入彩电产业。1996—1997年国内的彩电价格大战，使得国内几乎每省至少一家的彩电企业，在此战后只剩下了"广东三兄弟（康佳、创维、TCL）+山东青岛两兄弟（海尔、海信）+四川长虹"的"六大"格局。

1998年之前的深圳电子工业，某种意义上可以称之为"赛格引领时代"。

1980年，时任电子工业部副部长刘寅来到深圳，当时与深圳市委共同敲定，将电子信息产业作为深圳市的主导产业。1983年7月，时任电子工业部党组成员、办公厅主任马福元受电子工业部部长指派来到深圳，与部、省、市电子工业相关部门的领导成员组成了联合规划组，共43人为深圳市电子工业发展编制规划。

1984年，马福元再次以电子工业部计算机管理局局长的身份来到电子部下属深圳爱华电子公司做调研，开始大力倡导董事会领导下的总经理负责制。同年他参加了电子工业部部长主持的由155人参加的特区电子工作会议，会议为深圳电子信息产业的发展规划了蓝图，为此他与深圳电子工业结下了不解之缘。

到1985年，"外引内联"聚集到深圳的不同出身的电子企业达到了178家。在

1979年前，深圳只有深圳无线电厂一家生产收音机的电子厂，这座年产值仅为121万元的小城镇，事实上开始成为全国发展最为迅猛的电子工业基地。

但新问题随即显现，大大小小178家电子企业是由多方投资、多方审批、多头领导而成，各方均希望在深圳这块土地上大展身手，但是由此带来的却是各企业技术力量分散，企业规模小，产品批量少，投资周期长等问题。长此以往，深圳电子工业不仅很难参与到全球科技竞赛中，甚至限制了与国际大公司合作的广度和深度。如何通过有效的资源整合，成立一家大型的电子企业集团，使之成为行业的龙头，全面提升深圳电子企业的档次和水平，达到全国领先水平，并向国外大公司看齐，在合作中可以达到"门当户对"？

这个重任落到了马福元身上。

马福元当年（1985年）出任深圳电子集团董事长兼总经理。他到任的第一个任务很明确，就是要把深圳100多家中小型电子企业联合起来，组建为一个集团，并在集团内推行"董事会领导下的总经理负责制"。1986年1月6日，深圳电子工业总公司正式成立，有117家企业加盟。1988年1月，该公司更名为深圳赛格集团，赛格集团的名称实际上是由 Shenzhen Electronic Groups 的英文缩写 SEG 再转译成中文"赛格"而来。

说到赛格集团对深圳电子信息产业的贡献，不得不提由赛格电子配套市场带动起来的华强北电子一条街。

1988年3月，在李灏的倡导和支持下，经深圳市政府批准，决定在电子行业率先开放生产资料市场，深圳电子配套市场应运而生。当时深圳赛格集团下属成员公司已经达到158家，急需一个交易市场来为成员企业实行电子零配件配套，同时为电子产品的销售及技术的交流搭建起一个大型平台，这个平台既服务于赛格，也服务于整个深圳电子行业。它的建立整顿了此前在深圳业已存在的以走私、水货产品为主的电子配件市场，在它的基础上，后来衍生出华强北电子市场一条街，因其规模和影响力，被誉为"亚洲第一电子产品市场"。

当然，在华强北商业街发展的中后期，赛格以及聚集于华强北商业街上的所有类似于赛格这样有国家部委背景的国企影响力逐渐淡化，充满活力的民营资本取而代之，成了华强北的主角，并推动和影响了整个南方电子信息产业的发展。相反，包括赛格在内的、当年曾经在这条商业街上叱咤风云的国有企业们，日渐褪色沦为配角。

5. 支持华为

华为自1987年底开始创办，到1992年底，才如任正非所言"终于活下来了"。自1992年到1998年，中国通信产业高速增长，这段时期既是华为奋力拓展国内市场的一段时期，也是深圳特区在中国第二次改革中奋力争先，实施第二次产业转型升级的关键时期，华为与深圳在此段时间内，有着良好的政企关系，可谓是深圳与华为过去30多年历史上仅有的一段蜜月期。

这段蜜月期一定意义上是建立在深圳市委书记厉有为与任正非友谊基础上的。

厉有为1964年毕业于吉林大学机械系，先在一汽工作了两三年，1967年调任二汽，从技术员做到二汽化油器厂党委书记，1983年任十堰市市长，后任书记，1989年任湖北省副省长，1990年底调任深圳市委副书记兼新成立的市人大常委会主任。1992年11月接替郑良玉任深圳市市长，1993年4月接替李灏担任深圳市委书记，1995年5月将所兼之市长一职交予已担任深圳市委常委、常务副市长半年的李子彬。1998年3月卸任深圳市委书记，担任全国政协常委、港澳台侨委副主任。

1991年，当时还是深圳市委副书记、市人大常委会主任的厉有为，第一次听说了"华为"公司这个名字，听说这个公司的老板叫任正非，他带了几个人前去考察。这是华为第一次进入政府的视野，当时华为还是一家只有二十几个人的小公司。

虽然只是一家小小的作坊公司，但厉有为从任正非的勃勃雄心里，感觉到这个公司值得政府帮一帮。厉有为要任正非把公司营业执照拿来看一看，发现华为公司注册为集体企业，厉有为直夸这个任总很聪明，集体企业，政府想帮你就很方便了。说吧，要政府在哪方面帮你？任正非说小企业创业阶段，很缺资金，银行都不给贷，能不能帮解决3000万元。厉有为说没问题，我帮你找银行。

谁料找了好几家银行，都不同意贷款，最后找到当时建行深圳分行行长惠小兵，看在厉有为的面子上，给贷款3000万元。这次雪中送炭显然奠定了厉任友谊的基础。一直到今天，民间近乎确证的是，深圳前市委书记厉有为是任正非的好朋友。任正非每当提起华为的过去，总是饱含深情地说，对华为支持最大的就是厉有为。

让我们看看，华为在1992年到1998年这几年的发展历程，以及其与深圳地方政府的关系。

虽然在开发自己的JK1000局用交换机产品的誓师大会上，任正非站在五楼办公室的窗前对众人说"如果这次研发失败了，我就从楼上跳下去，你们还可以另谋出路"；虽然付出一年的艰辛努力，1993年，华为费尽全力开发出来的模拟交换机JK1000并没有成为一个成功的产品。虽然1993年5月这款产品获得了国家邮电部门的入网许可证，但当时中国电信行业即将进入数字交换机的时代，华为JK1000刚做出来就基本被淘汰了，它只能主打贫困边远地区的农村电话市场。虽然在1993年也卖出了200多套，但产品质量出了许多问题，令华为付出了巨大的维修成本。这令任正非认识到数字化交换机已经是大势所趋。

处于亏损状态的华为毫不犹豫地又启动了新的数字程控交换机C&C08项目。所谓C&C，有两个含义：一是Country&City（农村&城市），华为希望从农村走向城市；二是Computer&Communication（计算机&通信），代表数字程控交换机采用的计算机和通信技术。仍然由郑宝用来领导这一新产品的研发。为了确保这次研发的成功，华为继续招兵买马，扩大研发团队。

起初的C&C08A型机容量仅为2000门，但郑宝用提前布局，在研发A型机的同时，让不到22岁的天才实习生李一男负责万门C型机的方案设计。李一男提出了用准SDH技术（一种光纤传输技术）将多个模块连接起来的实现方案。1994年8月，基于该方案的万门机C&C08C型机研发成功，并在江苏邳州顺利开局。

据说此系列新产品的研发成功，导致华为实现了技术大翻身。C&C08万门机对华为公司的诸多产品都有很大影响，一些传输、移动和智能产品中都能看到它的影子。这也是华为第一个大规模进军市场的产品，为华为的发展奠定了基础。

到1998年，华为的销售额达到了89亿元。当年中兴通讯为40亿元，巨龙30亿元，大唐9亿元。华为已经成为国产电信设备当之无愧的龙头老大。

高速发展中的企业，人才、管理、销售及服务都急需提升以适应公司扩大的需要，但最最急缺的，则是资金。20世纪90年代初的中国，民营企业的融资环境极为恶劣，像华为这样的民营企业想要得到银行的大力支持，几乎是无法想象的事情。

尤其是1994年。

1992年十四大确立了社会主义市场经济体制的改革目标，经济体制从计划经济与市场调节相结合的经济体制转向社会主义市场经济体制，全国各省市尤其是沿海地区掀起了新一轮的开放与开发热潮，1992年全国国内生产总值增长14.2%，固定资产投资比上年增长44.4%。这导致了1992—1993年的经济过热——即所谓的"四热""四高""四紧""一乱"的现象："四热"，即开发区热、房地产热、股票热、集资热;"四高",即高投资规模、高信贷投放、高货币发行、高物价上涨;"四紧",即交通运输紧张、能源紧张、重要原材料紧张、资金紧张;"一乱",即经济秩序混乱,尤其是金融秩序混乱。

1993年"两会"后中央进行宏观调控,收缩银根。1993年6月24日,中共中央、国务院正式发出《关于当前经济情况和加强宏观调控的意见》,标志着加强宏观调控的全面启动。文件规定了16条加强和改善宏观调控的措施:严格控制货币发行,稳定金融形势;坚决纠正违章拆借资金;灵活运用利率杠杆,大力增加储蓄存款;坚决制止各种乱集资;严格控制信贷总规模,等等。在中国的金融体制下,收缩银根首先意味着民营企业将基本得不到银行融资的支持,虽然1992年民营经济对全国GDP的贡献率已达到25%。

华为在1993—1994年就受到巨大冲击,一方面是投入大资金孤注一掷研发JK1000产品,市场回报却不如意;另一方面全国收缩银根令其雪上加霜。正是在那一年,深圳到处风传华为不行了、要垮掉了。也正是在这个危急时刻,厉有为和深圳市委、市政府向华为伸出了援手。

1994—1997年,深圳市委、市政府先后通过建设银行、工商银行、招商银行等为华为进行多笔救命贷款,金额从几千万到几亿元不等,从根本上解决了华为一直得不到以国有银行为主的金融体系资金支持的问题。

总部就在深圳的招商银行通过创新性的买方信贷业务[①],让电信部门可以通过招商银行贷款购买华为设备,华为再从银行提取贷款,这一革新式金融创新为华为发展提供了多渠道、多元化的融资方式。

让我们看一看1996年7月5日的《深圳特区报》上刊载的一则消息:《华为年内获5亿贷款》,该消息报道了7月3日举行的华为获得深圳银行界"巨额"贷款意向签字仪式。时任市委书记厉有为出席活动并发表了讲话,希望深圳各银行携手深圳市高新技术企业"探索产业资本和金融资本结合的成功道路"。在这次签字仪式上,建设银行深圳分行表示年内陆续会向华为提供5亿元人民币贷款和综合援信,其中包括流动资金贷款8000万元,固定资产贷款2500万元,国内买方信贷贷款1.4亿元,综合贸易援信额度3000万美元。与此同时,招商银行也向华为公司提供了2.5

[①] 1996年,国务院副总理朱镕基视察华为,得知华为资金上的困难时,当即说:"只要是中国的程控交换机打入国际市场,一定提供买方信贷,在国内市场与外国公司竞争,一律给予支持,同样给予买方信贷。"同年下半年,招商银行与华为展开合作,并推出了买方信贷业务。

亿元买方信贷。

除了在金融方面，地方政府还可以在地理空间上帮助企业解决急需的发展空间问题。

1993年，已拥有几十名研发人员的华为决战数字交换机，原来的办公室已不够用了，这年华为搬到南油工业园的深意工业大厦，租了两层办公室，集办公、食堂、宿舍等功能为一体。

到1995年，华为公司的营业额已经达到了15亿元，员工数量也达到800人，成为全国电子行业百强排名第26位的民营企业。原来南油深意工业大厦的办公楼已远不够用。在深圳市政府的支持下，1996年，华为公司搬到南山科技园科发路1号。在搬到科技园之前，华为公司曾短暂地在车公庙工业区皇冠金属栖身。华为将科发路1号的办公大楼命名为"华为用服大厦"，以强调对用户提供优质服务。

进入科技园这件事本身即可视作华为当时与地方政府良好关系的一个象征。

深圳人口中俗称的"科技园"，就是"国家级深圳高新区"。

一般而论，谈及深圳高新区的历史，都会追溯到1985年7月由中国科学院、广东省政府（由广信公司代持股份）和深圳市政府三方各出资1000万元而联合创办的深圳科技工业园，这是深圳高新区的前身，而且也当之无愧地是中国第一个高新技术产业园区，因为北京的中关村是1988年才建设的——当时还叫"中关村电子一条街"。

1991年3月，国务院在全国37个地方兴办的高新技术产业开发区的基础上，批准了第一批26个国家级高新技术产业开发区，深圳科技工业园成为第一批国务院认定的国家级高新区之一。1993年4月，国家科委又确认中国科技开发院也属于该开发区的范围之内，同时进入的还有邻近的深圳京山民间科技工业村。

1996年5月，深圳市政府决定成立深圳市高新技术产业园区领导小组，并设立深圳市高新办，作为深圳高新区的管理机构。此后的1997年6月，市政府二届五十八次常务会议讨论通过《深圳市高新技术产业园区发展规划纲要》，确定深圳高新区"北起广深高速公路，南到滨海大道，西临麒麟路、南油大道（现两路并称为南海大道），东至沙河西路，面积11.5平方千米""重点发展产业是电子信息、生物工程、新材料、光机电一体化等四大产业"。

至1998年时，地方官方媒体的报道已开始把深圳高新区称为"深圳硅谷"："汇集了一大批具有自主知识产权的高新技术企业，深圳本地的有华为、中兴通讯、奥沃、长城、科兴等，外地的有联想、四通、北大方正等。在他们的四周，环绕着一批科研机构，如中国科技开发院、深圳大学、贝莱实验室、国家深圳生化工程技术开发中心等，对高新技术企业提供有力的技术支持。"

可以想见，深圳高新区甫一进行统一管理，高新办刚刚成立，就邀请华为入驻深圳高新区，这足以表明当时的深圳市政府对华为何等重视。而在华为总部迁往坂田之前，科发路1号即是华为人的精神家园，华为也是支撑起深圳高新区的明星企业之一。在华为总部迁往坂田后，华为公司仍保留了科发路1号的办公楼，后来成为华为终端的所在地，直到2012年华为终端迁往东莞松山湖。其中的华为用服大厦在安圣电气卖给艾默生后，转由艾默生网络能源使用。

深圳市政府对华为发展空间的支持不仅限于高新区内的办公场所。预见到华为未来集总部、生产基地于一体的需求，深圳市政府与华为从1992年开始就筹划在深圳关外找一块较大的地块给华为做基地。1996年最终确定了选址，即位于龙岗区坂田镇的一块约1.3平方千米的地块。1998年，华为坂田基地动工建设，2002年，华为告别南山，迁入坂田。

放在全国各地疯狂招商的年头，给华为1.3平方千米的用地根本算不了什么，不要说大部分二线及以下城市愿意拿出更大地块给华为，就算是北上广各大一线城市，倘若华为愿意把总部迁过去，给华为几平方千米用地，眼睛都不会眨一下。有一个数据说，到2019年，华为在全国各地基地的用地加起来超过1800万平方米，也就是18平方千米。但是在1996年，要给一个民营企业这么大地块，还是需要极大的勇气——虽然1996年的深圳关外地区仍然有大把土地，那时的坂田对深圳人来说简直就是遥远的非洲，交通极其不便——笔者1997年底随同公司同事往坂田考察地块，面包车从罗湖翠竹北到坂田走了一个半小时。

坂田基地支撑了华为后来15年的高速发展。

通过得到深圳市委、市政府的支持而解了燃眉之急和长远发展的空间问题，想必激发任正非对政商关系有过深入思考。纵观华为33年的发展历程，与政府的关系可以说不断地在调整之中，从最初创业远离政府在市场中苦苦挣扎，得不到政府支持的困难重重，到1992—1998年与地方政府的良好关系使华为获得了很多资源，顺利攻取全国市场，再到2002年之后华为将重心放在国际市场，刻意与政府尤其是地方政府保持距离，与总部所在地的深圳市政府经历了超过10年的感情疏远期，再到最近几年华为在国内成为一面旗帜，从中央到地方政府纷纷贴上来，但在国际上却成为美国等国政府打击的对象。

第二部分：崛起

但在20世纪90年代，高速发展中的华为确实采取了依靠政府求发展的策略。除了与深圳的蜜月期之外，在国内市场上也采取了与各地方政府和相关部门捆绑发展的办法。最典型的就是"莫贝克"计划。

1992年，为了迅速打开市场，华为开始筹备与邮电系统在地方各家单位成立一家合资企业，取名莫贝克公司（MOBECO），意为三位通信史上有名的科学家的名字合称——他们是电报发明人莫尔斯，电话发明人贝尔，无线通信的先驱马克尼。该公司成立的目标是，独立于华为公司之外，但又依托华为，销售和推广通信相关配套产品。因为就当时的市场来看，华为交换机已经开始在全国取得了相当好的市场占有率，产品需求处于爆发性的上升期，随之而来的配套、附属设备的生产足以产生相当可观的利润，而与邮电系统合资，绑定利益关系，就可以不用到社会上找市场和客户。

以莫贝克为载体，华为不断吸引了邮电系统下的西安邮电部第十所研究所和全国21家省会城市电信局，以及浙江、海南等地邮电局作为股东，不仅使华为快速地建立了各地的市场通道，同时也让各地电信管理部门认识到了华为的技术能力，局面一下就打开了。在莫贝克中，华为只是相对股份较大的股东，它的绝对股份一开始低于其他邮电系统的股份总和，但华为是经营管理方，决定公司的主营方向。

据莫贝克公司董事会秘书处曾经公开过的一份资料显示，在1992年，由华为总经理任正非主持的组建莫贝克公司的研讨会第一次会议上，当时的深圳龙岗区政府区长特意到会祝贺，介绍了龙岗区的投资环境，还表示希望莫贝克将生产基地建在龙岗，区政府在各方面会给予支持。

这次研讨会之后，中央政治局委员、广东省委书记谢非与深圳市委书记、市长厉有为来到华为视察，敦促尽快建立莫贝克公司，并强调了市政府对该公司的申报、土地审批等要求给予全面支持。

正是从1993年开始，华为理顺了各方关系，迎来了创业以来的第一个高速增长期。1993年华为销售额达到4.1亿元，1994年8亿元，1995年15亿元，1996年26亿元，年均增速达到了200%以上。

然而"莫贝克计划"却令中央主管部门甚为不满，他们认为华为这样的营销策略拉拢腐蚀本系统干部，属于不正之风，据传该相关部门曾给各省发文件，要求各省公司不许买华为产品。

当时的深圳市市长李子彬据说也对华为有很大支持。后来他在CCTV-2《对话》节目中关于创业板的一期中说道："收到了3000封告状信，举报华为拖欠工人工资、欠客户款、逃税等问题。自从这些信爆出来后，华为6个月没接到订单，任正非同志非常苦恼。我就到北京找一位国务院领导说：我想请您组织人调查一下，看看信上说的那些事对不对。如果对，就把任正非抓起来；如果不对，就发一个公告证明他的清白。"

《华为往事》里写道："派驻华为的调查组经过了长达数周的调查，并没有发现华为有走私和偷税漏税的情况，任正非也没有中饱私囊。华为的做法，是在GSM投入过大，企业融资困难的情况下迫不得已而为之。"

深圳市政府能够在华为需要的时候帮得上忙，这跟1992年邓小平南方视察之后，深圳特区重新站回到全国改革开放的潮头上，回到全国的政治明星氛围中有莫大关系。这一方面是因为1992—1997年深圳的许多改革都为国家做出了重要贡献，另一方面深圳努力发展高新技术产业取得了初步的成就，也为深圳在中央眼中的地位增加了新的砝码。其中当然也有华为的贡献。

6. 制度创新

当然，必须一提的是，深圳领先全国的改革创新制度与红利优势，是华为获得高速发展的最重要基础之一。对华为后来的发展有着至关重要作用的"员工持股计划"，就是在厉有为时期进行一系列重要体制改革下的产物，也是在深圳市委、市政府的支持下才得以实现。如果不是在深圳，华为的这个重大体制创新完全不可想象，而且也不可能消除政治风险。

20世纪90年代初，任正非绞尽脑汁为华为的融资困境解套。为从根本上解决资金紧张问题，1990年，华为建立了职工内部持股制度。

华为公司有关部门按照员工在公司工作的年限、级别、业绩表现、劳动态度等指标确定符合条件的员工可以购买股权数，员工可以选择购买、套现或放弃。此外，华为与各地电信、行业客户成立的合资公司员工，也享有认购资格。当时每个持股员工手中都有华为新发的股权证书，并盖有华为公司资金计划部的红色印章。

"每股1元的价格相当诱人，1993年，华为公司每股净资产为5.83元，1994年每股净资产为4.59元。1995年每股净资产为3.91元。但每股1元的认购价格一直延续到 2001 年。"可以说凡是购买了股份的员工，在年终分红时都能获得几倍的收益，巨大的利益诱惑着华为的员工，让他们甘愿为华为的市场扩张付出辛劳。

"当时，按照规定，每年表现优异的员工可以获得认购虚拟受限股的资格，根据工作业绩确定虚拟受限股的份额，随后签订合同，合同由华为统一保管，员工可以根据自己的账号查询自己的持股数量。为了购买这些虚拟受限股，许多华为员工会在工商银行、平安银行、中国银行、建设银行办理为数不等的'个人助业贷款'。四家银行的深圳分行每年为华为员工提供高达百亿的贷款资金，这种贷款帮助华为员工获得企业内部的虚拟受限股，也帮助四家银行扩大贷款额度，拉动银行的业务能力，这项双惠的政策直至 2011 年才被叫停。"孙力科《华为传》如是写道。

之后，华为对内部持股制度进行过两次大的调整。

1997 年 6 月，华为公司对股权结构进行了改制，使其看起来相对简单。改制前，华为公司的注册资本为 7005 万元，其中 688 名华为公司员工总计持有 65.15% 的股份，而其子公司华为新技术公司的 299 名员工持有余下的 34.85% 股份。改制之后，华为新技术公司、华为新技术公司工会以及华为公司工会分别持有华为公司 5.05%、33.09% 和 61.86% 的股份。

2001 年，华为公司延聘人力资源公司韬睿顾问将原来的"员工持股"制度改革为"虚拟受限股"体系。2001 年 7 月，华为公司股东大会通过了股票期权计划，推出了《华为技术有限公司虚拟股票期权计划暂行管理办法》。推出虚拟受限股之后，华为公司员工所持有的原股票被逐步消化吸收转化成虚拟股，原本就不具实质意义的实体股明确变为虚拟股。虚拟股的体系当中，明确了持股人没有所有权、表决权，且这种股票不必经过证券行业监督管理部门的审批程序，非上市公司的虚拟股体系也避免了公开市场所带来的股价波动影响。通过虚实之间的悄然转换，华为在治理结构上已经从一家号称全员持股公司变成由两家实体股东所控制的公司。

华为"内部员工持股"计划要早于当时的相关法律法规。也就是说，它是在法律的灰色地带进行的一种探索。所幸的是，深圳市委、市政府不但没有打击华为，而且还尽最大可能"保护"了华为的探索。

要知道 1993 年 6 月中央关于宏观调控的文件"16 条"中就有一条是"坚决制止各种乱集资"，华为的员工持股在当时显然符合"乱集资"的定义，而员工为了购买内部股，又去银行贷款，这显然又符合"非法套取银行资金"的罪状。而且一年下来高达百亿，这在当时足可以成为震惊全国的"非法集资"和"非法套取银行资金"

的大案了。

然而这是深圳经济特区，深圳市政府不但保护了华为，而且也许还从华为的探索中受到了启发，在深圳进行各种员工持股的探索。有关资料表明，1994年，深圳市出台《关于内部员工持股制度的若干规定（试行）》。

但由于一些地方出现了内部职工股权证的非法交易，1993年、1994年国务院和原国家体改委两次发文，要求"立即停止内部职工股的审批和发行"，但华为的员工持股计划并没有被叫停。

1997年9月，为了规范各公司各种形式的员工持股计划，深圳市出台了《深圳市国有企业内部员工持股试点暂行规定》。2001年，深圳市又出台了《深圳市公司内部员工持股规定》。1997—1998年，"员工持股"被深圳市当成了自己重大的改革项目。而华为从员工持股计划到后来的虚拟受限股，都得到了深圳市体改办的批准。

在没有法律法规对此有明文要求的情况下，华为大胆闯关，这既是华为之胆识，更是深圳主政者之魄力。要知道，对于改革初期的中国各地而言，不做不错，甚至于严格防范各种姓"资"姓"社"问题，这历来是政策上不可逾越的红线。

20世纪90年代国内的气候和金融制度，并不足以支持华为的"虚拟受限股"设计，是深圳市委、市政府为华为背书，承担了政治风险。到2001年，华为虚拟受限股正式成为有中国特色的股权激励制度，这一探索的政治风险才最终消除掉。

近年来关于华为的管理类书籍大多把这一制度设计视为华为成功的关键。华为公司顾问、中国人民大学教授吴春波认为，华为从一个一无所有的公司，逐步发展成为通信制造业的老大，这30多年的发展历程到底靠的是什么？是依靠技术？人才？市场营销？加班文化？还是狼性文化？华为给我们的回答是：人力资源管理是华为公司商业成功与持续发展的关键驱动要素，没有之一。华为把自己制胜的秘密告诉我们，就是人力资源管理，而人力资源管理的核心，就是员工持股计划。

任正非对此曾经谈道：我创建公司时设计了员工持股制度，通过利益分享，团结起员工，那时我还不懂期权制度，更不知道西方在这方面很发达，有多种形式的激励机制。仅凭自己过去的人生挫折，感悟到要与员工分担责任，分享利益。创立之初我与我父亲相商过这种做法，结果得到他的大力支持，他在30年代学过经济学。这种无意中插的花，竟然今天开放到如此鲜艳，成就华为的大事业。

员工持股计划深刻改变了华为的股权结构。截至目前，华为是一家100%由员工持有的民营企业，通过工会实行员工持股计划，参与人数为96768人。从股权结构上来看，华为员工们占据了 98.99% 的股份，而创始人任正非只有 1.01% 的股份。参与人仅为公司员工，没有任何政府部门、机构持有华为股权。这使得华为成为一家股权结构甚是独特的民营企业。

外界普遍认为，华为虚拟股融资的制度要比上市公司期权股权激励更具效果。上市公司股权激励，只能发行新股，或者既有股东出让老股，资源有限，而且要经过股东大会批准，操作起来成本很高。虚拟股则可以无限增加，股票来源不是问题。另外，内部发行，几乎没有监管成本。

不过，华为的"员工持股计划"也曾引发外界诸多讨论，一方面是如果华为上市的话，这种虚拟持股计划是否适用；另一方面是在这一过程中，员工也与华为发生过诉讼，并非所有员工对此都能坦然接受。

2003 年，华为公司的两位资深员工——刘平和黄灿，将其告上法庭。原因之一就是，华为公司是根据双方合同中约定的以每股 1 元的价格，而不是以每股净资产价格回购股票。两位员工还认为，华为所用作增资的应付红利中也应有自己的利益，他们应按照同股同权的原则享有股权的增值。

华为员工与华为公司所签署的《参股承诺书》中明确规定，员工在辞职或因违反公司的规章制度被辞退等丧失持股资格之一的情况时，需要将所持股份以原值退回公司。这一规定有违于公司法规定的同股同权原则。

最终，深圳市中院和广东省高院判两位员工败诉。

有专家认为，刘平黄灿案的认定意味着，华为员工与公司之间只是合同关系，而非股东与公司的关系。在华为公司股票诞生起，华为员工手中的股票与法律定义的股权就不相同，员工不是股东，而工会才是股东，员工享有的只是某种意义上的合同利益或者权益，而非股权。此时的"员工持股制度"更近乎一种分红激励和融资手段。

实际上，在虚拟股制度下，持股员工的权利仅限于分红和股价增值收益，不涉及产权，而掌握实际权力的是华为控股股东会。在涉及华为控股增资扩股、分红和人事任免等问题时，其股东会议历次只有少数人参加，华为员工所持股票事实上只有分红权，实体股东只有任正非一名，其他员工整体以社团法人存在，而社团法人体系下，相互维系的关键并非股权，而是劳动合同。

而且，倘若华为告别了高速增长，这种虚拟受限股是否还有吸引力？尚待实践的检验。

三、国际化创新型城市

1998年，这个世界发生了什么？

首先是1997年下半年爆发的亚洲金融危机，蔓延到全球，成为全球性金融危机。中国政府没有让人民币贬值，但中国经济尤其是出口承担了巨大压力。中央下决心推动国有企业改革，并谋求加入WTO以促进中国经济的全面融入全球化，路径之一就是致力于发展高新技术产业以增强出口竞争力。

在华南地区，1997年7月1日香港回归祖国后，深圳环境发生巨大变化。

1998年华为开始建设坂田基地。这一年华为在继续抢占国内市场的同时，开始将自己的增长重心放在了国际市场，像一个孤独的剑客，下山去闯荡江湖。

2013年，华为超越爱立信，成为全球最大通信设备制造商。而深圳则崛起为中国著名的高科技产业中心。2016年，深圳GDP超过广州跃居全国第三。

检视1998—2015年华为这家公司与深圳这座城市之间的关系演变，是饶有趣味的。它们各自获得了高速发展，取得了巨大成功，可以说达到了各自的巅峰状态。

1.华为版"农村包围城市"与华为思科之战

1997年底至1998年初，任正非先后考察了欧洲、美国、日本等多国产业和市场。

这次考察对华为的历史有着深远影响。一是任正非下决心引入IBM的管理模式，拜IBM为师。二是华为确定了其国际市场战略，仍然是"农村包围城市"，先亚非拉欠发达国家和地区，后欧洲，最后美国。三是1998年3月，"华为基本法"正式出台。

事实上，早在1996年，任正非就萌生了进军国际市场的想法，并小心翼翼地在香港和俄罗斯试水。任正非的想法是："我们总不能等待没有问题再去进攻，而是要在海外市场的搏击中，熟悉市场，赢得市场，培养和造就干部队伍。我们现在还十分危险，完全不具备这种能力。若三至五年内建立不起国际化的队伍，那么中国市场一旦饱和，我们将坐以待毙。"

为准备走向国际市场，华为内部进行了1996年"市场部全体辞职"再重组的做法，调整市场部架构和管理体系。

许多中国企业走向国际市场的第一步都是试水中国香港市场。华为在准备走向国际市场时，恰好香港特区出现了一个机会。

当时香港占统治地位的电信运营商是香港电讯，为了避免出现垄断，特区政府拍出三张运营牌照，李嘉诚看准机会，与和记电讯共同拍下了三张运营牌照，准备挑战香港电讯。当时和记电讯若要在香港电信市场立足，就必须在3个月内完成一个斥资3600万元的综合性商业网，此商业网要覆盖互联网、数据通信和接入业务等诸多方面。和记电讯找到西门子和阿尔卡特，但这两家公司给出的最快建设时间是6个月，而且价格高出预算许多，和记电讯决定让华为试一试。

任正非任命李一男为此次工程的技术负责人，并将内地市场所有技术扎实、经验丰富的工程师悉数调往香港。他们在规定期限内完成了工程。华为此单不但赚取了丰厚利润，还在香港市场打开了局面。华为的C&C08机打入香港市话网，开通了许多内地未开的业务，使华为大型交换机进军国际电信市场迈出了第一步。

与此同时，华为同年开始进入独联体市场。历时三年，华为在莫斯科与新西伯利亚州首府新西伯利亚之间铺设了3000多千米的光纤电缆。然而，一开始，华为在莫斯科并不顺利。人们经常谈到的一个真实境况是，当时爱立信和西门子等跨国巨头早已完成跑马圈地，华为在接下来的两年内一无所获，到1999年才接到一个38美元的订单。但华为选择坚守俄罗斯，直到2000年，才获得了乌拉尔电信交换机和莫斯科MTS移动网络两个项目。2002年，华为又取得了莫斯科到新西伯利亚国家光传输干线项目。自此华为逐步稳固了俄罗斯市场。

正如在国内市场华为采取了"农村包围城市"的战略一样，在国际市场华为也如法炮制。任正非说："当我们走出国门拓展国际市场时，放眼一望，所能看得到的良田沃土，早已被西方公司抢占一空，只有在那些偏远、动乱、自然环境恶劣的地区，他们动作稍慢、投入稍小，我们才有一线机会。"华为试水中国香港这个发达经济体，一是香港是华人城市，有语言和文化心理便利；二是香港是个小市场，跨国公司不大看得上。再加上和记电讯提供的绝佳机会。此役证明华为是有能力进入发达经济体。俄罗斯才是华为能够进入的国际市场典型，而且当时俄罗斯备受金融危机影响（卢布大贬值），才选择了低价策略的华为。

时至今日回过头来看，1999年，是华为国际化的正式开始。华为首先将目光盯住了非洲和拉美市场。

"刚到非洲，面对25个国家、4.5亿人口、地盘差不多是中国两倍的一个陌生市场，没有人知道华为公司，甚至都不太了解中国，一切都要从零开始。"凭借自己的经验，华为一开始就在市场上寻找合适的合作商，通过本地的合作商来打开市场缺口，然后再逐一提高市场占有率，与此同时，以优质的服务获得客户的信任。直到2006年，华为才在毛里求斯建立了非洲第一个3G商用局，之后又在南非建设了南非最长的一条通信网络。

在拉美的业务同样困难。20世纪90年代，拉美爆发了金融危机，经济环境持续恶化，而当时拉美国家的电信运营商大多是欧洲公司和美国公司，采购权实际上是在这些公司手里。1999年，华为在巴西开设了拉美首家海外代表处，2004年，经过五年的努力，华为才与巴西主流运营商CTBC合作，负责建设新一代运营网络，这也是华为在拉美的第一份合同。

2007年，华为获得了智利光纤骨干网络建设的大部分合同，2010年智利市场销售额突破2亿美元。

到2013年，华为与拉美14个国家有业务往来，设立了19个工作站，3个软件开发中心和3个培训中心。

华为切入中东市场，得益于沙特的麦加朝圣。每年有数百万穆斯林涌入麦加，有巨大的临时通信需求。阿尔卡特、朗讯和爱立信都承接过这一项目，但结果不能令甲方满意。华为2005年开始接触这个项目，2006年拿到项目，从此赢得了沙特的信任，2007年，华为与沙特科技城签订合同。2012年，华为在中东地区的收入达20.8亿美元。

华为同时进入亚太地区，以超低价战略切入市场，通常以低于对手30%的价格进行竞争，因此在亚洲市场进展尚算顺利。

在亚非拉初步锻炼之后，华为决定进入欧洲市场。但是原来在亚非拉地区无往而不利的低价策略，在欧洲市场根本不起作用。1997年华为在南斯拉夫联盟共和国竞标，甲方甚至怀疑华为的超低价是"商业陷阱"，直接选择了报价高于华为的阿尔卡特。多次失败之后，华为发现在发达市场上，品牌影响力至关重要，欧洲运营商比较喜爱西门子、爱立信等长期占据欧洲市场的品牌，而美国运营商则偏爱朗讯、北电等厂商。

华为寻找一切机会，先切入欧洲相对落后的南欧与东欧市场，同时加大在欧洲市场的品牌宣传。2000年，华为在瑞典首都斯德哥尔摩设立研发中心。2001年，华为幸运地得到了法国运营商 NEUF 的一个订单，华为在这笔生意上选择让利，以极低的价格在两个城市建立起新的网络格局，此举获得对方的认可，由此成功进入法国市场。2007年，华为率先在法国建立了研究中心，迄今为止，法国仍然是华为欧洲市场的一个基石。

华为真正在欧洲打开局面，还是在2005年华为通过英国电信的全面采购认证之后。拿到认证书的华为顺利入围了"21世纪网络"供应商之列，并在几轮筛查之后，成为"21世纪网络"的供应商，当年年底，华为与英国电信签订正式合同，进入英国市场。

但是华为最后进入美国市场的努力，遭到思科强大的阻击。

2002年，华为在美国的子公司在亚特兰大举办的 Supercomm 2002 商展会上登台，宣告华为将正式进军北美市场，思科 CEO 约翰·钱伯斯（John Chambers）以潜在客户的身份"咨询"了华为各系列产品技术情况。

在接下来6个月，华为在美销售的产品比同等性能产品的价格低20%—30%，疯狂蚕食思科的市场（华为打破了思科在数据产品领域的垄断：份额75%，毛利70%的中国市场，在华为产品推出的第一年就丢了大半，更让人急得跳脚的是华为在2002年大举进逼美国市场），并与3COM 公司接触，协商成立合资公司事宜，也就是后来的H3C。虽然在当时两家公司并不在同一体量上，但是华为登陆北美后对思科在美国本土的极端网络设备产生了强大的冲击，同时双方在产品技术上的相似性也让思科坐立不安。

2003年，酝酿了半年之久的思科终于出手（思科成立"BEATHW"团队，专门研究如何击垮华为），2003年1月24日，思科系统有限公司宣布对华为技术有限公司及其子公司就华为非法侵犯思科知识产权提起诉讼。指控包括非法抄袭、盗用包括源代码在内的 iso 软件等20多项罪名，几乎涵盖了知识产权诉讼的所有领域。

2004年7月28日，双方达成妥协，思科撤诉，华为同意修改其命令行界面、用户手册以及帮助界面和部分源代码，以消除思科公司的疑虑。诉讼之后，思科公司开始想其他办法阻碍华为进入美国市场，它在私底下不断造谣华为身上具有浓重的政治色彩，这是美国政府不能容忍的，在美国政府的干预下，美国四大运营商和主流厂商宣布不再使用华为的产品，这样一来就等于断绝了华为在美国市场的出路。华为只能无奈地宣布退出。

对于华为-思科的诉讼案，任正非曾言："你到人家的家里去做客，就得按人家家里的规矩办，不能说你是农村来的，就在人家客厅里抠脚丫子。"对于思科公司的敌对态度以及美国政府的贸易保护政策，华为把它看成是美国市场的游戏规则。

对于退出美国市场，任正非说："华为现在还很弱小，还不足以和国际友商直接抗衡，所以我们要韬光养晦，要向拉宾学习，以土地换和平，宁愿放弃一些市场、一些利益，也要与友商合作，成为伙伴，和友商共同创造良好的生存空间，共享价值链的利益。"

美国市场的遇挫并没有阻挡华为在国际市场的高歌猛进。

2000年，华为海外市场销售额仅为1亿美元，2002年，达到5.52亿美元，2005年，华为海外合同销售额首次超过国内合同销售额。

2008年，根据Informa的咨询报告，华为在移动设备市场领域排名全球第三。首次在北美大规模商用UMTS/HSPA网络，为加拿大运营商Telus和Bell建设下一代无线网络。移动宽带产品全球累计发货量超过2000万部，根据ABI的数据，市场份额位列全球第一。

2009年，华为无线接入市场份额跻身全球第二。成功交付全球首个LTE/EPC商用网络，获得的LTE商用合同数居全球首位。率先发布从路由器到传输系统的端到端100G解决方案。获得IEEE标准组织2009年度杰出公司贡献奖。

2012年，持续推进全球本地化经营，加强了在欧洲的投资，重点加大了对英国的投资，在芬兰新建研发中心，并在法国和英国成立了本地董事会和咨询委员会。在3GPPLTE核心标准中贡献了全球通过提案总数的20%，发布业界首个400GDWDM光传送系统，在IP领域发布业界容量最大的480G线路板。和全球33个国家的客户开展云计算合作，并建设了7万人规模的全球最大的桌面云。推出的AscendP1、AscendD1四核、荣耀等中高端旗舰产品在发达国家热销。

2013年，华为全球财务风险控制中心在英国伦敦成立，监管华为全球财务运营风险，确保财经业务规范、高效、低风险地运行；欧洲物流中心在匈牙利正式投入运营，辐射欧洲、中亚、中东非洲国家，持续领跑全球LTE商用部署，其业务已经进入了全球100多个首都城市，覆盖九大金融中心。发布全球首个以业务和用户体验为中心的敏捷网络架构及全球首款敏捷交换机S12700，满足云计算、BYOD、SDN、物联网、多业务以及大数据等新应用的需求。

2014年，在全球9个国家建立5G创新研究中心。承建全球186个400G核心路由器商用网络，为全球客户建设480多个数据中心，其中160多个云数据中心。全球研发中心总数达到16个，联合创新中心共28个。在全球加入177个标准组织和开源组织，在其中担任183个重要职位。2014年，智能手机发货量超过7500万台。

2015年，仍然是华为全球化布局的重要一年：（1）华为宣布在比利时鲁汶成立华为欧洲研究院。成立欧洲研究院，是华为在实施全球创新战略过程中的重要举措。欧洲研究院将负责管理华为在欧洲不断发展的研发分支，协调华为分布在欧洲八国18个研究机构工作，主要聚焦于新一代网络技术研究。（2）华为在印度开设了新研发园区，将园区的容纳人数从目前的2500人提高到5000人。（3）华为手机持续在国际市场备受瞩目。2015年12月18日，华为拉丁美洲消费者业务部门宣布，华为消费者业务在拉丁美洲的智能手机发货量突破1200万台，与2014年同期相比增长68%。华为能够在拉美智能手机市场取得高速增长，得益于其在中高端手机市场中的突破、渠道零售领域的良好布局，以及品牌营销活动的深入人心。

2015年，华为智能手机全球出货量高速增长。根据华为消费者BG披露的数据显示，智能手机全球发货量超过1亿台，其中拉美地区贡献了12%，这意味着华为在拉美平均每月销量达100万台。

2. 押注3G

华为1996—1999年开始拓展国际市场的背景，除了1997—1998年全球金融危机之外，还有一个背景是1998年中国政府改革，将邮电部与电子工业部、广电总局、航天工业总公司、航空工业总公司的政府信息和网络管理职能合组为信息产业部；1999年4月，信息产业部推出第一次电信业改革方案，设立中国网通和铁通，并与吉通等同时获得电信运营许可证。与改革同步进行的是，1997年10月，"中国电信"在香港上市，2000年更名为"中国移动"；以及2000年6月，中国联通在纽约、香港两地上市，并于两年后又在国内A股上市。到2001年11月，第二次电信体制改革又拆分了中国电信和中国网通两家公司。

眼花缭乱的电信体制改革试图打破垄断，塑造竞争格局，但这些央企之间的竞争又充满乱象，令华为这家民营企业置身这怪异的市场竞争中感到无所适从。

与体制改革同时发生的，是中国通信市场开始由模拟交换转向数据通信。中国自从1992年在浙江嘉兴建立和开通第一个GSM演示系统，到2001年12月底中国移动关闭模拟移动通信网，中国的1G时代结束，进入2G时代。

在2G时代，中国主要的电信运营商是移动和联通两家，当时移动采用GSM方案，中国联通则采用CDMA方案。华为选择的技术方向是GSM，过早放弃CDMA，令它在市场竞争中处于极其被动的地位：当时中移动每年投入大量资金建设2G（GSM路线），全都被爱立信、摩托罗拉、诺基亚等公司收入囊中——西方企业利用大幅降价对华为进行围剿，冲击它的每一款新产品。虽然华为已经研发出GSM，但产品还不够成熟，根本无法打动市场。同城兄弟中兴通讯由于选择了CDMA技术为主攻方向，日子要好过得多。华为无法突破跨国巨头在中国GSM市场的封锁，这也是其被迫出征海外重要背景之一。

早在1997年，国际电信联盟开始征集3G技术标准，中国试图提出自己的3G标准，遂委托邮电部旗下的大唐电信拿出一个基于SCDMA的技术框架，这就是2000年5月大唐电信向国际电信联盟提出、后来被确定为3G技术标准之一的TD-SCDMA通信标准。

时任大唐集团董事长周寰找到了当时的中国科学院院长、中国工程院院长、中国科学技术协会主席等重量级科学家，请他们联名上书政府相关部门，支持中国"自主创新"的TD-SCDMA。在当时举国提倡自主创新的氛围里，国内三大科研机构的领导联名上书，引起了决策层的重视。这被解读为中国要"举全国之力"搞好TD-SCDMA。TD-SCDMA被明确定为中国3G通信标准。但三大运营商对TD-SCDMA缺乏信心，各大运营商仍然左躲右闪，希望避免被选中建网。2009年1月，工信部为中国移动、中国电信和中国联通发放3G牌照，工信部把TD给了当时实力最雄厚的中国移动。

时任中国移动董事长王晓初曾三番两次对外表态，希望采用WCDMA，TD作为补充。中国移动在TD-SCDMA上花了近2000亿元，如果当时移动没有用TD-SCDMA，而是用WCDMA标准的话，差不多只要花1000亿元，很多人质疑这个2000亿元值不值得。最终，中国移动在3G时代被削峰填谷，原来领先竞争对手的优势几被拉平，直到4G时代才重新找回了竞争优势。

而在从2G向3G过渡的时代，华为为3G下了重注，但中国政府却在3G推出的节奏上考虑再三，迟迟未能发出3G牌照，这也令华为陷入极为困难的境地，所幸在

2009年终于确定了3G牌照，华为才算最终走出低谷。

3G时代，许多巨头押错了宝，再加上2000—2001年的IT泡沫破灭，显然对全球通信设备业影响甚大。是以当年一些如日中天的巨头，如朗讯、摩托罗拉和北电等开始走下坡路，华为能艰难地活下来，显然跟华为"东方不亮西方亮"，国内市场不灵时艰难开拓国际市场，这种顽强的求生意志有莫大的关系。

正是在这样的困境之中，2000年底，任正非写了一篇有名的文章《华为的冬天》，文中写道："沉舟侧畔千帆过，病树前头万木春……'物极必反'，这一场网络设备供应的冬天，也会像它热得人们不理解一样，冷得出奇。没有预见，没有预防，就会冻死。那时，谁有棉衣，谁就活下来了。"多年后，任正非曾回忆起这段"冬天时光"时说："2002年，公司差点崩溃了，IT泡沫的破灭，公司内外矛盾的交集，我却无能为力控制这个公司，有半年时间都是噩梦，梦醒时常常哭。"

2003年最为困难的时候，任正非曾经动过心思把华为卖给摩托罗拉。据说摩托罗拉以75亿美元收购华为公司的交易都签署意向书了，很快就要达成正式协议了，但2004年摩托罗拉换了新任CEO爱德华·詹德（Edward Zander），因为收购华为需要巨额现金，而且董事会认为75亿美元太贵了，最终否决了交易。

男儿有泪不轻弹，抹掉眼泪，还要上路。

3. 攻城略地

20世纪90年代的"七国八制"时期，上海贝尔得"中外合资企业"之便利，90年代中期，上海贝尔一度占据50%中国市场份额。1998年，华为在四川市场与上海贝尔短兵相接，华为采取的策略是"以免费的方式为客户提供接入网产品"，悄无声息地完成了接入网的布局。一年时间内，华为抢占了70%的四川市场份额。四川获胜后，华为迅速推广四川经验，在很短的时间内从外商手中抢占了大量的中国市场份额。

与此同时，上海贝尔则陷入了阿尔卡特要求获得控制权的内部战争。华为意识到了固话即将开始走向衰败，于是率先研发并推广了光网络、数据通信和智能网的产品，在技术上赶超了上海贝尔阿尔卡特公司。1999年，华为以120亿元的销售额成为中国电子百强的第10名，连续两年超过上海贝尔——在国内打败了跨国公司上海贝尔。

接下来华为迎战加拿大北电公司。华为发现北电的设备固然好，但其根基在国外，在中国市场的维修服务存在重大缺失，无法及时响应需求。华为就从服务入手，逐步挤占北电的市场。之后北电内部问题缠身，资金周转困难、会计丑闻事件、产品竞争力下降、企业收入持续下滑，2009年，北电宣布进入破产保护程序，退出电信设备行业。

朗讯是著名的AT&T公司解体之后产生的通信设备公司，继承了后者的部分交换机业务，1996年开始独自运营。同年朗讯在青岛建立程控交换机生产基地，开始抢占中国市场。"由于朗讯势头迅猛，在某一段时间内华为几乎被压得喘不过气来。"

2000年，华为与朗讯在中国银行总行呼叫中心的订单上直接对垒，IBM掌握这个订单的采购权。华为采取了老办法"低价策略"（当时朗讯的交换机售价一般为每线300美元，华为直接报价50—80美元），最后拿下了订单。

华为还在山东设立了青岛、烟台、济南三个办事处，直接叫板朗讯在中国的大本营。2000年，华为销售额220亿元人民币，其中山东市场就贡献了22亿元。

朗讯逐渐陷入了外部与内部危机，2006年，阿尔卡特宣布收购朗讯。

当然华为与跨国公司之间不是只有战争，更有学习与合作。

1998年初考察IBM之后，华为决定全盘接受IBM的管理咨询服务，对于IBM提出的20亿人民币的报价，任正非的表态是：不还价。而IBM著名的CEO郭士纳闻讯后对其大中华区CEO周伟焜的指令也很简单："好好教。"

1998年8月10日，任正非召集了由上百位副总裁和总监级干部参加的管理会议，宣布华为与IBM合作的IT策略与规划项目正式启动，内容包括华为未来3—5年向世界级企业转型所需开展的IPD（集成产品开发）、ISC（集成供应链）、IT系统重整、财务四统一等8个管理变革项目。2007年，华为成为IBM的事业部客户，由IBM美国总部直接负责。

可以说，由IBM输入的管理模式，奠定了华为崛起成为一个全球性跨国公司的内部基础。

华为与外国公司合作的精彩案例也为人们津津乐道。

2001年，华为以7.5亿美元的价格将非核心子公司Avansys（安圣电气）卖给艾默生。这一桩交易的背后是前述任正非的恐惧感。为了寻求过冬的棉衣，华为需要现金。

华为的棉袄在哪里？那就是安圣电气。这是华为做通信电源的子公司，内部都叫华为电气，前身就是我们前面提到的华为技术子公司莫贝克（取自莫尔斯、贝尔、马克尼三个通信技术发明人），后更名为华为通讯公司，后来再整合电源部门成了华为电气公司，为了出售需要，最终更改公司名称为"安圣电气"。

艾默生收购安圣电气后，原"深圳安圣电气有限公司"更名为"艾默生网络能源有限公司"。除安圣外，艾默生原有从事网络能源的业务公司 Liebert（力博特）、Emerson Energy Systems、Astec、Asco 等公司也一起被纳入了这家名为艾默生网络能源（ENG）的新公司里。

从事后任正非的一段话可以看出他卖出安圣有多么不舍（卖儿卖女度饥荒啊！事隔多年之后，华为又回到电气行业），他要求华为人对卖出后的艾默生能源网络多多支持："我们现在账上还有几十亿现金存着，是谁送给我们的，是安圣给我们的，我们如何能在穿着棉衣暖和的时候，忘了做棉衣的人，这怎么行啊？！在市场上每个主任都要认真帮助安圣的工作，帮助他们销售。这点不要动摇，一定要坚决帮助他们，人家送了我们一件大棉袄，这个棉袄够我们穿两年的啊！我们和别的公司不一样，我们现在心里还没有多大的压力，我们今年的工资肯定够发，明年的工资肯定也够了，就是没有销售额也够了。我们熬到第三代移动通信投入的时候，就可以好好捞一块蛋糕，好好庆祝一下。"

可以说是卖出安圣获得的粮草帮助华为度过了 2002—2003 年的冬天。

艾默生最后也是这桩交易的赢家。2016 年 8 月，艾默生宣布将旗下子公司艾默生网络能源出售给白金资产管理公司（Platinum Equity）和合伙投资者，交易金额高达 40 亿美元。

在华为 - 思科诉讼案进展的同时，按照任正非的思路，2003 年，华为与 3COM 合作成立合资公司，专注于企业数据网络解决方案的研究。当时的背景下，3COM 在 IT 泡沫破灭之后，大幅亏损，前途堪忧，而华为当时则受到思科的指控。对于这个合资，本质上是"抱团取暖"。当年有篇文章说"谁背谁过河"，这个比喻很贴切。事实上，3COM 公司在思科案中做证时，所提出的证据对华为甚为有利，这对思科与华为同意和解有着积极影响。

而且这桩交易最终华为还是获利甚大，2006 年，华为以 8.8 亿美元的价格出售 H3C 公司 49% 的股份，回笼数十亿人民币现金，在 2008 年全球金融危机到来之前，华为又穿上了一件小棉袄。

后来，华为曾联合贝恩资本竞购 3COM 美国公司，但美国外资投资委员会

（CFIUS）没有批准。再后来，美国3COM整体卖给了惠普。借助与华为联姻，3COM从濒临倒闭到成功做大，股东获得了很好的回报。再再后来，惠普又出售了华三51%的股份给紫光集团，成为紫光华三。兜兜转转，又成为中资控股企业。

通过与思科公司的竞争，华为意识到了合资企业的优势，在国际市场上可以降低风险，还可以帮助拓展业务。于是2003年8月，华为与西门子合作成立合资公司华为鼎桥通信，开发TD-SCDMA解决方案；9月，华为与NEC、松下合资成立宇梦通信。半年的时间内，华为与四家全球顶级企业成立合资企业。

与西门子成立合资公司完全是"项庄舞剑，意在沛公"。西门子是思科在欧洲的主要代理商，通过与西门子合作，华为就能够更好地了解对手思科，也能够了解思科通过西门子在欧洲建立起来的销售网络。

何况这桩交易是西门子主动找上门来的。华为与西门子原本是对手，但彼此又明白双方可以形成优势互补，所以当华为与3COM成立合资公司后，西门子就主动找到华为，希望可以就全球业务进行和谈。双方共同出资1亿美元建立合资企业，其中一个目标是在中国市场共同对抗大唐电信。

此外华为与摩托罗拉合作在上海成立联合研发中心，开发UMTS技术；2007年，华为与赛门铁克合作成立合资公司，开发存储和安全产品与解决方案；与全球海事系统有限公司（Global Marine）合作成立合资公司，提供海缆端到端网络解决方案。后来华为回购了合资公司中赛门铁克的股份，变成华为全资拥有。

2005年，华为曾计划出资10.7亿美元（6亿英镑）收购英国电信设备制造商马克尼公司，但后来竞购失败，当年8月爱立信正式与马克尼公共股份公司签署协议，宣布以12亿英镑收购马克尼的部分电信业务。虽然并购失败，但也表明此时华为已经度过了2002—2003年的冬天，重新焕发勃勃生机。

4.《华为的冬天》与《深圳，你被谁抛弃？》

2002年11月，在任正非抛出《华为的冬天》那篇在全国引起巨大反响的文章时隔一年之后，在深圳有另外一篇网络文章也在全国引起轩然大波，那就是"我为伊狂"（呙中校）所写的《深圳，你被谁抛弃？》。

在这篇红极一时的网文中，呙中校写道：

> 与往届相比，今年的高交会多少让深圳人有一点沉重，因为不久前传出消息，在深圳本土发展起来的两大高科技企业——中兴和华为拟把总部迁往上海！……作为深圳的两大骨干企业，中兴和华为对有志于发展高新技术产业的深圳可谓意义重大，因此，无论中兴和华为要"弃"深圳而去的消息是真是假，都足以震撼直插云霄的赛格广场（当时深圳第二高楼）。
>
> ……
>
> 金融产业和高新技术产业，如同地王大厦和赛格广场一样，支撑起特区经济的绚丽天空。招行和平保，是深圳金融产业的龙头；中兴和华为，是深圳高新技术产业的骨干。如果这四大金刚脱"壳"而去，深圳的金融产业和高新技术产业无疑被釜底抽薪，深圳还能有未来吗？
>
> 越来越多的优秀企业和人才正把目光抛向上海、北京、广州等地。在这场关于21世纪经济话语权的竞争与高级人才的争夺之中，深圳显然已经落于下风。没有了政策优势，又受制于经济地理条件，深圳的这种劣势在竞争中越来越明显。
>
> 深圳，曾经是中国改革开放的前沿阵地，曾经是中国最具活力的城市，曾经创造了诸多奇迹的经济特区，曾经是光芒四射的年轻城市，但到现在似乎已黯然失色。

呙中校在文中分析，深圳存在七大问题：1.国有经济改革迟缓；2.政府部门效率低下；3.治安环境日趋恶劣；4.城市环境捉襟见肘；5.城市精神空洞虚化；6.城市发展短视频现；7.故步自封缺乏反省。

呙中校文章说："今后五年将是深圳发展的重要转型时期，但是如果不能解决上述问题，深圳目前的困境将会更明显表现出来，五大矛盾会深化：1.高新技术产业发展缓慢与制造业日渐空洞的矛盾；2.房地产泡沫与深圳经济稳定的矛盾；3.建立物流中心与其他城市竞争的矛盾；4.长远发展与短期利益的矛盾；5.建立人才高地与人才吸引力逐渐下降的矛盾。"

在第1点，文章写道："高新技术产业从培育到成熟一般需要5—10年的时间，而且近年来深圳高新技术产业化的效果也不显著，尽管高交会年年在搞，主要原因在于创业板迟迟不能推出。深圳目前打算退出产权交易市场，但这与创业板不能同日而语。在制造业上，随着中兴、华为两大巨头的战略转移，深圳的实力要大打折扣。90年代以来深圳大力发展金融业，而把电子制造等产业拱手相让给周边的东莞、惠州等地区，目前东莞、惠州的制造业已成气候，深圳不可能获得更多发展空间。此外，由于内地土地、劳动力成本低廉，一些制造业已经开始从深圳迁往内地。如果按这种趋势发展下去，又没有新的产业建立起来，深圳可能出现制造业空洞化的危险。"

这篇文章可谓"一石激起千层浪"，许多深圳人心中悲鸣不已。2003年1月19日，广东省委常委、深圳市长于幼军在《南方都市报》记者王跃春、魏海波的引见下，与呙中校见面并对话。

在对话中，于幼军说：

你这篇文章产生了效应，引起了政府的重视、社会的重视，我看本身是件好事。但我不同意"深圳被抛弃"这个观点。

首先，党中央、国务院、省委、省政府没有抛弃深圳，并且对深圳提出了更高的要求。深圳过去是改革开放的窗口，现在要成为有中国特色社会主义的示范地区。

工商企业、金融业是不是抛弃深圳了呢？你说一些企业外迁、金蝉脱壳，今天我就不多说，他们的老总早就出来辟谣。你的文章说，这些企业都在外地新设了一些机构，有研发的、有制造的，这个问题怎么看？我觉得这正是一件好事！企业要做大做强，它不能老窝在深圳啊！老窝在深圳发展有出息吗？深圳的一些大企业进军全国市场，在其他城市设立研发中心什么的，完全是正常的。如果它能走到世界市场更好，那就成为我们自己培育的跨国公司。

……

总之，我认为：只要深圳人自己不抛弃深圳，谁也抛弃不了深圳！我看你的文章也是这个意思。

……

深圳正处在一个重要的转折时期。在深圳过去20年画上圆满句号的情况下，今后的10年、20年怎么办？

于幼军提到的几个企业回应谣言的问题，据有关媒体报道：

"'没有这回事！'在谈到华为要迁出深圳的传言时，华为有关人士两次都这样作答。第一次他声称只代表个人观点。记者询问'华为是否有意将总部迁出深圳的打算'时，该人士表示，华为在深圳占地面积一平方千米，目前公司相关建设项目正在进行。'华为在深圳有相当大的发展规模，再说，华为也是一个从深圳发展起来的公司。'该人士说。记者追问如此说法是否代表华为不会将总部迁出深圳，该人士说：'你可以这么理解。'"

这可以说是华为第一次被和深圳放在一起，引起舆论的高度关注。吊诡之处正在于：深圳处在"你被谁抛弃"的状态时，华为公司自身也正在经受寒冷"冬天"的煎熬。如果华为被卖给摩托罗拉，深圳人会做何感想？

深圳这个城市确实在1999—2002年这几年里和华为这家公司一样，陷入了一个低谷。这个低谷其实更多表现在政策层面，而且更主要是表现在与金融有关的领域。当时被拿来说明深圳陷入低谷的事实主要有：

其一，1998年11月，中国人民银行进行了大区行改革，省级分行被九个大区分行、两个管理部取代，九大区分行分别是天津、沈阳、上海、南京、济南、武汉、广州、成都、西安，两个营业管理部分别在北京和重庆。此一改革目的是打破行政权力对金融的干预，但金融业务远远重过一半以上大区的深圳市没有设立营业管理部，而金融业务规模远远小于深圳的重庆直辖市却设立直属于归央行总部的营业管理部。作为三个全国性金融中心之一、中国重要的金融创新中心，却仅设了一个归属于广州大区分行的深圳支行（后经深圳市争取，才将深圳中心支行归央行总部直管）。

其二，从2000年10月起，深圳证券交易所停发新股（IPO）。筹资能力是一个交易所的核心功能，此功能被抽掉，对深圳金融业是重大打击。尽管据说此举是深圳为争取创业板落户而开出的对价，但IPO被停，创业板却遥遥无期。

其三，2002年10月，上海黄金交易所开业。而黄金加工量占全国约60%、黄金交易量占全国市场70%的深圳却想要争取设一个分所而不得。

其四，在高新技术产业领域，2001—2003年是以中国台湾企业为代表的全球半导体大厂布局中国大陆的高潮期，北京、上海2个城市为争取这些IC大厂落户使出全身解数，并迅速成为中国两个半导体制造中心，然而在这一轮竞争中，深圳也努力去争取了，却颗粒无收。这让以中国高科技产业中心自居的深圳倍感失落。华为、中兴要迁往上海的传言因此让深圳人颇有焦虑之感。

其五，2001—2004年，深圳的社会治安陷入狂乱的窘境，2003年全年深圳"两抢（抢夺、抢劫）案件"发案竟然达到八万多起。全城人心惶惶。深圳明星城市的光环黯然失色。

事后再来看这几年的深圳，我们似乎很难将深圳与"低谷"这两个字联系起来：

1. 从经济增长来看，1999 到 2004 年深圳的 GDP 总量分别为：1804 亿元、2187 亿元、2482 亿元、2969 亿元、3585 亿元、4282 亿元，六年时间增长 140%，这个增速完全看不出任何衰落的样子，分明是高歌猛进。

2. 从人口增长来看，据有关统计数字，1997—2002 年间深圳平均每年净增 50 万人口，而 2002 到 2007 年每年净增 100 万人口。鉴于当时深圳人口平均年龄不到 28 岁，人口出生率很低，这些净增人口只能理解为大量移民涌入深圳。十年 800 万人涌入深圳，哪有"你被谁抛弃"的样子？显然中国人民没有抛弃深圳。

3. 经济总量在猛增，人口规模在猛增，只能解释为这个城市的经济正处于一个膨胀期，景气度十分之高——800 万人口没有就业怎么可能留得下来。鉴于深圳 1999—2004 年金融业的萎缩，必然是有别的产业更高速的增长撑起了深圳经济的畅旺。事实也是如此，1998 年深圳高新技术产业总产值为 655 亿元，2004 年达到 3266 亿元，2010 年则突破 1 万亿元。这样的产业急剧扩张，才能解释深圳人口的连年暴增。

如此说来，1999—2003 年深圳人的失落感、被抛弃感，并无真实的经济数据支撑，只不过是金融政策层面的"变化"令深圳人感到焦虑而已。事实上在 2003—2009 年，中央政策层面的一系列修复举措，显然就令深圳人的焦虑感平复下来：

1.2003 年 6 月底，中央人民政府与香港特别行政区政府签署《内地与香港关于建立更紧密经贸关系的安排》（CEPA），为香港困境寻找出路，同时也令深圳与香港的合作出现新局面。

2.2004 年 5 月，央行决定将郑州、石家庄、杭州、福州、深圳五个中心支行的行政级别由副局级升格为正局级，改由归央行总部直接管辖。虽然此举没有展现深圳作为三大全国性金融中心之一的市场地位，但已相当程度上解决了深圳金融业发展受限的问题。

3.2004 年 5 月，深交所启动中小企业板，变相解决了深交所不能 IPO 的困境。

4.2007 年 5 月，中央政府批准香港与深圳签署《关于"深港创新圈"合作协议》，标志着两地创新科技合作获得突破。

5.2008 年 6 月，国家发改委批准深圳成为创建国家创新型城市试点；10 月国务院批准设立深圳前海湾保税港区；11 月，国务院批准深圳为全国第一个法治政府试点城市；12 月，国家正式公布《珠江三角洲地区发展规划纲要（2008—2020）》，在纲要中深圳正式被国家发改委确定为"国家综合配套改革试验区"。

6.2009年10月,深交所创业板开板。

"抛弃论"就此没了踪影。

回顾2001—2005年这段时间来看,深圳和华为在2001—2003年双双进入心理上的"冬天",但到2004—2005年,又双双走出低谷,进入新一轮高速发展阶段。

5. WTO、深圳与跨国公司华为

深圳走出低谷,首先得益于2001年11月中国加入WTO,深圳在全球产业链中找到了自己作为生产者角色的定位,拉开了中国经济狂飙突进、高速增长十年的帷幕,直至把中国送上全球第一大工业国的地位;其次也得益于深圳市委、市政府在1994、1995年之后,坚定不移地推动发展高新技术产业,确立了与北京并立的中国高科技产业中心之一的地位。

1999年首届高交会之后,深圳市尝到甜头,加大力度扶持高新技术产业发展。

2000年5月,中共深圳市第二次党代会首度正式在官方文件中将高新技术产业、金融业、物流业并称为深圳三大战略性支柱产业;在当年的市政府工作报告中提出:"要继续全面实施科教兴市战略,强化并拓展高新技术产业的先行优势,率先发展网络经济和生物工程技术,积极运用高新技术和先进适用技术改造提升传统产业。"

2001年3月,深圳市人大常委会通过《深圳经济特区高新技术产业园区条例》,明确高新区发展目标、高新技术企业和项目入区资格审查等园区发展中的许多根本性问题。

2001年7月,深圳市委发布《中共深圳市委关于加快发展高新技术产业的决定》,做出建设高新技术产业带的战略决策,产业带由高新区、留仙洞、大学城、石岩、光明、观澜、龙华、坂雪岗、宝龙碧岭、大工业区等"9+2"片区组成,规划高新技术产业用地50.9平方千米,为高新技术产业进一步发展保障用地。

2003年2月,深圳市人大常委会颁布《深圳经济特区创业投资条例》,此条例是全国首部关于创投的法规,为2006年国家发改委、科技部等十部委联合发布的《创业投资企业管理暂行办法》提供了蓝本。

2003年4月,市政府出台《深圳市鼓励科技企业孵化器发展的若干规定》,从科技三项经费中安排资金,并充分调动社会资源参与孵化器建设。

2004年1月,深圳市委、市政府发布《关于完善区域创新体系推动高新技术产业持续快速发展的决定》,是为当年"一号文件",第一次系统提出了建设区域创新体系的基本要求和目标。也有人将这份文件总结为五个整合:一是整合土地;二是整合资金,市政府每年拿出几十亿元的资金扶持高新技术产业发展,然后各专项资金分属多个政府部门管理,资金安排各自为政,懂门道的企业可以多头申请,多方获援;三是整合产业链,培育和完善骨干企业、衔接上下游企业和产品、相互依存和发展的产业链条;四是整合基础研究;五是整合政府的引导作用,使之更有序,更有机,更有效。

2004年5月,深交所中小企业板块开始运作,初步解决了VC的投资出口问题。

2005年9月,国务院主要领导在深圳举行的经济特区工作座谈会上,对深圳的自主创新给予了充分肯定,明确提出将深圳经济特区建设成为国内重要的高新技术产业基地和国家创新型城市。

2006年1月9日,全国科学技术大会在北京召开。据说这是中央、国务院继1956年知识分子会议、1978年全国科学大会、1995年全国科技大会之后召开的第四次全国科技大会,也是进入21世纪召开的第一次全国科技大会。在此之前的2005年12月底,国务院刚刚发布了《国家中长期科学和技术发展规划纲要(2006—2020)》,而在此次大会上,中央提出了"建设创新型国家"的战略计划。在全国科学技术大会上,深圳市委书记李鸿忠代表深圳做《把创新作为城市发展的主导战略》的发言。

当年1月,深圳市委、市政府随之出台《关于实施自主创新战略建设国家创新型城市的决定》,正式提出建设国家创新型城市的基本框架。在该文出台3个月后,深圳市20个有关部门围绕该文,分别从各自的角度制定并推出了20个配套政策,总计340条,从经济、科技、教育、人才、知识产权、法律、海关、工商税务等各方面,形成围绕自主创新战略的"1+N"政策体系。

2008年9月24日,深圳市召开自主创新大会,并同时出台了《关于加快建设国家创新型城市的若干意见》《深圳国家创新型城市总体规划(2008—2015)》等重要文件。

除了不断地出台政策,1999年之后的深圳市政府更多把自己在区域创新体系中的角色定位为建立公共研发基础和人才供给保障。

1999年10月，深圳市政府决定创办"虚拟大学园"，此后吸引全国包括香港名校在内的共62所大学入驻，并建成了15所大学的产业化基地。

2006年2月，中国科学院、深圳市人民政府经过协商，决定在深圳市共同建立中国科学院深圳先进技术研究院（以下简称"先进院"）。"先进院"由集成技术研究所（与香港中文大学合作）、生物医学与健康工程研究所、开放技术平台、工程中心、行政管理部门等部分组成，同时设立学术委员会、工业委员会。43岁的原中科院计算所副所长樊建平被抽调来担任院长，开始"先进院"的创业历程。中科院把这一行动视作其继1956、1978年之后的第三次重大科技布局调整的一部分。依托于"先进院"，中科院在深圳设立了中科院知识产权运营中心和知识产权投资公司，致力于整合中国科学院的优势科技资源，开展技术转移、成果转化和企业孵化等相关知识产权运营工作。

2007年5月，深圳市正式行文报广东省政府及教育部，申请筹建"南方科技大学"。中国科学技术大学原校长朱清时教授成为首任校长。2010年，教育部批准筹建南方科技大学。2011年2月，南方科技大学正式开学。

但这些似乎都与华为无关，自2002—2004年华为逐步搬入坂田基地之后，华为好像淡出了深圳高新技术产业的核心圈，孤居于遥远的关外地区，经营自己的小小私家花园。

深圳市科技局（后来的科创委）曾多次以华为为例，标榜深圳的企业不找市长找市场，所以每当深圳政府部门要去华为调研，或者中央有关部门来深圳调研想去华为看看，华为一概闭门谢客。深圳市政府给高新技术企业的补贴或奖励，华为也一概谢绝。

这是真正的政商关系也应该有的样子，还是华为与深圳地方政府的关系越来越冷淡了？

6. 坂田的华为与华为的坂田

如果回望2004—2005年的深圳的话，坂田依然是所谓"关内像欧洲、关外像非洲"的关外。要到2010年8月，中央政府才会批准深圳经济特区扩大到深圳全市，此即所谓的关内外一体化，而二线关的拆除，则要拖到2015年了。

虽然早在1993年，原深圳关外的宝安县就撤县分设了宝安区与龙岗区，但华为所在的龙岗区布吉镇坂田村，却仍然是典型的关外农村地区，夹杂着大量的低端产业工业区。即便是2003年深圳进行了所谓的"全域城市化"，即将宝安、龙岗两区的所有镇都改为街道办事处，所有村都改为居委会，但"关外像非洲"的面貌依然故我。要到2007年布吉街道一拆为三，华为所在的坂雪岗片区升格为坂田街道，它在深圳基层的等级地位才稍稍提高一点点，它的城市面貌才慢慢地变形出来。

所有经历过这城市20多年历史的人，都能记得它生长的过程。1997年时，深圳形成的城市也才只有罗湖-福田东和蛇口这两片，中间的深南大道两侧仍然是荒凉的空间。然而在10余年的时间里，它就被填满了，在20世纪头10年，我们就看见了深圳长大的过程：虽然粗糙，但生机勃勃，一边长大，一边增加着装饰。2011年的世界大学生运动会，在地球上算不上是一件什么盛事，但却是这个城市的成人礼，这之前的10年，人们见证了深圳关内的"精致化"，它逐步成为一个高楼大厦林立的花园城市的过程。

2008年的房价暴涨，是深圳关外城市化的催化剂——关内的土地已经填满，而地产商贪婪的目光便纷纷走向关外地区，把关内的城市模式往关外的"非洲"地区拷贝，高层花园洋房，园林造景，每50万人口的片区就复制一个购物中心，宽阔的马路和绿化树、草坪。人们就在宝安中心区、龙岗中心城、深圳北站商务区看见了CBD的复制品。

坂田街道没有这样生长出高楼大厦——除了华为的小王国内部园林式的精致化，外部则经历一个较慢的变化过程，一个个商档楼盘在华为身边生长出来，但老旧工业区和城中村仍环绕着华为，那是市场力量还没有轮到吃掉它们的时候。政府的大手最快能够改变的是道路，原来残破不堪的布龙路与吉华路最先被扩建和修饰起来，绿化带、立交桥与人行天桥；然后是五和大道与坂雪岗大道的打通，坂田的区域城市框架就搭建起来了。正在修建中的坂银通道则是坂田的另一个福音，通车后坂田将直接与福田东的中心城区连接起来。

坂雪岗科技城的规划建设则将是坂田成长为都会区的关键，这是华为与深圳恩怨的来源之一。10年前就开始规划的坂雪岗科技城原本打算叫"华为科技城"，然而这个由梅观高速、布龙路、机荷高速、清平高速围合的面积约22.1平方千米的新城，到现在也还没有完成全面建设。显然华为与深圳市、龙岗区对这个城市应该是什么样子，有着不同的理解。

第二部分：崛起

2002年迁徙来坂田时，华为没想过它的小王国应该位于一个什么样的城市当中，深圳市政府更没有想过这个问题。任正非只能在华为的小王国内发挥其建筑学院毕业生的想象力，他对坂田村无可奈何。外面是一个野蛮生长的动物世界。然后就长成了现在这个样子。在2002年时，华为只需思考孤居坂田的自己，该怎样利用深圳所能提供给它的基础设施：机场、码头、火车站、口岸，后来才是住宅区、学校、医院……

1999年5月，深圳关外地区的东西向交通大动脉、全长44千米、双向10车道的"机（场）荷（坳）高速"已经建成通车。这条高速公路，加1995年建成通车的19.3千米的梅（林）观（澜）高速——后来延伸成为莞深高速，华为坂田基地选址的优越性突显无遗：坂田基地就在这两条高速公路垂直相交形成的十字架的右下侧。这两条高速公路使得经常全国、全球出差的华为员工无论是到深圳机场，还是过皇岗口岸去香港机场，都极为方便——当然必须是在梅林关日常性大塞车之前的岁月里——如果不塞车，不超过半小时即可从华为总部到达深圳机场。

早在2005年左右，梅林关就成为深圳五大最堵车的堵点之一，以至留下了"英雄难过梅林关"的著名哀叹。这是因为，2005年左右的龙华—坂田地区，已经成为与福田配套的重要居住区之一，人口规模迅速增加。

1998年华为开始建设坂田基地时，任正非曾在开会时要求各部门上报自己在坂田基地所需要的停车位数量，结果统计上来后一汇总，才需要100多个停车位！任正非在大会上嘲笑部门经理们对未来太没有想象力，他告诉大家，你们知道我们坂田基地未来应该有多少个停车位吗？4000个！部门经理们大吃一惊：4000个？哪有那么多车要停啊！浪费空间！

到2015年左右时，据说每天已有四万辆车需要停在坂田基地。华为公司内部车满为患，许多员工为了抢到停车位，不得不早上提前两个小时到公司上班。

堵死在路上的人们无奈地寄希望于地铁。

1999年4月，深圳地铁一期工程开建，包括1号线和4号线。其中4号线是南北向干线，2011年6月三期工程开通运营。然而这条线路却丝毫没有照顾深圳最重要的高科技公司——当时在总部已有七万多人通勤的华为，最后的建设方案采用了福田口岸—龙华清湖的线路。也许当时的深圳市政府有关部门认为，华为员工大都有车，开车上下班，不需要坐地铁？

与4号线三期工程同时通车的还有5号线，它从华为的南边绕了过去，五和站、坂田站、杨美站东西并列摆在华为南边，离华为最近的距离也近两千米。

网络上对深圳地铁线路不照顾华为议论纷纷。直到2014年12月开工的地铁10号线才勉强考虑到华为。之所以用"勉强"二字，是因为10号线经过华为路段，线路南北方向沿坂雪岗大道，在贝尔路口设"贝尔路"站，在稼先路口设"华为站"，但从华为公司到地铁站还有一千米的距离。

地铁规划似乎可作为这十几年里华为与深圳地方政府关系的隐喻。1998年之后，尤其是2005年之后，华为的发展如日中天，在国内的地位（如中国电子百强中的排名）节节升高，地方经济对华为及其产业链的依赖程度也越来越高，但企业与地方关系却越来越淡漠。

有几件事似可说明这种感情的疏离和双方互相不满的累积：

1. 高速公路收费站。

华为公司紧靠梅观高速，梅观高速在该路段设有华为和富士康出口。由于进出华为、富士康片区车辆较多，导致收费站常常大规模拥堵，华为员工进出公司行路难。

华为公司多次向深圳市政府提出请求解决此一问题，2007年4月任正非亲自上门到龙岗区政府，请求解决华为周边交通问题。但直到2010年1月，深圳市政府才宣布梅观高速梅林收费站将移至机荷路口，2011年又决定北移到清湖，这意味着清湖以南路段不再设收费站。这一决策已是在任正非提出要求的四年之后了。

然而决策归决策，行动却迟缓，原因是涉及市属国企深高速的利益，然而深圳市政府与自己所属的地方国企的谈判却极为艰难，一直到2014年1月，谈判以深圳市财政出资27亿回购梅观高速作结，这才扫清了收费站北移的障碍。当年3月31日，梅观高速梅林、华南物流、坂田、华为四个收费站宣布取消收费，2015年9月这几个收费站才拆除。距任正非亲自出马提出要求已过去八年半了。

2017年深圳市政府决定对原梅观高速进行"市政化改造"，不到20千米的市政化改造工程要耗资50多亿不说，关键是一直到2019年8月才开工。

2. 华为希望政府建一所国际学校。

早在2008年，华为为了解决海外员工子女上学难不愿意回国的问题，向地方政府提出在坂田建一所国际学校。这么一个小小的要求，一直到2017年才获得解决，由深圳外国语学校国际部在坂田建立一所分校。而2017年9月华为与清华附中合办的"爱为国际学校"已在东莞松山湖开学。

同样在2017年，龙岗区政府投资，由深圳实验学校在坂田办一所"新城学校"，12个班的规模，龙岗区计划留出2个班的学位照顾华为，谁料竟引起坂田各个楼盘业主的强烈不满。

3. 华为大学选址。

2005年华为公司正式注册了华为大学，承担华为的全球培训基地之责。之后华为向深圳市提出请求给一块地建华为大学。

华为看中了位于大鹏半岛的鹅公湾、柚柑湾及上面山坡上的鹅公村，而政府基于自己的角度，想把大鹏半岛西海岸从金沙湾到下沙一带的七个度假村交给华为整理利用，华为无奈，"谢绝"了深圳政府的"好意"。

国内许多城市尤其是长三角的几个大城市向华为大学抛出了橄榄枝。

2016年9月，传出消息指华为大学选址东莞松山湖中心区南部开工建设，东莞市为此将500亩地块原用地性质"商业金融业用地"调整为"成人与业余学校用地"，地块容积率由0.3、0.58提高到0.8，建筑限高由15米提高到40米。2018年，华为大学在松山湖落成。

4. 坂雪岗科技城。

早在2008年，为回应华为公司要求改善华为周边城市环境，提供学校、医院、文体设施和高档酒店等城市硬件配套的要求，深圳市政府决定全面提升坂田片区的城市质量，提出围绕华为在坂田片区打造"华为科技城"的设想。

2009年11月，"华为科技城"的规划建设改由龙岗区政府主导，最初规划面积拟为5平方千米，到了2010年初改为22平方千米，范围包括由梅观高速、机荷高速、清平高速、布龙路围合的22.1平方千米土地，基本上涵盖了坂田街道办辖区的六成范围。

2011年，龙岗区政府对外宣称，"华为科技城"由政府投资110亿元，华为投资200亿元，采取"土地整备"和"城市更新"两种方式，共同打造科技新城。里面有华为国际会展中心、华为控股全球总部等项目。深圳市还先后给华为科技城挂上了"深圳市特区一体化先行示范区""首批战略性新兴产业基地集聚区""深圳市第一批重点开发区域"等牌子。

然而名义上的"华为科技城"不断挤进来各种地产项目，开发商不断抢滩，规划中给华为的旧改地块却始终没有落地，而华为对科技城的建议和期望完全被无视。

2015年5月，华为通过委婉方式澄清："华为科技城与华为没有任何关联，华为既不投资也不购买，与华为无关，该名下所有物业均与华为无关。未经华为许可而使用华为名义进行城市区域命名或房地产开发，是对华为的侵权，我们已致函相关政府部门，希望停止使用'华为科技城'这一名称。"之后"华为科技城"更名为"坂雪岗科技城"。

为何在服务华为的问题上，深圳的表现与预期有一些落差？据分析可能是因为：

其一，随着深圳经济的高速增长和城市化进程的快马加鞭，仅有不到 2000 平方千米土地的深圳市可开发用地越来越捉襟见肘。2005 年深圳总结自己面临"四个难以为继"的困境，其中第一个"难以为继"就是"土地、空间有限"的问题。

土地供给紧张导致许多企业的用地需求得不到满足，发展空间受到限制，不得已迁出深圳。任正非在 2016 年 3 月接受新华社记者采访时就曾提到深圳"没有大块的工业用地了"。而坚决不做房地产的华为迄今为止在全国各地的基地和子公司所占用的土地总计 18 平方千米，其在外地布局中，除了正常的企业发展需要外，也有深圳无法满足其用地需求的因素。

其二，随着华为的高速发展，企业规模越来越大，其生产力布局在全国和全球展开，反而对总部所在地深圳地方政府的需求越来越少。由于其名气越来越大，地位越来越重要，华为与全国各省和中央政府的沟通也不再需要深圳的帮助。此时，全国各地大把的城市，包括上海、北京这样中国最顶尖的城市，都挥舞双手欢迎华为去投资、布局，那么对华为来说，"东方不亮西方亮"，也就不再需要花太多的精力在这上面了。

其三，随着华为成长为一个全球知名的科技巨头跨国公司，其眼界也越来越高，世界观、价值观自然对标那些全球性跨国公司巨头，而深圳城市的国际化程度远远跟不上华为国际化的步伐，深圳地方政府尤其是基层政府还没有学会如何服务一个总部在本地的全球性跨国公司科技巨头。这中间的观念落差，是双方在诸如"坂雪岗科技城"规划建设此类问题上不咬弦的原因之一。华为希望自己的总部建得像谷歌公司在硅谷圣何塞市的"谷歌村"那样的自建小镇，但这一愿望在深圳抑或坂田来说显然得不到满足。

四、深圳向左、华为向右？

2002 年搬到关外，孤居坂田一隅的华为似乎告别了华丽而喧嚣的深圳高新技术产业集中地——南山区，深圳高新区。在 2006 年 6 月南坪快速路通车之前，在 2010

第二部分：崛起

年废除二线关之前，在地铁5号线于2011年6月开通之前，坂田距南山高新区虽然仅有不到20千米，但二者之间的通勤极不方便，中间又隔着二线关，心理距离可谓遥远。

虽然全国和全世界的人们越来越多地知道华为，越来越多地知道深圳，而且深圳官方在宣传自己作为中国高新技术产业一南一北两大中心城市之一的地位时，必须要一再地提到华为，但华为与这座城市之间的关系却渐行渐远。华为是深圳的华为吗？深圳是华为的深圳吗？似乎没有人想过这个问题。

2015年之后，一件件具有冲击力的事件似乎再次把深圳与华为捆绑在一起吸引了中国人的眼球。

1. 关键节点

2015年这一年里，深圳房价暴涨一倍，仅第一季度就普遍猛涨60%。事后看来，这一变化对深圳的城市发展带来不可估量的影响。对华为来说，它所导致的直接后果可能就是华为向东莞松山湖的大规模搬迁。

此后的2016年3月，一直甚为低调的任正非接受新华社记者专访，5月份新华社发表了长达7000字的专访。在这篇访问中，任正非对深圳这个城市有赞有弹。

赞的部分，任正非对华为创业成功的原因进行分析，第一条就指出："华为的发展得益于国家政治大环境和深圳经济小环境的改变，如果没有改革开放，就没有我们的发展。深圳1987年18号文件明晰了民营企业产权。没有这个文件，我们不会创建华为。后来，华为发展到一定规模时，我们感到税负太重，很多同事说把钱分了算了。这时深圳出了'22条'，提出投资先不征税，等到收益后再征税，实行了好几年。这个时候我们就规模化了。"另外，肯定深圳市政府，"深圳市政府做得比较好的一点，是政府基本不干预企业的具体运作。法治化、市场化，其实政府只要管住这两条堤坝，企业在堤坝内有序运营，就不要管。政府最主要还是建立规则，在法治化和市场化方面给企业提供最有力的保障。"

弹的部分，任正非一反过去从来不批评深圳地方政府的做法，直言："深圳房地产太多了，没有大块的工业用地了。""高成本最终会摧毁你的竞争力。而且现在有了高铁、网络、高速公路，活力分布的时代已经形成了，但不会聚集在高成本的地方。""生活设施太贵了，企业就承载不起；生产成本太高了，工业就发展不起来。"

某种意义上，任正非这段话是对 2015 年深圳房价暴涨的直接批评。显然房价暴涨直接让华为未买房的员工感受到了生存压力，而这种压力传导给了任正非。

2015 年，华为东莞松山湖基地——更准确的叫法应为"华为溪流背坡村项目"——开始动工建设。项目总占地面积 1900 亩，共分四期建设，一期、二期于 2018 年 6 月起陆续投入使用，包括研发中心、行政办公、会政中心等，四个地块共有 12 个组团（即 12 个不同风格的欧洲经典小镇），这 12 个不同风格的欧洲经典小镇结合华为公司人文等方面展开设计。到了现在，松山湖基地成了华为对外的一张亮丽的名片。

当然，华为并不是 2015 年才开始选择松山湖——因而或许有人会说，并不是 2015 年深圳房价暴涨导致了华为选择松山湖——但外界猜测，真正令华为下决心将核心研发部门迁往松山湖是在 2015 年之后。也就是说，在这个过程中，松山湖在华为布局中的功能定位发生了变化。

最初，只是华为通信设备的华南生产基地"南方工厂"选址松山湖。2007 年 9 月正式注册成立东莞华为机器有限公司（前身是聚信科技有限公司），2009 年底南方工厂一期便已启用（主要生产通信设备）；2010 年底占地 73.33 万平方米、投资 43 亿元的二期开始动工，主要是华为终端的手机生产线，定于 2022 年底全部完工，建成的早已陆续启用；加上南方人才公寓，整个南方基地总占地面积在 150 万平方米左右。

深圳制造业外迁当然并非始自 2015 年，事实上早在 2003 年前后，传统制造业的生产部分就已纷纷告别深圳；2007—2010 年广东省委、省政府号召"腾笼换鸟"，当时算是深圳高新技术产业体系之一的手机生产线，部分已纷纷迁出深圳，到周边地区寻找扩大生产的空间。在当时华为高速发展的态势下，坂田基地实已容不下终端制造部分，更遑论扩大生产基地，华为在那时把其终端生产基地迁到东莞松山湖高新区的北部工业区，实属再正常不过的事情。

华为终端是华为三大产业集群之一，产品全面覆盖手机、个人电脑和平板电脑、可穿戴设备、移动宽带终端、家庭终端和终端云。2009 年华为开始推出智能手机，2012 年华为手机崛起，到 2015 年已在全球智能手机市场占有率排第 3 名，仅次于三星电子、苹果。当年华为手机销售额 1298 亿元，占集团总营收的 33%；2016 年手机销售额 1815 亿元，占集团总营收的 35%；2017 年销售额 2360 亿元，占集团总营收的 39%；2018 年华为消费者业务收入（即终端）3489 亿元，占华为总营收的

48.4%；2019 年，华为消费者业务收入 4673 亿元，占华为总营收已达到 54.4%。

由于华为终端的业务规模不断扩大，其办公地点先是从科技园老华为搬迁到坂田基地，到 2013 年又不够用了，所以华为决定将终端公司搬到东莞松山湖，这就是前述的"溪流背坡村项目"，项目位于松山湖南部的核心区域，拥有整个园区最美的环湖景观。老实说当时东莞市政府将松山湖最优质的空间资源给华为终端，已经有"舍不得孩子套不住狼"的心思，当时华为终端对东莞来说已经是颇具吸引力的投资项目，哪敢奢望华为会将其华南的重心往东莞倾斜。

2014 年华为便开始动工兴建总投资 195 亿元、占地 126.66 万平方米的松山湖华为终端总部，2018 年 7 月开始陆续启用。但在这过程中，任正非显然调整了松山湖的业务定位。2015 年之后，华为显然不断增加在松山湖的业务布局。2015 年 6 月注册成立东莞绿苑实业投资有限公司，全面打理华为在松山湖的投资管理。这意味着华为在松山湖有更多的业务布局空间需求。

2016 年 9 月底，华为在松山湖拿地 33.33 万平方米规划建设华为大学新总部（欧洲小镇湖对面）。如前所述，这是在跟深圳谈不拢、用地需求在深圳市域内得不到满足的结果。然后华为在松山湖一步步加码。2018 年 10 月，华为在松山湖园区东部的"台科园"（台湾高科技园）投资 14 亿元动工建设云数据中心，计划 2023 年 12 月竣工，功能主要为云服务、华为公司内部数据业务支撑服务。2018 年还规划拿地近 100 万平方米扩大规模，三期规划至少还要拿地几十万平方米。

松山湖台湾高科技园于 2009 年 6 月设立，位于松山湖东部，总面积约 6.8 平方千米。该园区原本定位为台资企业总部聚集区、两岸高端产业合作示范区、两岸协同创新实践区。园区坚持台湾高科技园、两岸生物技术产业合作基地和粤台金融合作试验区"三位一体"，然而实际运作中并没有吸引多少台资企业，反而被华为一再加码，"台科园"遂变得名不副实，有变成华为科技园的趋势——不仅仅是台科园，整个东莞市松山湖国家高新区似乎都可以冠名为"华为科技城"了。

2015 年后，华为以东莞绿苑实业投资有限公司的名义，通过招拍挂市场，拿下近十宗限价住宅用地，分别位于环湖北路、金多港、阿里山路段等地。加上其他用地，华为到 2019 年上半年总计在松山湖拿地 20 块。我们是否可以说，深圳想在坂田打造"华为科技城"而不得，而东莞则以其相对深圳的低成本，不期而然地事实上得到了"华为科技城"？

正是在这样的背景下，2016 年 5 月，一篇《别让华为跑了》的网文在全国发酵成爆红，之后的几年里，每当华为的搬家车队隆隆地从坂田驶向松山湖时，媒体和网络上就会热炒一阵华为总部将迁到松山湖的传言。

《北京青年报》引述"一位华为内部人士"的话称："虽然深圳依然是华为的总部，也是目前拥有最多华为员工的城市，但华为确实有意将一部分业务搬到东莞。尤其是后续的新业务，会逐渐迁到东莞去，打造类似于'双中心'的概念。他称，东莞松山湖园区与华为总部两地距离仅30多千米，来往非常方便。因此，东莞与深圳双中心并行的概念，或许更适合华为后续的发展。"

有消息称，2015年华为在深圳共有近8万员工，但到2019年底只剩下4万左右，预计最终华为留在深圳总部的员工只会剩下1.5万人左右，而松山湖基地则将达到7万人以上。

2016年5月29日，时任深圳市市长许勤在广州举行的一个论坛上公开对外澄清："华为刚向深圳市政府提交发展规划，完全没有撤出深圳的计划。"许勤还说，"尽管近期有超过1.5万家企业迁出深圳，但深圳市政府正在大力发展'创新驱动'发展战略，深圳用于研发的经费已占到GDP的4%，未来还会持续增加。"

在此之前和在此之后，在深圳市政府内部，所谓"深圳市政府要做的是培育下一个华为"的论调一直都很有市场。言下之意，华为搬迁东莞是市场化的选择，深圳不必太在意，只要有良好的市场环境，成本高点没关系（经常有人说，纽约、东京比深圳成本更高，成本高是竞争力的体现），仍可以培育下一个华为。

直到长长的搬家车队开向松山湖、网上炒翻天时，深圳才有点紧张起来，开始认真研究如何服务好华为，开始跟华为进行更多的沟通，市委书记和市长频频到访华为总部，希望华为将更多的未来产业留在深圳。

从公开的报道来看，深圳两位主官到访华为的情形有：

1.2017年4月27日，在深圳市委书记王伟中一行与华为的座谈会上，华为总裁任正非正面表态，华为的总部永远不会离开深圳。任正非说："深圳有着良好的法治化、市场化环境，在城市硬件和软件两个方面都为华为的成长提供了良好的支撑。深圳这几年总的各方面建设都是不错的，我天天都在看新闻，我们都很高兴。"

2.2017年8月9日，刚上任一个月的深圳市市长陈如桂到华为公司调研。

3.2018年4月4日，深圳市人民政府和华为技术有限公司签署合作协议，华为将扎根深圳发展，建设国际化总部。深圳市委书记王伟中、华为总裁任正非见证签约，深圳市市长陈如桂、华为董事长梁华签字。

根据双方签署的协议，深圳市政府将持续深化营商环境改革，积极为华为公司生产经营提供优质的保障和服务；市政府还将提高华为坂田基地的周边建设规划标准，更好体现深圳的国际化和现代化水平。华为将继续加大在深圳的投资力度，将新技术、新业务在深圳实现产业化，同时继续强化坂田基地的总部功能，通过改造升级建设国际化总部，积极推动新型智慧城市建设，与行业合作伙伴共同打造开放型智慧城市生态圈，积极协助深圳推进平安城市建设、云计算、政务云和大数据战略等实施。

其中提到的"国际化总部"，早在2011年龙岗区就对外发布说华为将在坂田岗头村投资200亿元兴建全球总部，但此后就没了下文。2017年深圳市规划和国土资源委员会公示的一块用地"坂田北图则DY15单元"，显示该地块"主导功能研发办公、绿地，规划总建筑面积为150万平方米，其中研发办公建筑面积下限为100万平方米"，又引起关于华为全球总部的诸多猜想。之后又传出深圳将把高新区南区一块用地给华为做全球总部用，但最后那块地还是给了深圳投资控股开发写字楼。

现在华为与深圳市政府签约的国际化总部究竟包括哪些内容？这恐怕是深圳官员关心的问题。原来坂田基地1.3平方千米的土地，多年来投资数百亿形成的固定资产，诸如行政中心A区，华电B区，数据中心C区，研发中心E区和F区，生产中心G区，技加中心K区，培训中心J区，现在看来华为的研发中心、数据中心、培训中心都已迁往松山湖，那么它的国际化总部还剩下什么？

深圳市肯定希望华为把更多的未来产业放在深圳，改变观念后，也愿意给华为更多的土地以及配套的公共服务资源。2018年7月，深圳市坪山区政府和华为技术有限公司在深圳签署战略合作协议，双方就云计算、大数据、人工智能、智慧城市、平安城市等多个领域达成全方位、深层次战略合作。根据协议，华为公司将帮助坪山区实现物联网的数据采集、传递、处理、应用，打造一个面向未来的、以"数据"驱动为主的坪山区物联网云平台；同时，华为公司将坪山区作为在深圳市云计算、大数据和人工智能产业落地的重要基地。传言说，坪山区将在石井街道田头村给华为1平方千米用地，作为芯片研发基地，华为在那里将建成一个4万～5万人规模的小城。问题是，华为的芯片研发基地（海思的总部、研发和生产中心都已搬去）已经放在上海了，华为会有多少个芯片研发基地？

深圳市委、市政府表达出对华为的重视，这是一个修复关系的好的开始，但华为是一个全球运营的跨国公司，不会因为感情原因就在深圳有更多的投资。更何况，导致华为大规模搬迁东莞松山湖的因素——深圳的营商成本和生活成本在2015年房价暴涨之后，已经居高不下，不适宜科技企业生存，这一因素并不会因为书记和市长重视华为就不复存在。深圳有什么办法吸引华为在深圳有更多的资源投放？

2. 华为的未来

更关键的问题也许是：正值全球第四次工业革命方兴未艾之际，华为未来的产业升级转型将走向何方？在未来产业的拓展中，华为有多少胜算？又将会如何在全球布局其生产力资源？在这个布局中，会有多少深圳的机会？中美贸易摩擦或科技竞争，最终会给华为带来多大冲击？

中国社科院院长谢伏瞻认为，以智能化、网络化、数字化为核心的新一轮工业革命，是未来全球经济增长的重要动能，是影响国家间产业竞争格局的主要因素。经过30年的技术积累和市场探索，当前新一轮工业革命正逐渐由导入期转入拓展期。以新一代信息技术和人工智能为代表的技术在市场应用的过程中不断迭代并趋于成熟，加速推进车联网、智能制造、远程医疗等一批先导产业的涌现，同时逐步渗透到纺织服装、能源等传统产业部门，为全球经济增长和包容性发展提供了新动能。

从经济史的角度看，每一轮工业革命大致会经历导入期和拓展期两个阶段，且每个阶段大致都会持续二三十年的时间。在导入期，新的通用目的技术和使能技术的创新主要基于基础研究的积累和发展，具有很强的科学推动特征。同时，由于新技术的技术范式和技术路径并不清晰，不同类型的创新主体，特别是初创企业在新技术可能带来巨大潜在利益的驱动下，通常会积极进行多元化的技术路线和商业模式探索。当通用目的技术和使能技术以及与之相匹配的商业模式逐渐成熟，这些新技术的应用开始催生新的产业，并加速向国民经济其他部门扩散应用，这时工业革命开始进入第二阶段，即拓展阶段。由于拓展阶段工业革命的主要经济特征是新技术在市场中的加速应用和大规模商业化，因而这个阶段的技术进步表现出很强的需求拉动特征。

从20世纪90年代互联网经济的勃兴算起，信息经济已经走过了大约30年历程。当前，智能化、网络化和数字化技术逐渐成熟，并不断与信息通信、新材料和生物医药等通用目的技术融合，一批掌握前沿技术并创造了有效商业模式的平台型企业开始从众多创业企业中涌现出来，产业组织开始由导入期的高度动态性转向更加稳定的市场结构。这些趋势性的技术经济特征，都标志着新一轮工业革命正逐步由导入期转入拓展期。

历史地看，每一轮工业革命催生的增长部门都基本上由动力产业、先导产业、新基础设施产业和引致性产业四类部门构成。这一轮工业革命的发展方向是智能化、数字化和网络化，正加快突破和大规模商业应用的人工智能、大数据、云计算等信息技术和产品，构成新一轮工业革命的动力产业。智能制造、车联网、智慧城市、智能电网、远程医疗等智能化、数字化、网络化技术密集应用和深度交叉融合的新兴领域，将成为新一轮工业革命的先导产业。更加高效、安全、可靠、稳定的5G信息网络，是新一轮工业革命的关键基础设施。人工智能等使能技术、5G网络和车联网等丰富的应用场景相互反馈、增强，不断提升这些领域的技术和商业成熟度，促进新模式、新业态和新产业的蓬勃发展，构成未来全球经济增长的主要引擎。与此同时，新兴技术和商业模式也不断向传统的能源行业、消费品行业和装备行业渗透，逐步打开这些行业新的增长空间，使这些产业成为新工业革命中的引致性产业（被现代化产业），并与动力产业、先导产业和新基础设施产业一起，共同构成新经济完整的产业体系。

新工业革命将改变经济体系的要素投入结构。

在传统的生产体系中，土地、劳动、原材料和能源是最主要的生产要素，且这些要素的供给约束总体上越来越强：由于主要工业国家的人口老龄化，以及伴随着收入增长出现的人对闲暇时间的边际偏好增长，劳动的有效供给在逐渐减少；由于工业规模扩张和快速发展的城市化，土地的供给越来越紧张；全球消费持续增长和发展中国家大规模开展的重化工业化进程不断强化对资源、原材料和传统能源的需求，而日益严峻的资源和环境问题又对资源和不可再生能源供给形成了持续趋紧的生态约束，要素供需矛盾问题必须通过引入新的生产方式加以解决。新一轮工业革命伴生的技术结构变化将改变要素的相对价格和需求结构，从而最终改变全球生产体系的要素投入结构。

在新工业革命的背景下，更加高效和广泛应用的自动化将推动资本有机构成显著提高，大幅减少经济增长对体力劳动的需求，并随着人工智能技术的发展和成熟形成对人类脑力劳动的大规模替代。因此，新一轮工业革命甚至可能在一些国家和部门出现"无就业增长"的现象。与此同时，以智能化、网络化、数字化为核心特征的新一轮工业革命，将大幅提高企业的生产和管理效率，从而减少经济社会对土地、原材料、能源等传统要素投入的需求。更重要的，由于新一代信息基础设施使得数据生成、存储和传输的成本显著下降，数据开始成为经济系统中的新关键要素。数据资源将逐步成为国家和企业核心的竞争资源，基于数据的技术开发和应用模式成为国家和企业的核心竞争力，数据甚至可能逐步取代传统的投入要素而成为经济系统中新的且最重要的经济资源。

这意味着，新工业革命将会重塑国家间竞争格局。任正非在2019年3月接受媒体采访时曾说过："人类社会未来的发展越来越有利于高文化、高素质、各种条件好的这种国家，人口逐渐不是优势了。当人工智能出现升华以后，现在西方国家不能解决的社会福利问题、工会问题、罢工问题，以后是机器人，不会罢工的，只要给电就行了，那么西方这些问题就解决了。真正能实现人工智能，大规模的工业就会转向西方发展；完全不能实现人工智能的生产方式，可能就往东南亚这些人工成本低的国家发展；中国正面临着'夹心饼'中间这一层，中国往何处去，现在是一个极大挑战，不是人口红利就能解决中国未来的发展问题。我们力求在这两者中怎么能生存下来，我们也不知道。"

新工业革命同样将会重塑中国国内不同地区间的竞争格局，导致中国区域经济格局重新洗牌。如果说中国从改革开放以来，先后经历了"劳工红利"阶段、"工程师红利"阶段，接下来将进入"科学家红利"阶段。有学者认为，以深圳为代表的珠三角地区，由于基础科研能力在全国处于并不先进的水平，而生活成本又居高不下，可能将处于一个不利的竞争地位；北京、上海依然会是主要的受益者，而南京、合肥、武汉、西安等基础科研实力较强的城市，也将会面临重大机遇。

华为在这一轮工业革命中的自我定位和自我期许是什么？深圳这座城市在新一轮工业革命中的自我定位和自我期许是什么？深圳如何进行自己的产业结构转型升级，华为与深圳在这个进程中有多少交合点？也就是说，华为如何用好深圳，深圳如何用好华为？

3. ICT基础设施和智能终端提供商

如果说在2010年之前的发展阶段，华为一直定义自己是一个"通信设备制造商"，那么经过最近10年的全球产业和技术变局，华为已经初步完成了自身定位的调整。

第二部分：崛起

2010年，华为对自身的业务架构进行了调整，整个公司划分为运营商网络业务、企业业务、终端业务和其他业务四大业务运营中心，分别设置各自的经营管理团队（EMT），各自按照其对应客户需求的规律来确定相应的目标、考核与管理运作机制，在统一的公司平台上进行差异化的运作和经营管理。但习惯上人们只认为华为有三大业务BG（事业群）：运营商网络BG、企业业务BG、消费者BG。

2011年华为财报显示，销售总收入达2039亿元，同比增长11.7%。消费者业务收入达446亿元人民币，同比增长44.3%，特别是在智能终端领域强劲增长，整体出货量接近1.5亿台；企业业务收入达92亿元人民币，同比增长57.1%；运营商业务收入1501亿元人民币，同比增长3%。

以2011年12月31日的人民币兑美元汇率计算，华为收入约合324亿美元，领先于阿尔卡特的204亿美元，诺基亚西门子的182亿美元，距爱立信336亿美元的年收入只有一步之遥；但如果只计算电信运营商市场的销售收入，华为2011年是240亿美元，增长率只有3%；爱立信则是260亿美元，增长率高达12%。尽管如此，华为已是当之无愧的全球第二大电信设备供应商。在此之前的2008年，华为已实现了当初任正非设定的目标：成为全球前三大电信设备制造商。

2015年华为全球业务收入3950亿元，净利润369亿元。其中运营商业务收入2323亿元，同比增长21.4%，占比59%；消费者业务收入1291亿元，同比增长72.9%，占比33%；企业业务收入276亿元，同比增长43.8%，占比7%。

2015年华为财报中提出的口号是："构建更美好的全连接世界，持续为客户和全社会创造价值。"2016年8月起，华为开始每年在上海举行一年一度的"华为全连接大会"。在首届全连接大会上，华为轮值CEO胡厚崑发布华为云战略定位，宣称华为将聚集到"端、管、云"架构。

2017年，华为总营收1022亿美元中，企业BG收入106亿美元、运营商BG收入450亿美元、消费者BG收入441美元，华为云BU等其他收入25亿美元。其中消费者BG收入同比增长57%，为华为的总营收增长25.7%做出最大贡献；而运营商业务仅同比增长2.5%，要知道2016年华为运营商业务还同比增长23.6%。

2017年，华为在全球电信设备市场的份额由2016年的25%上升到28%，超越爱立信（27%）成为全球最大的电信设备供应商。

2018年华为全球销售收入7212亿元人民币，同比增长了19.5%，净利润593亿元，同比增长25.1%。其中消费者业务收入3489亿元，同比增长45.1%，占华为总

109

营收的比重达到48.4%，首度超过运营商业务收入；而运营商业务收入2940亿元，同比减少1.3%，总营收占比40.8%；企业业务收入744亿元，同比增长23.8%，占总营收比重10.3%。可以看出三大板块失衡现象突显，运营商业务负增长，可谓连续两年严重下滑，对消费者业务的依赖性提高。而在华为不同地区的收入中，中国市场贡献了3722亿元，占比51.6%。

在2018年10月的华为全连接大会上，轮值董事长徐直军发布了华为的"AI发展战略"，其核心是让"云""管""端"灵动起来。

正在华为调整战略定位、布局未来产业的时候，意想不到的"黑天鹅事件"发生了，华为遭到美国政府的伏击，并成为中美两国对撞中的一只小兔子。

这一状态仍在演变之中，只要中美战略冲突未结束，华为这种夹缝中的状态就不可能解除。这对华为意味着长期的不确定性，有可能演化成为生存危机。虽然任正非在接受媒体采访时轻描淡写地声称对华为影响不大，但是从任正非过去30年里一直极其低调、累计在国内正式接受媒体采访不超过10次，可2019年一年里却接受全球近40批、数百家媒体的采访来看，倘若华为不是到了生死存亡的关键时刻，任正非断不会如此作为。

在动荡的一年里，华为的业务并没有停顿。2019年据说是5G商用元年。根据数据显示，华为在2019年实现了8523亿元人民币的营收，同比增长18%；手机出货量超过了2.4亿部，同比增长20%，位居世界第二。除此之外，华为还拿下了91份5G合同订单，据称居世界第一位，超过了爱立信和诺基亚。虽然在华为被列入到"实体清单"且遭受很多"制裁"期间，爱立信、诺基亚趁机崛起，从5G商用合同方面赶超华为，抢走了大量的市场份额。

2019年3月，华为在HiLink生态大会上首次正式提出"1+8+N"战略。2019年6月，华为向全球发布"1+8+N全场景战略"——即用一台手机作为主入口，音箱、平板、PC、手表等常用的八种终端设备为辅助入口，然后再用1+8连接全场景智慧设备（N指物联网设备），这就是华为的"1+8+N"战略布局。

2019年8月，中国科技部在上海"世界人工智能大会"上宣布，华为将担纲建设基础软硬件国家新一代人工智能开放创新平台。

2019年8月上旬，华为在东莞松山湖召开"全球开发者大会"，重磅推出了基于微内核、面向全场景的分布式操作系统HarmonyOS鸿蒙。华为的目标是通过"HarmonyOS鸿蒙"支撑起"1+8+N"的产品架构。华为在开发者大会上带来了其物联网解决方案：HiLink 开放平台+Lite OS 系统+IoT 芯片。其中 HiLink 是华为开发的智能家居开放互联平台，支持包括 Wi-Fi、蓝牙、Zigbee 和 RFID 等 6 类通信技术，支持超过 100 种 IoT 品类。Lite OS 向上可连接业务场景，提供丰富的技术框架和能力；向下可适配主流硬件、发挥最大性能、抽象能力接口、简化开发难度。此外，华为 IoT 芯片包括凌霄 WiFi-IoT 芯片、鸿鹄视频显示芯片等。

2019 年 8 月下旬，华为发布了正式商用的 AI 芯片——Ascend910（昇腾 910），据称"是当前全球算力最强、训练速度最快的 AI 芯片：其算力是国际顶尖 AI 芯片的两倍"。同时发布了与之配套的新一代 AI 开源计算框架 MindSpore。华为轮值董事长徐直军表示，昇腾 910、MindSpore 的推出，标志着华为已完成全栈全场景 AI 解决方案（Portfolio）的构建，也标志着华为 AI 战略的执行进入了新的阶段。

2019 年 9 月 6 日，华为在德国柏林和北京同时发布的一款新一代旗舰芯片麒麟 990 系列。麒麟 990 5G 版运用了当下最先进的制造工艺，将其升级为 7nmEUV，集合了 103 亿晶体管，尺寸却依然保持在 14mm×14mm。在发布的前两天，三星抢先发布了 Exynos980，其采用 8nm 工艺制造，且将在 2019 年底投入批量生产，两周之后，苹果也发布了新一代旗舰手机芯片。

从芯片到处理器，再从服务器到产业生态，华为在计算产业围绕硬件所展开的一系列布局已经基本成型；而在软件领域，华为同样也在加速布局。2019 年 5 月，人工智能原生（AI-Native）数据库——华为 GaussDB 数据库的发布，也成为华为计算战略的重要一环。

对于推出处理器等一系列重大布局，任正非是这样对外解释的："我们希望继续使用全球公用开放的手机操作系统和生态，但是如果美国限制我们使用，我们也会发展自己的操作系统。操作系统最关键的是建立生态，重新建立良好的生态需要两三年左右的时间。我们有信心依托中国、面向全球打造生态。一是中国市场就有庞大的应用，相比所有互联网软件，我们的系统时延非常短，如果有的人认为在这个短时延的系统上应用得很好，就会迁一部分业务到华为来；二是，中国大量做内容的服务商渴望走向海外，但是走不出去，它们搭载在我们的系统上就可以走出去。"

2020 年 1 月，华为做出重要架构调整："Cloud&AI 产品与服务 BU"部门升级成为华为第四大 BG，侯金龙出任总裁。在此之前的 2017 年 3 月，时任华为副董事长、轮值 CEO 徐直军宣布成立专门负责公有云的 Cloud BU，并宣布增加投入 2000 人。同年 8 月，Cloud BU 在华为内部上升为一级组织，与运营商 BG、企业 BG、消费者

BG 平级。2018 年底，华为将公有云、私有云、AI、大数据、计算、存储、IoT 等与 IT 强相关的产业重组，组建了"Cloud&AI 产品与服务"部门。

2015 年之前，华为一直定义自己是"电信设备制造商"，一直声称自己的主业是电信设备制造业务，终端业务只是副业，这一说法在 2015 年仍可成立，但已可看出华为的增长越来越依靠消费者业务。但到了 2018 年的财报中，在"我是谁"这个问题上华为的描述已变为："华为是全球领先的 ICT（信息与通信）基础设施和智能终端提供商。"在之前的年报中，华为只提及了 ICT，从未提及智能终端提供商，由此可见消费者业务在华为的重要性。

对于"ICT 基础设施"一词，大约可以从任正非的一些说法里找到解释："未来是人工智能社会，依据的还是冯·诺依曼架构……这个架构是超级计算机、超级存储器，这两项技术美国是领先世界的。但是超级数据中心和超级存储之间一定要有超速连接。"华为做的基础设施就是解决"超速连接"的问题。"我们的战略高地我认为就是收到数据的流量和处理分发数据的流量、储存和处理这些流量。"任正非说。

显然，华为已经为 5G 时代做好了充足的技术准备。在由 5G 标准、5G 服务和 5G 应用组成的 5G 生态体系中，华为已占据了有利位置。

国际电信联盟（ITU）早于 2012 年提出了 5G 愿景，其旨在实现高达 20Gbps 的增强型移动宽带（eMBB）、每平方千米 100 万台机器的大规模机器类通信（mMTC）、1ms 的超可靠低时延通信（uRLLC），其愿景中也具体定义了技术项目的拆分和各项目的量化目标。

华为已经构建了全球领先的 5G 技术体系，2018 年 11 月，华为主推的 Polar Code（极化码）成为 ITU 确定的 5G 短码最终方案。在德国知识产权研究公司 IPlytics 统计的全球 5G 家族专利排名中，华为以 1274 件位居全球第 4 位，仅次于三星（1728 件）、诺基亚（1584 件）和 LG（1415 件）。

4. 从 0 到 1

也许有着与华为相似的判断，从地区创新资源的集聚来说，最近几年时间里，深圳地方政府显然将政策重心放在了强化基础研究的能力上——这一向被认为是深圳过去的最大短板。

深圳开始布局基础研究能力，是自2008年之后。在当时的深圳市市长、曾任国家发改委高新技术产业司司长的许勤主导下，开始向基础研究领域进行巨大的投资。

2009年11月，中国第二个国家超算中心在深圳启动建设，2011年建成并投入运营，是中国已建成的7个国家超算中心之一，中心配置国产"曙光6000"超级计算机系统，总投资12.3亿元人民币，其中科技部拨款2亿元。2018年的深圳市政府工作报告中提出将推进国家超算深圳中心二期建设，E级计算机有望2022年落户深圳。

2011年10月由国家发展改革委、财政部、工业和信息化部、国家卫生健康委员会（原卫生部）四部委批复成立深圳国家基因库，由深圳华大基因研究院组建及运营。2016年9月，筹建四年多的深圳国家基因库在深圳东部大鹏湾畔正式运营。这是我国唯一一个获批筹建的国家基因库，是全球继美国国家生物技术信息中心、欧洲生物信息研究所、日本DNA数据库之外的第四大基因库，也是世界最大的综合基因库。

深圳国家基因库采用基因信息数据库和生物样本资源库相结合的建设模式，主要存储管理我国特有遗传资源、生物信息和基因数据。它主要是由"三库两平台"构成，即生物信息数据库、生物样本资源库和生物活体库，以及数字化平台及合成与基因编辑平台。目前，深圳国家基因库中基因信息数据总量达60PB，生物样本存储能力1000万份。第一批入库的样本以疾病和物种多样性为主，尤其是其中的癌症数据库更是存有国际癌症组织的所有数据信息，向全世界开放，提供全球癌症数据。

在这两项重大科学设施之外，深圳市政府还依托大学和企业推动建立国家级重点实验室，比如依托深圳光启高等理工研究院建立"超材料电磁调制技术国家重点实验室"，依托深圳华大基因研究院的"农业基因组学国家重点实验室"和"基因组学农业部重点实验室"，依托中兴通讯的"移动网络和移动多媒体技术国家重点实验室"，依托华为技术的"无线通信接入技术国家重点实验室"，依托中广核的"核电安全监控技术与装备国家重点实验室"，依托大学和科研院所的则有中科院深圳"先进院"的"高密度集成电路封装技术国家工程实验室"、哈尔滨工业大学（深圳）的"城市水资源与水环境国家重点实验室"、北京大学深圳研究生院与清华大学深圳研究生院合建的"肿瘤化学基因组学国家重点实验室"等。到2018年，据报道深圳市已有14家国家重点实验室。

2017年，广东省正式启动建设"省实验室"。深圳市主导创建的"鹏城实验室"入选首批4家广东"省实验室"。

鹏城实验室又称"深圳网络空间科学与技术广东省实验室"，成立于2018年3月，由中国工程院院士高文担任主任。2018年10月，由市政府主导，哈尔滨工业大学（深圳）为主要依托单位，协同清华大学、北京大学、深圳大学、南方科技大学、香港中文大学（深圳）、中科院深圳先进院、中国航天科技集团、中国电子信息产业集团深圳国家超算中心、中国移动、中国电信、中国联通、华为、中兴通讯、腾讯等高校、科研院所、大科学装置、企业等优势单位共建的鹏城实验室举行了首批共建合作单位签约仪式。

鹏城实验室整体规划土地使用面积134万平方米，建筑面积150万平方米，一期建设规划于南山区石壁龙片区。实验室重点布局网络通信、人工智能和网络空间安全等研究方向，初步建设网络通信、先进计算和网络安全三个研究中心。目前鹏城实验室已初步建成"鹏城云脑""鹏城靶场""鹏城云网"三大科学装置。

同样由深圳市建立的"深圳湾实验室"则入选第二批"省实验室"。"深圳湾实验室"又称"生命信息与生物医药广东省实验室"，2019年4月正式揭牌成立，由中国工程院院士，北京大学党委常委、常务副校长、医学部主任，深圳研究生院院长詹启敏教授担任主任。实验室以全方位、全周期生命健康保障为主线，以肿瘤、代谢性疾病与心脑血管、神经退行性疾病等重大疾病的预防和干预为研究重点，开展生命信息、创新药物、医学工程等方向研究。

截止到2019年底，广东省批准建立的三批共10家"省实验室"中，深圳市共有2.5家，除了鹏城实验室、深圳湾实验室外，"人工智能与数字经济广东省实验室"由广州和深圳分别建设。人工智能与数字经济广东省实验室（深圳）由深圳大学牵头，平安科技、深圳计算科学研究院、深圳金融科技研究院、腾讯科技（深圳）有限公司参与共建，围绕人工智能基础理论、人工智能计算系统、人工智能驱动的数字经济技术等三个重点领域，掌握核心关键技术和自主知识产权，推动智能产品开发创新，培育人工智能新兴业态，布局产业链高端，打造具有国际竞争力的人工智能和数字经济产业集群。该实验室由深圳市政府筹建，实验室规划三年启动建设期，预计总投入约20亿元。

此外，深圳也参与建设"岭南现代农业科学与技术广东省实验室"。该实验室将采用"核心+网络"的模式组建，由广州市承建核心实验室，在深圳、茂名、肇庆、云浮市设立分中心，瞄准岭南特色农业产业，聚焦现代生物种业、智能农机装备与精准农业、农产品加工核心关键技术，开发高新技术产品，其中深圳分中心三年启动期拟投入9亿元。

最能展现深圳市政府投资基础科学研究战略决心的，则是综合性国家科学中心的建设。

从2016年起，中央决定在全国建设一批综合性国家科学中心，先后批复了上海张江、合肥、北京怀柔三个综合性国家科学中心。

2019年初召开的中共深圳市委六届十一次全会提出，"深圳将实施国际科技创新中心共建行动，携手建设广深港澳科创走廊；加大教育、医疗、文化等领域的合作。与光明科学城、西丽湖国际科教城等一体，争创综合性国家科学中心，增强在粤港澳大湾区建设中的核心引擎功能"。

根据深圳市政府的部署，深圳将主要以三个地块为主，推进综合性国家科学中心建设，即光明科学城（99平方千米）、西丽湖科教城（57.1平方千米）、深港边境科技创新合作区（5平方千米）。

2018年4月，深圳市委、市政府决定在光明区建设科学城。光明科学城位于深圳市西北部，规划范围北起深莞边界，东南至光明区边界，西以龙大高速为界，总面积99平方千米。光明科学城按中、南、北三个区域总体规划，北部为装置集聚区，营造嵌山拥湖、绿荫环绕的"科学山林"；中部为光明中心区，形成中央公园、光明小镇与垂直城市错落有致的"乐活城区"；南部为产业转化区，塑造富有生态内涵和科技文化氛围的"共享智谷"。

其中装置集聚区是光明科学城的核心区域，将重点布局科学设施集群、科教融合集群、科技创新集群"三大集群"。其中，科学设施集群规划面积6平方千米，布局具有内核生长功能的稀缺性大科学装置，并为大科学装置衍生发展提供空间保障。目前光明科学城已确定引入脑模拟与脑解析、合成生物研究、材料基因组、空间引力波探测、空间环境与物质作用研究、精准医学影像研究六大科学装置。科教融合集群规划面积4.1平方千米，布局多所高校和科研院所（中山大学深圳校区、中国科学院深圳理工大学已选址光明，香港大学深圳校区也有可能落户于此）；科技创新集群规划面积2.6平方千米，布局产业创新条件平台、共享实验室、产业转化加速平台等，促进应用基础研究与产业创新融通发展。

西丽湖国际科教城核心区位于深圳市南山区，规划面积约57.1平方千米，《西丽湖国际科教城规划纲要》基本确定了"一环一带三组团五片区"的总体布局。"一环"指西丽湖科教生态环，"一带"是大沙河大学智慧带，"三组团"为大学城、石壁龙、留仙洞，"五片区"则是大学城、燕清溪、白石岭、石壁龙、留仙洞。西丽湖地区目前拥有深圳大学、南方科技大学、哈尔滨工业大学（深圳）、清华大学深圳国际研究生院、北京大学深圳研究生院、深圳职业技术学院、天津大学佐治亚理工深圳学院等七所大学。

"深港科技创新特别合作区"地处深港"直接接合部"，跨境直联互通，具有独一无二的区位优势。河套 A 区（0.97 平方千米）位于香港侧，建设"港深创新及科技园"；河套 C 区（约 1 平方千米）及福田保税区（约 3 平方千米）位于深圳侧，建设"深方科创园区"。

2019 年 8 月，中共中央、国务院公布的《关于支持深圳建设中国特色社会主义先行示范区的意见》中，就已明确提出"以深圳为主阵地建设综合性国家科学中心，在粤港澳大湾区国际科技创新中心建设中发挥关键作用"。

2020 年 3 月初，科技部、发展改革委、教育部、中科院、自然科学基金委印发《加强从"0 到 1"基础研究工作方案》，提出："探索共建新型研发机构、联合资助、慈善捐赠等措施，激励企业和社会力量加大基础研究投入。北京、上海、粤港澳科技创新中心和北京怀柔、上海张江、合肥、深圳综合性国家科学中心应加大基础研究投入力度，加强基础研究能力建设。"

深圳之所以能够获批第四个综合性国家科学中心，非政策攻关的结果，而是中央出于全国布局的考量，其中尤其是中国科学院对全国中长期的基础科学研究空间战略安排的考量，既考虑到与国家主要经济中心的相互作用，亦考虑到中长期基础科学研究的投入的稳定性问题，北京怀柔、上海张江、合肥三个综合性国家科学中心以中央财政投入为主，而深圳综合性国家科学中心则探索以地方投入为主。深圳市过去多年里与中国科学院的战略合作，为深圳综合性国家科学中心提供了战略支撑。

2006 年，中国科学院为了调整科技资源在全国的布局，探索科研体制改革，决定在东南沿海地区设立五个新型研究院所：深圳先进技术研究院、厦门城市环境研究所、苏州纳米技术与纳米仿生研究所、烟台海岸带可持续发展研究所、青岛生物能源与过程研究所。其中深圳先进技术研究院系由中科院、香港中文大学和深圳市政府三方合办。十多年过去后，五个研究院所中，最成功的可以说是深圳先进技术研究院。

深圳先进技术研究院目前有员工1300多人，WFC指数全国排名68位，已初步构建了以科研为主的集科研、教育、产业、资本为一体的微型协同创新生态系统，由九个研究平台（集成技术研究所、生物医学与健康工程研究所、先进计算与数字工程研究所、生物医药与技术研究所、脑认知与脑疾病研究所、合成生物学研究所、先进材料科学与工程研究所等）、国科大深圳先进技术学院，多个特色产业育成基地、多支产业发展基金、多个具有独立法人资质的新型专业科研机构等组成。

2018年11月16日，深圳市政府与中国科学院签署合作办学协议，双方将依托中科院深圳先进技术研究院合作共建中国科学院深圳理工大学。该校选址在光明科学城，目标是建成"世界一流、小而精"的研究型大学计划，到2025年实现在校生规模5000人，最终达到8000人。

该校是中科院系统的第四所大学，其他三所分别为：中国科学院大学，简称"国科大"，系由原来中科院的研究生院系统改造而来，目前在北京拥有雁栖湖（位于北京怀柔综合性国家科学中心内）、玉泉路、中关村、奥运村等4个校区，和在全国的30多个分院。中国科学技术大学，1958年创办，位于安徽合肥。中国科学技术大学和中科院合肥物质科学研究院共同承担合肥综合性国家科学中心的建设与管理。上海科技大学，创办于2013年，由中国科学院与上海市政府共同创办，2019年9月共有在校生约3500人，上海科技大学承担上海张江综合性国家科学中心的管理职责。

从上述内容，即可看出未来中科院深圳理工大学暨中科院深圳先进院在深圳综合性国家科学中心建设与管理中的角色。

2020年3月初，深圳在基础科学研究方面又有一个重要的收获，《科技部办公厅关于支持首批国家应用数学中心建设的函》公布了首批13个国家应用数学中心名单。深圳应用数学中心榜上有名，这也是深圳首个国家级数学中心。

深圳应用数学中心将由南方科技大学牵头，深圳大学、中国科学院深圳先进技术研究院、中国电子科技集团共建。该中心由南科大数学系讲席教授、中科院院士方复全任中心主任，中科院院士、中国数学会理事长、北京国际数学研究中心主任田刚任学术委员会主任，南科大校长、中科院院士陈十一任中心董事会董事长。

之前的2019年2月，菲尔兹奖获得者埃菲·杰曼诺夫（Efim Isaakovich Zelmanov）领衔的南方科技大学杰曼诺夫数学中心正式揭牌，以纯粹数学和应用数学为重要研究领域。

深圳为加强自己的基础科学研究能力可谓不惜血本。深圳宣称，每年用于基础研究的投入占科技研发资金的比例不会低于30%。2019年，深圳科技研发资金预算规模123亿元，比五年前增加了84.13亿元，增长了500%，其中基础研究安排45.36亿元，占科技研发资金比重36.88%。

深圳基础科学研究能力的提升也许能够让华为提升一点对总部所在城市的依赖性？

任正非在2019年以来的多次接受媒体采访中，一再强调基础科学研究的重要性，呼吁国家重视数学能力建设："人工智能就是统计学，这个学科计算机与统计学就是人工智能。中国没有人工智能这门课，计算机与统计学，审计学与统计学，你说要进入大数据时代，大数据时代干啥？统计。说明我们国家在数学上重视不够。第二个在数学中的统计学重视不够。""这30年，其实我们（华为）真正的突破是数学，手机、系统设备是以数学为中心，但是在物理学、化学、神经学、脑学等其他学科上，我们才刚刚起步，还是落后的，未来的电子科学是需要融合这些科学的。"据任正非说，华为在全世界有26个研发能力中心，拥有在职的数学家700多人，物理学家800多人，化学家120多人。

某种程度上，南方科技大学牵头的国家应用数学中心似乎是深圳市在呼应任正非的呼吁。此外，深圳市既利用了华为在新一代通信技术研究中的先发优势，同时也在这一领域投资更多的基础研究，以便为华为提供基础研究支撑。在光明科学城计划头批入驻的六大科学装置中，就包括脑模拟与脑解析大科学装置。该装置将由鹏城实验室来运营，而华为公司正是由哈工大深圳牵头的鹏城实验室的合作共建单位之一。2019年11月，鹏城实验室与华为在深圳共同发布鹏城云脑Ⅱ基本型，其使用华为自主研发的处理器集群，支撑AI领域诸如计算机视觉、自然语言、自动驾驶、智慧交通、智慧医疗等各类基础性研究与探索。

之前的2008年1月，在科技部组织召开的国家重点实验室建设计划可行性论证会议上，华为无线通信接入技术国家重点实验室建设计划顺利通过论证，成为国内唯一一家在无线通信接入技术领域建立国家重点实验室的企业。该国家重点实验室结合华为公司现有研发体系，以突破创新技术的产业化瓶颈为目标，开展移动通信前瞻性基础研究和工程应用研究。实验室研究主要围绕无线传送技术领域、中射频、测试、无线通信软件、产品工程、专用芯片等六大技术方向，紧紧围绕国际技术发展前沿趋势，深入研究通信产业中存在的瓶颈问题和关键技术，推动无线通信接入技术和通信产业的深入发展，满足国家产业对无线通信接入技术的发展需求。

但是必须看到，深圳最近十几年才开始向基础科研领域大手笔投入，其着眼点是长远的源头创新能力，需二三十年才能见到效果，短时间内提升华为对深圳的依赖性显然效果有限——事实上，华为在基础科学研究方面的能力建设并不主要依赖中国的科学基础，而是布局在法国、俄罗斯、加拿大（原设在美国的机构迁入）等国；在国内也主要是跟北京、上海等城市的基础科研机构合作。

当然深圳建立自己的研究能力，也并非仅仅为了华为，着眼点还是城市可持续的创新能力，尤其是未来在人工智能、新一代通信技术、物联网、生物医药、超材料等未来产业的发展中，提供基础研究的支撑和人才培养。

5. 科技 VS 房地产

深圳建立大学和基础研究能力，毫无疑问对深圳的营商环境和未来产业是加分项。但这一加分项相当程度上是潜在的，二三十年后才会见功效，而现在只是投入，并且这种单位面积空间内的巨额投资会直接沉淀在土地里，对土地成本有拉抬的效应。

问题是，在未来产业的发展条件中，它能对冲掉多少由于房价居高不下、生活成本高企所导致的减分项？综合考虑之下，会有多少创业企业选择在深圳创业并能够成功，既有的大企业或龙头企业又会在全国和全球的要素成本综合比较之下，选择在深圳发展它们的新兴产业？深圳有无可能把并不正常的成本降下来？

这里有几个问题需要提出来：

1. 深圳的房价真的是市场力量决定的结果吗？真的是由于深圳不顾市场规律非要保存 270 平方千米的工业用地，因而减少了住宅类用地的供给而导致的供不应求吗？

2. 深圳的高房价真的不影响科技类创业企业和大企业的运营吗？

3. 深圳的高房价真的不可能降下去吗？

对于第一个问题，真实的情况是：

首先，中国的房地产市场，包括深圳市的房地产市场，并不是一个完全的自由市场，土地的一级供应是由政府垄断的，开发住宅等物业产品是资本密集型产业，而资金的获得在中国仍然不是由市场来决定，因此这并不是一个真实的自由市场，价格并不反映真实的供求关系。

其次，深圳现有已建成的住宅（包括小产权房、政策性住房）总面积约4亿平方米，按照2000万人口（实际人口2300万，考虑到有相当比例的人口居住在邻近的东莞和惠州市，故按2000万人口）来计算，人均20平方米，对于一个居民平均年龄约31岁的城市来说，这个数字表明房子基本是够住的。

但这只是平均值。事实上存量住宅在人口中的分配极不平衡，许多人有多套房子，尤其是深圳原住民，平均每家有两栋楼房，则人均可能数千平方米，但又有许多人买不起房子。

这些买不起房子的人是否形成了真实需求呢？按照深圳现在的房价，沙井的房子都卖到了5万一平方米，一套房子动辄数百万人民币，原特区内的住宅动辄一套上千万元，对低级白领和蓝领工薪阶层来说，是根本买不起房子的。也就是说，他们是无效需求。曾有地产中介做过测算，深圳2018年有能力购买刚需户型房产的总户数约为10.8万户。

因此可以说，深圳的住宅市场并不是一个"房住不炒"的市场，其实是一个"房炒不住"的市场，大量的新增供给是由投资客购买的，主要是金融产品的属性而不是住宅产品的属性。

对于第二个问题，现实已经回答了。连华为这样员工平均工资比较高的高科技公司，都已经承受不了深圳的房价。高房价形成的昂贵生活成本对高科技产业已经形成了强烈的挤出效应，这是不争的事实。深圳若想留住高科技产业，仅靠增加教育供给、提高医疗水平、提升城市基础设施比如交通供给这些加分项，已不能对冲高房价导致的减分量。因为全中国并非只有深圳具有良好的发展高科技产业的条件，新技术创业者和高科技巨头们都有更多更好的选择，它们不是非来深圳不可。

对于第三个问题，其实并非没有压低房价的办法。

2012年，北大国发院周其仁教授团队曾应邀为深圳市政府做土地改革策略研究，在研究报告中他建议深圳市政府无条件把全部小产权房（农民房）合法化，然而深圳市政府没有采纳他的建议。

深圳市政府的应对措施似乎只是建设政策性住房，用来以较低的价格保障部分低收入人群和符合政策的人才住房。但政府并没有公开表明有意向大企业倾斜住房保障。倘若深圳市能像香港那样，为一半左右的人口提供公共政策性住房，那也能起到平抑房价的作用，但这对深圳来说早已不可能。

假如深圳市政府承担一半人口的公共租赁房或保障性住房，按人均20平方米计算，那就意味着需要2亿平方米的公共住房，按平均40平方米一套计算，也即需要500万套。倘若按4.0的容积率，也即需要5000万平方米也即50平方千米的住宅建设用地，这在今天的深圳早已不可能。

让我们看看现实。

2016年6月，深圳市成立了注册资本为1000亿元人民币的全资国企深圳市人才安居集团，作为政府政策性住房的实施工具。四年时间里，该公司出手近百亿元人民币竞得深圳市内12宗住宅用地，2018年10月更是斥资18.84亿在临近深圳的东莞塘厦镇竞得一宗宅地。

2018年6月，深圳发布《深圳市人民政府关于深化住房制度改革加快建立多主体供给多渠道保障租购并举的住房供应与保障体系的意见》，明确表示深圳将构建多层次、差异化、全覆盖的住房供应与保障体系，通过市场商品住房、人才安居型商品房、租赁房等三大类，以满足不同人群的居住需求。同时探索建立先租后售、以租抵购制度，实施租售并举，并声称到2035年，深圳将筹集建设各类住房170万套，其中人才住房、安居型商品房和公共租赁住房总量不少于100万套。但由于深圳市内可供的住宅用地极其有限，专业人士对政府能否实现这一目标表示怀疑。

按深圳市住建局的数据，2018年深圳市供应人才住房和保障性住房46346套，其中，公共租赁住房20925套，人才住房8112套，安居型商品房4991套，拆迁安置房12216套，其他类型102套。按每年仅有5万套左右的供给，实现100万套的目标需要20年，倘若达到500万套，需要100年。问题是，深圳市人才安居集团能在深圳搞到这么多的保障性住宅用地吗？

就算能够实现100万套的目标，又有多少能够给予华为、富士康、中兴通讯、腾讯、比亚迪、华兴光电这些对产业链具有举足轻重地位的龙头企业？就算有一部分给到这六大龙头企业，又能解决这些企业多大比例的员工住房需求？高企的房价仍然会严重抑制应届毕业生选择到深圳就业，这就迫使这些关键企业把新增的产业、部门和用人指标放到房价较低、生活成本合适的地点，比如上海、南京、苏州、长沙、武汉、西安等城市。

另外一个值得关注的动向是，深圳会向部分龙头企业供应"定向限价商品房"用地，允其自建住宅吗？华为正是通过这种方式在东莞、上海等不少国内城市获得了自建员工住房的土地，但深圳会这样做吗？

事实上除了房地产这个不可触碰的敏感点外，深圳市政府还是做了大量的努力，想要解决除了住房之外，自己营商环境的另外两个短板，教育和医疗。在做这两个加分项上，深圳近年取得的进展可谓有目共睹。

让我们先看看教育。政府从量的供给和质的提升两方面入手，都做了大量的工作。

量的供给上，就是大规模增加学位。让我们看看以下一组数据：

2016年，全市改扩建中小学37所，其中新建27所，改扩建学校9所，还有1所学校恢复招生。31所为义务教育阶段公民办学校，提供3.72万个新增学位。

2017年，全市新改扩建义务教育学校30所、普通高中4所，新增公办中小学学位约4.7万个，其中新增义务教育学位4万个，普高学位6600个，另全年新增幼儿园学位2万个。

2018年，全市新改扩建35所公办义务教育学校，新增公办义务教育学位56135个；新改扩建普通高中5所，新增公办普高学位6800个。

2019年，全市新建和改扩建中小学校40所、新增学位6万多个，其中公办学位超过5万个，新增幼儿园63所、学位2.1万个。

2020年，深圳计划新改扩建公办义务教育学校30所，新增公办义务教育学位4万个。另外计划2020—2022年三年内新建30所高中，新增公办高中学位6万个。

也就是说，仅仅"十三五"期间的5年内，深圳就新增中小学学位约27万个。无论如何，这都是一个惊人的成就。

到2019年底，全市共有普通中小学757所，在校学生154.64万人（2018年深圳小学生在校人数103万人，已居全国第一位）；中等职业学校（含技工学校）26所，在校生8万人；幼儿园1836所，在园儿童54.5万人。也就是说，这155万个中小学的学位中，27万个是近五年内增加的供给。

《深圳市高中学校建设方案（2020—2025年）》提出，到2025年，深圳市将新增公办普高学位近10万个。深圳规划了4座"高中园"，每个"高中园"预计将建设3个公办高中，选址分别在坪山区、龙岗区、光明区、深汕特别合作区。其中前3座计划在2022年之前建成，深汕特别合作区的"高中园"计划在2022年之后建设。

总体而言，我们可以说，由于连续多年的高投入，深圳中小学学位紧张的局面得到一定缓解。但是优质学位的紧张形势则一直存在。恐怕在北京、上海这样拥有全国最多优质教育资源的城市，也不能说其优质学位的供给是充分的，因为所谓优质学位，总是相对的，它是高考"筛选"机制下的一个必然结果。

从质量来说，深圳市中小学教育的质量也在不断提升。有人认为判断中学教育质量的标准可以采用高考成绩。

2019年高考，深圳市本科上线率超73%，重本率32%，这两个数据已超过了同为一线城市的广州。

其中尖子生情况可以从广东省前10名或前20名人数，以及北大、清华录取人数来看。当年广东省高考文理科前50名，广州市占21人，深圳市占15人；当年北清自主招生在深圳市录取13人，在广州市录取7人；北清保送生在深圳市录取14人，在广州市录取3人。

这样说应该是公允的：经过30多年的努力，尤其是最近10年的优先投入，在一个落后县基础上开始发展的深圳（大学以下）教育，已接近了广州的水平。

当然问题总是存在的：高中学位仍然很紧张，初中及小学的学位分配机制仍存在许多问题，教师尤其是民办学校教师待遇问题，教育与国际接轨不足的问题，教育改革倒退的问题，等等。但我们必须说，现在仍然说教育是深圳"三座大山"之一时，恐怕我们得犹豫一下了。

再来看看医疗卫生情况。

2010年之前，深圳人对本市的医疗状况是极其不满意的，而且根本不信任深圳本地的医院。民间有一种说法："大病去北京上海看，中病去广州看，小病自己看，上网搜一下，然后去药店买药。"

2010年末时，深圳市共有107家医院（其中三甲医院仅有4家），床位总数22 842张，执业医师21 231人，注册护士21 866人。而当年深圳的实际人口约为1700万人。

"十二五"和"十三五"，深圳开启了重点投资医疗卫生事业的时代。

"十二五"期间深圳在医疗卫生方面的财政总投入599亿元，是"十一五"期间的3倍；共完成57家医疗机构的新建、改建和扩建工程，新增病床1.53万张。2015年末全市医院达到125家（其中三甲医院10家），病床3.38万张，执业医师29 007人，注册护士31 717人。

2014年起深圳市开始实施"医疗卫生三名工程"，意即"引进和培育名医（名科）、举办名医院、聚焦名诊所（门诊部）"。

"十三五"期间深圳市在医疗卫生领域计划投资1400亿元，新建公立医院14家，新增床位数2.5万张以上，新增执业医生1.2万人以上。

2018年末，全市共有139家医院，其中三甲医院18家。全市医院病床约4.35万张。

2019年，深圳新增省高水平医院建设单位1家，累计获批5家。24个专科纳入省高水平临床重点专科建设，深圳市第三人民医院获批建设国家感染性疾病（结核病）临床医学研究中心。与此同时，通过"医疗卫生三名工程"，深圳又引进20个高层次医学团队，总数达245个，累计建成"三名工程"名院6家。

到2020年初为止，深圳市的三甲医院已达到25家。

从数据可以看出，深圳市在医疗卫生方面最近十年投资之巨，医疗供给量的增加明显。尤其是三甲医院，十年时间从4家增加到25家，速度惊人，可以看出政府决心有多大。虽然与北京、上海、广州比差距仍然比较大，比如2019年北京有78家三甲医院，上海有66家，广州有62家；即便是与南京、武汉、西安、沈阳相比也差了不少，有人说深圳医疗供给水平十年前相当于国内普通地级市，到2020年已相当于国内中等偏后省份的省会城市，如南昌、福州的水准，此言不虚，不过按照这种投入下去，2030年左右，深圳有望追上国内省会城市中上水平，如南京、武汉、沈阳。

医疗质量的提升除了医生经验技术的积累之外，还有一个重要支撑就是医学科研，深圳在2008年之前没有一所医学院，深圳大学医学院2008年12月才获教育部批准设立。2015年，深圳市政府与中山大学签署合作协议，中大开办深圳校区，以医科和工科为主要办学特色。这意味着中山大学深圳医学院将是重点发展方向之一。2016年7月，南方科技大学与约翰·霍普金斯大学签署协议合办医学院，2019年2月，香港中文大学（深圳）在深圳市政府支持下开始筹建医学院。从2015年到2019年，短短四年增加3所医学院，可谓创造了又一个"深圳速度"。

住房、教育、医疗被称作深圳经济及社会发展的三个短板，也有深圳年轻人称之为深圳生活的"新三座大山"。经过十年的努力，可以说深圳的教育、医疗已经取得了长足的进步，长期来说解决有望，但相形之下，"住房"这座大山，却越来越沉重了。

6. 深圳这五年

让我们摊开一幅深圳地图。

在这1997平方千米的土地上，过去五年里发生了以下变化：

第二部分：崛起

1. 人口仍然在以每年 30 万—50 万的规模净增加，2019 年末实际总人口可能已达到 2500 万人。人口密度早已超过了 1.2 万人/平方千米，是全国人口密度最高的城市。以不到 2000 平方千米的土地，提供了 1000 万个就业岗位，2.7 万亿人民币的经济总量超过了 7434 平方千米的广州市，渐渐接近作为首都的北京市（1.6 万平方千米，实际人口估计 3500 万人，2019 年经济总量 3.5 万亿）、作为国家经济中心的上海市（6340 平方千米，实际人口估计 3200 万人，经济总量 3.8 万亿）。

2. 2017 年设立龙华区和坪山区，2018 年设立光明区。使得深圳本土达到九个行政区和一个大鹏新区、一个前海深港现代服务业合作区。2018 年广东省正式将 468 平方千米的深汕特别合作区（位于汕尾市海丰县）的实际行政管理权委托给深圳市。

3. 疯狂办大学。2015 年 8 月 31 日，教育部正式发文批准筹设具有法人资格的中外合作（莫斯科大学、北京理工大学、深圳市政府三方）办学机构——深圳北理莫斯科大学 2017 年开学。校址位于龙岗区大运新城，占地 33.4 万平方米，建筑面积 30 万平方米，深圳市政府投资 21 亿元，规划在校生规模 5000 人。

2015 年 11 月，中山大学与深圳市政府签署合作协议，建设中大深圳校区，选址于光明区，占地 5000 亩，办学规模目标为在校生 2 万人，主要发展新工科、理科、医科、文科四大类，配建 3 所附属医院。2016 年开始招生在广州校区培养，2018 年深圳校区开工建设，一期校园建设 129 万平方米，总建筑面积 220 万平方米，深圳市政府拟五年投入 300 亿元。

2016 年 1 月，深圳市政府与天津大学、佐治亚理工学院三方签署合作协议，创办天津大学佐治亚理工深圳学院，选址南山区桃源街道，占地 16.2 万平方米，规划在校生规模 3000 人。

2017 年 8 月，教育部批准深圳技术大学筹建，2019 年 11 月正式成立。校址位于坪山区石井街道，占地 2325 亩，建筑面积 126 万平方米。仿照北欧应用技术大学模式，规划办学规模为在校生 2.8 万人，一期投资 80 亿元。

2017 年 10 月，在原哈尔滨工业大学深圳研究生院基础上，设立哈工大（深圳），教育部批准开展本科教育。2018 年首度单独招生。规划在校生规模 1 万人，现已达到 6200 人。

2018 年 11 月，中国科学院与深圳市政府签署协议，共建中科院深圳理工大学。选址于光明科学城，占地面积 500 亩，定位为应用研究型大学，规划办学规模为在校生 8000 人。

2019年3月，清华大学深圳国际研究生院正式成立，由原清华大学深圳研究生院和清华－伯克利深圳学院合并而成。后者2014年9月由清华大学、加州大学伯克利分校与深圳市政府合作设立。设有三个校区：大学城校区（原清华深研院）、南山智园校区、西丽湖校区（深圳市政府投资12.6亿元，2018年开工建设）。

2015年起，广东省先后选定10所大学作为广东省高水平大学重点建设高校，2018年，深圳大学、南方科技大学入选。

根据深圳市委、市政府《关于加快高等教育发展的若干意见》，争取到2025年，深圳的高校达到20所左右，3—5所高校排名进入全国前50，力争成为南方重要的高等教育中心。

4.2015年12月20日11时40分，深圳市光明新区凤凰社区恒泰裕工业园发生山体滑坡，此次灾害滑坡覆盖面积约38万平方米，造成33栋建筑物被掩埋或不同程度受损，事故"造成73人死亡、4人下落不明、17人受伤"。事故最后处理结果：深圳市委、市政府两名现任负责人和一名原负责人等49名责任人员给予党纪政纪处分，其中厅局级11人、县处级27人、科级及以下11人。

5.深圳地铁二期工程2019年开通5条线路。到2019年底，深圳地铁运营里程达到303.4千米，每天有600万人次客流量。全市机动车保有量达到350万辆，早晚高峰平均车速不到30千米。

2018年9月广深港高铁全线建成通车，从深圳福田高铁站到香港西九龙站只需14分钟。深圳机场2019年客流量超过5200万人次，进入全球前30最繁忙机场；最近三年每年开通国际航线超过10条，2019年国际航线客流量超过500万人次。2019年穗深港轻轨开通运营。2016年底，跨珠江口的深圳—中山通道工程正式开工。2020年3月，深茂铁路深圳—江门段动工。

当然，建设了多年的外环高速、东部过境高速及莲塘口岸、盐坪快速等高快速公路迟迟未开通。

6.2017年4月，深圳市宣布重点开发建设17个重点片区，分别为福田保税区（3平方千米）、梅林－彩田片区（1.47平方千米）、笋岗－清水河片区（5.42平方千米）、深圳湾超级总部基地（1.17平方千米）、留仙洞总部基地（1.35平方千米）、深圳高新区北区（2.51平方千米）、盐田河临港片区（8平方千米）、宝安中心区（15.4平方千米）、空港新城（45.5平方千米）、平湖金融与现代服务业基地（2.24平方千米）、大运新城（15.84平方千米）、坂雪岗科技城（22.18平方千米）、国际低碳城（53.42

平方千米）、深圳北站商务中心区（6.1 平方千米）、坪山中心区（4.82 平方千米）、光明凤凰城（14.8 平方千米）、深圳国际生物谷坝光核心启动区（6 平方千米）。其中 10 个位于原关外地区，意味着这些片区将成为原关外地区城市精致化提升的重点片区。

7.2019 年 4 月，国家级深圳高新区范围从 11.5 平方千米扩大到 159.48 平方千米，形成"一区两核多园"格局，"两核"分别是"南山园区"和"坪山园区"，"多园"则再加上"龙岗园区""宝安园区""龙华园区"共 5 个园区。

8. 在 2019 年 1 月，深圳宣布规划建设"新十大文化设施"，包括深圳歌剧院、深圳改革开放展览馆、深圳创意设计馆、深圳科学技术馆、中国国家博物馆深圳馆、深圳海洋博物馆、深圳自然博物馆、深圳美术馆新馆、深圳创新创意设计学院、深圳音乐学院。

9.《财富》杂志公布的 2019 年度全球 500 强企业名单中，深圳有 7 家公司上榜，分别为：中国平安、华为、正威国际、恒大、招商银行、腾讯控股、万科。

2017 年 8 月，恒大集团正式将总部从广州迁到深圳。2017 年 12 月 19 日，恒大以底价 55.52 亿元拿下了位于深圳湾超级总部基地的 T208-0054 宗地，据信将在此建恒大总部办公大楼。2017 年 1 月央企华润将所持万科 15.31% 股份以每股 22 元作价转让给深圳地铁集团，交易额 372 亿元；2017 年 6 月深圳地铁集团出资 292 亿元收购恒大持有万科的 14.07% 股份。至此深圳地铁耗巨资 664 亿，以 29.38% 的持有比例一跃成为万科的第一大股东，扰攘 2 年多的万科控制权之争落下帷幕。到 2019 年底，宝能当初用来建仓万科的资管计划已经全部出清，仅有前海人寿及钜盛华还合计保留 10% 的股份。有人测算宝能在万科争夺战中已套现的利润可能近百亿。

2017 年底，位于福田中心区的平安国际金融中心大厦落成，楼高 599 米，成为深圳第一高楼。2019 年中国平安集团总营收 1.17 万亿元，居全球 500 强第 29 位。

10. 在 2019 年 2 月 18 日，中共中央、国务院印发《粤港澳大湾区发展规划纲要》，明确了深圳在粤港澳大湾区中的定位——发挥作为经济特区、全国性经济中心城市和国家创新型城市的引领作用，加快建成现代化国际化城市，努力成为具有世界影响力的创新创意之都。

2019 年 8 月 18 日，中共中央、国务院发布《关于支持深圳建设中国特色社会主义先行示范区的意见》（以下简称《意见》）。《意见》明确了深圳建设先行示范区的"五个战略定位""三个阶段目标"和"五个方面率先"。该《意见》明确了支持深圳建设成为中国"全球海洋中心城市"，以及"以深圳为主阵地建设综合性国家科学中心"。

11.2018 年 8 月，深圳市政府发布《深圳市工业区块线管理办法》，划定深圳工业区块线范围内不得少于 270 平方千米，区块线内的工业用地比例不得低于 60%，严禁在工业用地中安排成套商品住宅、专家楼、商务公寓和大规模的商业及办公等建筑功能。

12.2018 年 11 月，深圳正式实施《深圳市战略性新兴产业发展专项资金扶持政策》。深圳将设立市战略性新兴产业发展专项资金，支持新一代信息技术、高端装备制造、绿色低碳、生物医药、数字经济、新材料、海洋经济等七大战略性新兴产业发展。

深圳市自 2008 年开始提出大力发展战略性新兴产业，当时选择生物、互联网、新一代信息技术、新能源、新材料、文化创意等六大战略性新兴产业。

2013 年，深圳市规划重点发展生命健康、航空航天、机器人、可穿戴设备、智能装备、海洋等六大未来产业，并于 2014 年出台了未来产业发展政策。

2017 年，深圳市启动十大未来产业集聚区，2018 年授牌七个园区，分别为：坪山聚龙山、宝安立新湖、观澜高新园、南山留仙洞、大鹏坝光、龙岗阿波罗、深圳高新区北区。

13.2020 年初，全国暴发新冠肺炎疫情，过去 10 年疯狂投入建设扩大规模的深圳医疗体系经受住了考验。到 3 月 24 日，深圳累计确诊新冠病例 440 例，其中境外输入 24 例，全部定点在深圳市第三人民医院就诊，累计治愈 414 例，死亡 3 例。

2019 年 5 月，深圳市第三人民医院（南方科技大学第二附属医院）正式获批国家感染性疾病（结核病）临床医学研究中心，这是深圳首个、广东省第三个国家临床医学研究中心，也是全国唯一的结核病国家临床医学研究中心。在此之前的 2018 年 1 月，深圳三院的 BSL-3（P3）实验室通过中国合格评定国家认可委员会（CNAS）正式验收。

这就是华为正在进行重大战略调整时期、并且遭受美国重点打击前途未卜时，它总部所在的城市深圳的状况。有人说，在这个阶段，深圳城市发展到了巅峰状态，经济总量连续超过了区域内另外两个重要的国际都会——广州和香港，成为粤港澳大湾区 GDP 第一位的城市。

但深圳与华为一样充满着严重的不确定性。2015 年的房价暴涨一倍使其营商成本和生活成本变得极高，沉重打击了其 ICT 产业链。2018、2019 年和全国一样面临着经济下行的巨大压力，而 2020、2021 年，尤其是 2020 年美国大选后，美国将会如何在贸易、科技、金融等方面出手？正像华为首当其冲一样，经济、贸易、科技对外尤其是对美欧依存度在中国处于最高的深圳，也会首当其冲。

第三部分：

PERIN 与 GIC 中的华为

PERIN 是英文 Pearl River East Coast Regional Innovation Networks（珠江东岸区域创新网络）的缩写；而 GIC 则是英文 Globe Innovation Chain（全球创新链）的英文缩写。

区域创新网络理论是近 20 多年来国内外经济界、地理界、产业界共同关注的理论前沿。

盖文启在《创新网络：区域经济发展新思维》一书中，给"区域创新网络"下的简单定义是：区域创新网络是指一定地域范围内，各个行为主体（企业、大学、研究机构、地方政府等组织和个人）在交互作用与协同创新过程中，彼此建立起各种相对稳定的、能够促进创新的、正式的或非正式的关系总和。

这是国内最早的一种学术性的定义，但我们也可以从中看出，这一定义非常倾向于由产业生态自然形成的市场协作网络，而非政府根据自己对创新要素的理论认知，以后天的人工努力（强调计划预见性）而塑造的协作网络。

尽管没有使用"区域创新网络"，但全球创新理论界一般认为，美国学者安纳利·萨克森宁（AnnaLee Saxenian）是这一概念的最早提出者。她在 1991 年出版的奠基性著作《地区优势：硅谷和 128 公路地区的文化与竞争》（*Regional Advantage:Culture and Competitionin Silicon Valleyand Route128*）一书中对比了硅谷和 128 公路地区的创新网络和社会文化，最早总结了硅谷所形成的区域创新网络。虽然她在书中使用的是"全球经济中的地区网络""工业生物圈""网络化工业系统""地区生产网络"等词语，但她已把"区域创新网络"的基本特征勾勒了出来——

> 硅谷的工程师与企业家们建立了一种更为灵活的行业系统。该系统不是围绕单个企业，而主要是围绕这一地区及其专业技术网络建立而成的。
>
> 由准家族式关系中诞生出的非正式社会关系维护着当地生产商之间无处不在的广泛合作与信息共享。
>
> 硅谷地区的社会关系网和专业人员网并不局限于传播技术和市场信息，它还是有效的求职招聘网。
>
> 这种分散化和流动性的环境加速了科技能力和技能在地区内的扩展。
>
> 本地技术知识的积聚增强了硅谷新公司的活力，强化了共享的技术文化。
>
> 随着工业专门化及分化过程的不断重复，这个地区发展出一种形式多样、适应性强的工业生物圈。任何一家公司的困难不再能瓦解整个行业，整个行业的失败也不再能威胁整个地区。
>
> 硅谷的大半导体制造商的形成扎根于比较分散的以网络为基础的工业体系。结果，这些公司从未像德州仪器公司或摩托罗拉等国内其他芯片制造商那样的规模和垂直一体化。他们也没有完全脱离该地区的非正式网络和关系。
>
> 硅谷的网络化工业系统建立在两个自相矛盾的基础上。其一，该地区的专

业公司的成功主要依靠普遍接受的工业标准；其二，供应商的网络日益稠密和复杂时，他们减少到为大公司所偏爱的市场去，却频频光顾较小的供应商市场。

到1990年，硅谷已不只是一个个体公司、熟练工人、资本和工业技术的集聚地。复杂的公司间和工业制造商网络正快速地组织起来，以便共同进行革新和发展。

尽管生产成为自由的全球性活动，公司间供应商网络的完善增强了在硅谷设厂的优势。虽然需要很高的成本，各公司仍在地区内设厂和发展，以便成为该地区社会和技术网络的一部分。地域的接近使得各公司能够很容易注意到各种新技术，避免忽略意料之外的技术突破。

地区性网络为基础的体系中分散的工业结构和紧要的领土连接需要在两个层次上采取集体行动。第一，网络体系中的专业厂商依赖外部提供广泛的集体的服务，分散风险和共享专业技术……第二，在网络为基础的工业体系中经济活动的强烈地方化对地区基础设施提出了非同寻常的要求。

罗列她的这些观点是非常重要的。因为在总结硅谷模式时，她已提炼出了区域创新网络的基本特征：动态性、系统性、开放性、非中心化、本地化，以及区域创新网络中的主要节点：企业、大学或研究机构、中介服务组织、政府及公共部门、金融机构。

当我们研究华为这家公司与深圳这个城市的关系时，一个首要的问题就是：深圳及其周边紧密联系的城市（东莞、惠州以及香港），是否已形成了一个像硅谷那样的区域创新网络，华为是否生存在这个创新网络中？如果存在，这个创新网络是如何形成的？现状如何？华为与其关系又怎样？

GIC（全球创新链，Globe Innovation Chain）的概念系由"全球价值链"（Globe Value Chain，缩写为GVC）延伸而来。是指为实现商品或服务价值而连接生产、销售、回收处理等过程的全球性跨企业网络组织，涉及从原料采购和运输，半成品和成品的生产和分销，直至最终消费和回收处理的整个过程。包括所有参与者和生产销售等活动的组织及其价值、利润分配，当前散布于全球的处于价值链上的企业进行着从设计、产品开发、生产制造、营销、交货、消费、售后服务、最后循环利用等各种增值活动。

杜克大学教授格雷佛菲（Gereffi, 2001）在全球商品链基础上最早提出了全球价值链这一概念，进一步解释了当前跨国公司主导下的生产活动跨地域布局，价值链包含设计、生产、组装、营销、售后服务等一系列环节，产品的国别属性越来越模糊，很难用产品的最后出口国来准确描述该产品的国别属性。但价值链上各个环节的利润程度各不相同，每条全球价值链上总是存在一些能够创造更高利润的战略环节。按照格雷佛菲的看法，GVC 有"生产者驱动"和"购买者驱动"两种类型。

高普林斯基（Kaplinsky）和莫里斯（Morris）通过对发达国家和发展中国家的实践分析，归纳出了 GVC 条件下，为发达国家代工或外包的发展中国家本土企业或企业网络的四种序贯式升级模式，即"工艺升级—产品升级—功能升级—链的升级"的自动实现过程。汉弗莱（Humphrey）和施米茨（Schmitz）则于 2004 年提出了 GVC 的四种治理形式：市场导向型、均衡网络型、俘获型与层级型，用以解释全球价值链片段化、分离化形态下，以国家（地区）为单元的生产体系的对接方式和治理形式。

所谓"市场导向型"价值链治理，是指 GVC 条件下发达国家与发展中国家之间市场分工交易关系是基于市场契约的保持距离型。在发达国家与发展中国家价值链分工体系形成初期，或者发展中国家拥有核心技术和竞争优势的产品时，存在着这种市场导向型的价值链治理模式。市场导向型价值链治理模式产生的原因在于，发展中国家获得某种产品技术势力、市场势力或者某种生产要素的独特禀赋性。从理论上看，市场导向型价值链治理下的发展中国家本土企业或企业网络，只要具备相对于发达国家企业有竞争力的技术创新能力、强大国际市场开发与高投入的营销通道构建能力，就能实现工艺升级、产品升级、功能升级或链的升级的任一环节，或者完整的攀升进程。

"均衡网络型"是指，在 GVC 条件下，发达国家的买家或跨国企业与参与价值链分工协作体系的发展中国家本土企业或网络之间，不存在相互控制关系，完全是一种能力互补、技术充分交流、市场共享的双边合作关系。其发生条件源自发展中国家的本土企业或网络，在价值链的任一环节上具备了与发达国家大买家相抗衡的市场势力或与跨国企业相抗衡的技术势力。这既可以是来源于发展中国家本土企业的核心技术掌控能力与自主创新研发能力，也可以是来自不可被替代强大生产体系的成本规模型市场垄断势力。均衡网络型价值链治理模式下的发展中国家本土企业或网络，一般也能够自主选择进行工艺升级、产品升级、功能升级或链的升级中的任一环节，或者是完整升级过程。

"俘获型"是指，在 GVC 条件下，发达国家的大买家或跨国企业作为价值链中的主导者，设计各种包括技术、质量、交货、库存及价格等参数，来控制发展中国家以代工者身份参与其价值链体系的本土企业或网络的技术赶超和价值链攀升进程。特别是在发展中国家的本土企业或网络完成了工艺创新、产品创新后，继续进行功能升级或链的升级的过程中，会受到发达国家大买家和跨国公司的严重阻击与控制，进而迫使发展中国家的本土企业失去功能升级型的价值链攀升活动空间与发展能力。

"层级型"治理是指，在 GVC 背景下，发达国家的母公司出于开拓发展中国家市场或降低生产成本获取国际市场竞争优势的目的，利用 FDI（外国直接投资）形式在发展中国家建立子公司，母公司以垂直一体化的层级型方式实施对子公司的控制和运作。掌控各种研发能力的母公司，通过内部技术转移方式扶持子公司的生产能力和竞争优势，当本土企业的竞争能力越强，则母公司的技术转移强度越大，总体来看，为了快速响应市场与生产的本土特征，子公司在工艺升级方面具备一定的自主空间，但为了防止对发展中国家本土企业的技术溢出和技术模仿，母公司一般会将产品升级、功能升级等高端能力掌控在自己手中。

国内研究者认为，改革开放以来，尤其是 1992 年以来，国际代工是推动长三角、珠三角等沿海地区外向型经济发展的主要动力，其主要特征是引进外资进行加工贸易，或是积极主动地接受发达国家企业的外包订单。利用这些形式，中国已深深地嵌入了 GVC 之中。

但也有经济学家指出，除了少数主要以国内市场为导向的企业已经形成了区域性品牌，或极少数沿着"生产者驱动"的 GVC 在高端进行自主创新外，绝大部分本土性劳动密集型企业都是通过加入"购买者驱动"的 GVC，在低附加值的环节进行国际代工。其表现为，主要的客户订单来源于处于价值链下游的欧美的品牌商，或由其主导的二、三级经销商，市场营销的网络、管道、品牌以及产品和服务的规范和技术标准，都为这些从事非实体生产活动的厂商所控制，通过资源的大量消耗和占用，仅仅收取微薄的加工费，呈现出"依附型网络"价值链治理模式的特征。

从 GVC 的概念演绎出 NVC、AVC、"链主"以及 GIC 等一系列概念。为了后面分析方便，我们把这几个概念一一加以介绍：

NVC 即 National Value Chain（国内价值链）的缩写。这一概念强调在全球价值链中"国家"这一政治单元的主体作用。一些发展中国家的经验表明，凭借国内市

第三部分：PERIN 与 GIC 中的华为

场发育而成，然后进入区域或全球市场的价值链分工生产体系中的本土企业或网络，表现出很强的功能与链的升级能力。这些基于 NVC 的发展中国家本土企业或网络一般经历这样的过程：首先专注于国内市场的开拓与竞争，在取得国内市场某个行业或产品价值链的高端环节竞争优势后，建立起自己设计、品牌和全国销售渠道。然后，逐步进入周边国家或者具有相似需求特征的发展中国家市场，建立起以自己为主导的区域价值链分工体系（Area Value Chain，简称 AVC）。最后打入发达国家市场，建立起与发达国家的国际大买家或跨国公司以均衡型网络关系对接，而非俘获型关系，甚至是完全由自己主导的全球价值链分工体系。也有些发展中国家的本土企业无须经历 AVC 中间环节，直接表现为 NVC-GVC 形式。这样它们在功能升级和链的升级高端阶段表现出很强的自主权——日本经济的成功就是一个最好例证。

在 GVC 中，某些掌握着品牌和终端渠道、具有研发设计能力的领导型企业，位于产品链"金字塔"形分工网络的顶端位置，且拥有对网络内其他企业的领导和控制权，这种性质的企业被称为"链主"。"链主"将产品链中非核心、可标准化的生产环节外包给与其有协作和控制关系的独立企业，组合成一个具有"弹性"和"协作效率"的生产分工网络体系。

"全球创新链"则是指企业在全球范围内搜索可利用的知识资源、关注资源使用权并且具备高度开放性的价值网络创新模式。过去的技术创新，大多发生在企业创新网络、区域创新网络和国家创新网络中。随着技术创新变得更加复杂，越来越多的企业在信息、通信、交通等技术支持下，开始突破区域和国家界限，积极地寻求外部资源为自己所用。企业间人员频繁的跨国流动所导致的技术知识的流动，以及用户、供应商、大学或科研机构人员对创新活动的深层次参与，使创新从企业内部的部门间协作，扩展到外部甚至国家之间的不同主体间的网络合作。

之所以不厌其烦地对 PERIN 与 GIC 这两个名词及其从属概念群进行有点学术化的解释，是因为我们认为，这些概念对研究华为与深圳的关系非常重要。也许我们可以说，对华为最重要的生存环境，一个就是建立在全球 ICT 产业链基础上的 GIC（全球创新链），另一个就是其来有自的 PERIN 珠江东岸（在本书中使用这个词的空间范围一般包括香港、深圳、东莞、惠州 4 个城市）区域创新网络，这个网络的枢纽是华为总部所在地——深圳。

一、ICT 产业链

1. 张五常：深圳 + 东莞会超越硅谷

2019 年 4 月 20 日，著名华人经济学家张五常教授在深圳（"大湾区与深圳的未来"高峰论坛）做了一个演讲，这个演讲中的主要论点经过网络传播，顿时惊骇了整个华人世界：

> （两年前）我有机会带几位来自西方的朋友到深圳南山的海旁一行，直截了当地对他们说："记着我说的吧。你们这一刹那站着的土地，就是这一点，分寸不差，有朝一日会成为整个地球的经济中心。"夸张吗？那当然。将会灵光吗？这类推断老人家很少错。三十年前我推断上海的经济将会超越香港；今天我推断深圳一带将会超越上海。困难重重，沙石多，但假以时日，我应该对。
>
> 这推断其实不难。国际经济发展的中心历来要靠一个湾区，举世皆然也。大家今天朗朗上口的粤港澳当然也是一个湾区，只是奇怪地"深"字不在其内。无可置疑，名字打不进"粤港澳"的深圳将会是这湾区的龙头。可不是吗？今天还在发展中的深圳的经济不仅超越了香港，也超越了整个台湾。两年前我推断十年后深圳一带会超越美国的硅谷。虽然目前中国的经济不好，还有八年我认为在时间上这推断不需要改。

为什么令人惊骇？不相信，根本是玩笑话。很快有爱较真的理工男对他的预测做了相关测算：

2018 年深圳市 GDP 为 24221.98 亿元，换算成美元约不到 3664 亿，而旧金山湾区（硅谷占其经济总量的 90% 左右）约 7500 亿美元，按深圳市每年增长 8%，八年后超过硅谷是根本不可能的。这还仅仅是 GDP，没有说真正的创新能力。

也有人说，世界的经济中心不是硅谷而是纽约。或者说"纽约 + 硅谷"。而纽约 2018 年的 GDP 是 1.05 万亿美元，更是深圳市遥遥不可企及的。

还有人指出："深圳有朝一日要成为全球经济中心，必须建立在一个前提之上，就是中国的经济体量，必须超过美国成为全世界第一。"而 2018 年中国的 GDP 为 13.6 万亿美元，相当于美国 20.5 万亿美元的 66%，如果按照 2018 年两国各自的增长率，有人测算最快要到 2030 年中国才能超过美国成为世界第一。且中国要超出美国一个不小的规模（而不是刚刚超过）之后，全球经济中心才有可能花落中国某个城市群（这个城市群还不一定是深圳，而有可能是上海）。这意味着张五常预测的未来八年是不可能实现的。

张五常口出"狂"言确实有夸张的成分，但是他讲话的逻辑还是基本可靠的，可以支撑他对深圳的乐观态度。而且必须强调一点，他口中的"深圳"绝不仅仅是指深圳，而是指"深圳+东莞"，也许还要加上惠州的一部分。他的意思应该是指"深圳都会区"。

很多人觉得张五常的讲话完全信口开河，是因为忽视了他后面强调的另外几段话：

地理的形势非常好当然是深圳发展得有看头的一个重要因素。另一个可能更为重要的因素，是东莞就在隔壁。东莞不是一个普通的工业区，不是温州那样专于小商品，不是苏州工业园那样名牌满布，不是阳江那样专于一两项行业。东莞（某程度也要算进同在深圳隔壁的惠州）是无数种产品皆可制造，而且造得好、造得快、造得便宜。我认识不少在东莞设厂的朋友，非常相熟的一个造玩具，一个造模具，一个造餐具，一个造展出架。他们做得辛苦，但从他们那里知道，在东莞，厂与厂之间，厂与山寨之间的互相发放的方便是我平生仅见。我也对昆山这个大名的工业区有点认识，因为先父遗留下来的抛光蜡厂是在昆山。昆山多是台湾客，厂家一般专于自己的名牌，但论到行业的多元化与工作的互相发放的方便，东莞冠于地球应该没有疑问。

我肯定地推断深圳将会超越硅谷，主要是硅谷没有一个像东莞水平的工业区。不仅今天没有，永远也不会有。今天，东莞一间工厂专业员工的最低包食宿的工资，约美国西岸不包食宿的三分之一，而东莞的工业最低市价工资是远高于我也知道的江西与河南等地——高一倍多。这是地理的位置之别使然。

拿着东莞的一个劳动员工的最低市价工资（包括食宿）在国际上比较，东莞约（为）美国的三分之一，约（为）欧洲的先进国家的四分之一。另一方面，跟其他发展中国家相比，则又倒转过来：印度的工厂员工的最低工资，约（为）东莞的三分之一，越南约（为）东莞的四分之一，非洲约（为）东莞的五分之一。换言之，从国际工业产出的最底层的市价工资看，东莞是一个非常重要的分水岭。我喜欢用这分水岭来衡量国际上的工业产出竞争，大概的产品胜负可以算得快。

让我解释清楚一点吧。目前东莞的工业的最低市价工资是发展中国家最高的，但跟发达国家却最少是一与三之比，有三分之二的阔度差距。把这分水岭强行收窄，中国的工业就会转到越南、印度等地方去。我们希望这阔度收窄，但要由阔度更大的国家——如越南、印度——在下面推上去。这解释了为什么十一年前我反对新《劳动合同法》反得那么厉害。经济学不是深学问，只是能把几个简单原则用出变化的学者凤毛麟角。

今天的深圳，因为有东莞与惠州的存在，在国际上竞争无疑是有着一个重要的甜头。这优胜之处会因为工作人员的知识层面的提升而逐步减少。换言之，工作人员的知识愈高，深圳与西方的先进之邦的工资差距愈小。升到最高的世界级人马，深圳的工资却又高于西方的先进之邦了。

如果张五常教授口中的深圳仅仅是指1997平方千米的深圳市，那么他的上述观点确实太"夸张"了。但如果他指的是"深圳都会区"，或者说叫"深莞惠"都市圈，那么我们在一定程度上可以支持他的乐观态度（更何况他还为他的乐观观点预设了几项条件，如果那几项条件真的实现了，确实可以乐观），当然不要去计较数字问题，而是指一种带动世界经济增长的引擎功能。这是有可能的。

那么有一个问题来了：东莞是深圳的吗？或者说东莞、惠州属于深圳都会区吗？

哈尔滨工业大学（深圳）的经济学教授唐杰先生，在与张五常教授同一个论坛的演讲中，也对深圳的科技创新表达了乐观态度。在另一个演讲中他说，谁能否认松山湖是深圳的呢？

这一观点确实让人迷惑：从行政区划上来说，松山湖科技产业园区是东莞市的一部分，而东莞市是广东省辖下的一个地级市，和深圳市（虽然行政级别上高半级）是并列的而不是从属的关系。

但是从经济上、产业上来说，深莞惠三个城市确实形成了一体化的关联。我们可以说存在着一个"深莞惠经济体"甚至"珠江东岸产业体"。

当然，惠州市只有紧挨深圳与东莞的两三个县区（惠阳区与博罗县，最多加上惠城区），才与深圳、东莞经济有着紧密的联系，惠东县、龙门县基本上脱离了这个经济圈。

如果我们把"深圳+东莞+惠阳+博罗+惠城"叫作"深圳都会区"，那么我们可以看到以下一组"深圳都会区"数据：

表1 深圳都会区

城市	土地面积（平方千米）	人口（万人）	2018年GDP（亿元）
深圳市	1997	1300	24 221
东莞市	2465	839	8278
惠城区	1170	121	1424（含仲恺）
惠阳区	916	61	1230（含大亚湾）
博罗县	2858	107	650
合计	9406	2428	35 803

这个表格中，人口数据是按照各地公布的所谓"常住人口"来计算的，与实际居住的常住人口有不同程度的差距。按照中移动与腾讯微信所做的大数据测算，深圳市的实际人口（居住半年以上）约为2500万人，东莞市的实际居住人口约为1800万人，惠城、惠阳、博罗三县区加起来不会低于400万人，也就是说，这个"深圳都会区"的实际常住人口不低于4700万人。

也就是说，"深圳都会区"以9406平方千米土地、4700万人口，产出了35 803亿元的GDP。

我们可以将之与上海都会区（上海市+昆山市+嘉善县）做一个比较：这个都会区总面积约为7778平方千米，总人口官方公布为2630万人，实际常住人口中应该超过3500万人，2018年产出的GDP则为人民币36 780亿元。总之我们可以得出的结论是深圳都会区从经济规模和产业动能的角度来说，与上海都会区是基本相当的。

需要强调的是，应该从产业链的关联度和区域创新网络的角度来看待一个都会区。接下来我们可以考察深莞惠经济圈和区域创新网络的特征和形成过程。

2. 搭车：富士康及其苹果

让我们回到1978年。

在1979年深圳建市并成为地级市和副省级城市之前，行政上隶属于广东省惠阳专区，当时的惠阳专区辖驻地惠州市及惠阳、博罗、河源、连平、和平、龙川、紫金、惠东、宝安（今深圳市）、东莞等1市10县——某种程度上，现在广东省正在规划的深圳都市圈（3+2：深莞惠+河源汕尾），岂不就是当年的惠阳专区？1979年撤销宝安县，改设深圳市，由省直辖；1988年1月，国务院批复将东莞市升格为地级市，直属广东省管辖。

在1978年这个时间点上，深莞惠地区是一个纯粹的农业地区，由于邻近边防前线，国家未在此布局任何重要的工业和科技设施。1986年前后深圳开始第一次产业转型升级——由原来的基建与贸易转向加工制造业。1994年前后深圳进行第二次产业转型升级，由加工制造业转向高新技术产业。在这个过程中，深圳、东莞、惠州借由香港、台湾相关产业向中国内地（大陆）转移，而搭上了全球价值链。

1993年底深圳市委出台了一个决议，停止登记注册新的"三来一补"企业。特区内已办的"三来一补"加工业，属于污染环境的，要坚决迁走。特区外划出90平方千米土地，要搞大工业区（现坪山新区）。政策一出，港资企业大哗。大量的"三来一补"企业迁往东莞，结果东莞市（1988年独立建市）继深圳之后迅速开启其工业化进程，尤其是其靠近深圳的镇村。有数据表明，至1995年，东莞市引进外商投资企业1.3万家，其中"三来一补"企业8000多家，三资企业500多家，实际利用外资总额13亿美元。1995年东莞市出口额53亿美元，超过了省城广州。当时有传言说，"东莞市说要给深圳市政府写感谢信"。2001年前后，深圳、东莞的部分制造业开始迁往邻近深莞的惠州惠阳、惠城、博罗等部分镇、区。

回头来看，香港制造业的北迁，对香港来说曾造成其一度的经济繁荣，对深圳也是如此。当时最多时有300万打工者在深圳的港资工厂里打工，可以说为深圳地区培训了大量的产业工人和最初的技术工人。更重要的是，香港制造业的前店后厂模式，使香港成为全球效率最高的生产性服务业中心，并且打造了从深圳（最初是关内，后来到关外），后来包括东莞的几千平方千米的生产工厂，到香港葵涌码头、香港机场（后来深圳港、深圳机场紧跟着发展起来）之间（中间经过高效的海关通关检验——深圳由此成为中国海关改革的标杆）的全球最便捷高效的物流供应链体系（当时每天最多有超过10万辆货柜车隆隆驶过深圳中心城区，经皇岗口岸开往香港葵涌集装箱码头），这个供应链体系迄今仍然是珠三角经济最具竞争力的核心之一。

继港资之后，台资企业也开始投资大陆，最初台资仍然优先选择广东（20世纪90年代末之后才转战长三角），除了广东作为改革开放前沿之外，更主要的原因，是充分利用香港这个全球性的产业服务中心,以及香港人打造的从东莞、深圳宝安经深圳关内到香港货柜码头的物流供应链体系,这是台湾人的聪明之处。

到 1999 年,广东全省已有台资企业 9000 多家,企业协议投资额超过 120 亿美元,实际投入台资 60 多亿美元,台资企业家数量和投入资金总数均居全国各省区市首位。这些台资企业主要扎堆在东莞,其次是深圳——以电子、制鞋、玩具等产业为主。

在这个大潮中,日后与华为的企业发展有极高关联度的另外一家台商企业——富士康,悄然出现。

我们甚至可以说,富士康才是现在珠江东岸 ICT 产业链最初形成过程中最关键的角色。

20 世纪 80 年代末至 90 年代初,由于台湾当局对台商投资大陆的限制,彼时大多数登陆深圳的台企皆秉承低调的姿态。他们最早带到深圳的是一些初级加工业,比如玩具用品、电子零配件等,后来迫于台湾本地成本的快速上升,劳动力饱和,不得不开始逐渐将其台湾的整体制造体系西迁。

20 世纪 60 年代到 70 年代,作为承接全球产业转移的结果,台湾的经济发展依靠制造业,以出口加工为主,轻纺和家电等加工工业为核心的产业支柱。但是进入 80 年代后,台湾经济环境发生了变化,新台币升值,工资大幅上涨,劳动密集型加工业逐渐丧失比较效益和比较优势,经济结构产业升级的压力越来越大。从 80 年代中期开始,随着诸如创办台积电的张忠谋和曹兴诚等大批海归回流,台湾的支柱产业开始升级为半导体等高端产业,并在 80 年代末 90 年代初开始,中国台湾作为经济体超越日本,成为排在美国之后的半导体生产基地,产量曾一度占了全球芯片市场的 70%,台湾经济的主角开始从以出口加工业为主的代工业转向了以半导体、软件为主的上游产业。

而与此同时,世界的产业分工越来越细化,对代工业的需求越来越高。按照美国著名管理学者德鲁克所言"在 10 年至 15 年之内,任何企业中仅做后台支持而不创造营业额的工作都应该外包出去"。正是这一趋势下,台商在 80 年代之后成为为惠普、戴尔等国外大品牌提供外包的最好选择。

但是此时台湾的成本结构已经不适合做加工业。到 80 年代末,台湾基本工资已超过每月约 2500 元人民币,而大陆此时生产线的员工还只是每月不足 500 元,两者相差 5 倍;另一方面,大量的订单飞至,台商已在本土请不到足够的劳力;更为重要的是,八九十年代,台湾经济起飞,土地价格节节飙升。加之此时台湾的产业升级,客观上对本地的加工制造业产生了溢出效应。

谁是下一个承接产业转移的地区？

比照当时之深圳，至90年代初，沿深南路东西而行，从上海宾馆往西还是一大片农田、荒地。与此同时，深圳提供的"两免三减半"又放宽到"五免五减半"的政策，对台商有莫大的吸引力。

可以说，1979年，中国适时开放国门，正好踩在这个全球产业迁移的又一个节点上。由于文化和地缘上一脉相承的关系，台企登陆祖国大陆成为一种必然。

回过头去看，改革开放30年，台资制造业是投资大陆最彻底、扎根最深的一个群体。台商为大陆带来了什么，至今仍争论不止，莫衷一是。但是大陆对台商在全球产业链的崛起中起到了关键作用，这一点毋庸置疑。

此外，反观台商在大陆的迁移路线图，也大体能与中国经济发展相对应。从深圳到华南，到华东、环渤海湾，再到中西部，每一次大规模迁徙都踩在中国经济进程的鼓点上。可以说，很多台商初来大陆时还默默无闻，经过几十年的发展，已经成长为在全球有影响力的企业。

代表企业当数富士康。

1988年，台湾人郭台铭来到当时还是一片荒地的深圳龙华，站在一片空地上，振臂一呼说道"看得见的土地我全要了"。此时，这个充满野心的台湾人还只是一个在台湾地区拥有约1000名员工、生产PC零组件的"小公司"老板，生产规模及影响力远逊于当时的台湾宏碁、联电、台积电等IT公司。

1974年，全球第一次石油危机，24岁的郭台铭注册了一家"鸿海塑料企业有限公司"开始了创业之路，刚开始时，他只是承接外包订单，做一些塑料精密零组件的活。此后由石油危机引发的全球能源价格、原材料价格上升，由灵活、相对低成本承接全球PC产业链转移而兴起的台湾经济体成功挤入了全球IT业的产业链条中，同时也带动了周边产业的崛起。郭台铭捕捉到了这一轮机会，不断加大鸿海投资扩建模具厂，并依靠引进先进设备以及自己研发的工艺流程为突破点，升级成长为一家服务周边PC厂商的零组件核心供应商。

郭台铭在1988年顶着台湾当局不准台商到大陆投资的禁令，毅然移师深圳，体现了他对全球产业发展规律的精准预见力。1992年邓小平南方视察之前，大多数台资对大陆还持观望姿态，而作为第一批投资大陆的台商郭台铭，从登陆深圳之日始，即以一口气拿下1400亩地的气魄下定了豪赌大陆的决心。五年后，他又再以同样的

第三部分：PERIN 与 GIC 中的华为

魄力布局江苏昆山。

日后看来，深圳是郭台铭的一块福地。

1988年的果断迁徙恰好让鸿海踩准继台湾之后，新一轮全球产业迁移以及全球产业分工趋势到来的节点，使之成为第一批充分利用大陆丰富的土地和劳动力资源参与全球化竞争的台资企业，在此之后，"中国制造"的优势在郭台铭手中被演绎到了极致，也使他快速跃升入台湾一流企业家之列。

1988年鸿海移师大陆前资本额只有3250万新台币，当年，台积电已完成认股上市，前一年台联电也已挂牌，台湾本土鸿海还不为人所道；1990年，鸿海资本额快速上升至1.55亿新台币，自创品牌富士康，次年完成IPO；此后规模迅速膨胀，1995年资本额5.7亿新台币，1997年12.8亿新台币，2002年资本额超过45亿新台币，不仅一跃成为台湾地区第一大制造公司，也在当年以海外贸易额56.7亿美元的规模成为中国最大出口公司。

2002年，富士康的业绩表上显示：全球1/10的台式电脑，1/3的PC零部件都来自富士康。也就是这一年前后，鸿海超越了台积电、台湾"经营之神"王永庆创下的台湾最大企业"台塑石化"，成为台湾科技企业的NO.1。

此后，郭台铭成为美国《商业周刊》（*Businessweek*）的常客，并成为华人世界最令人瞩目的企业家，其大陆公司富士康每年保持着出口冠军的称号至今。

1988年开始到90年代中期之前，富士康在深圳和中国受到的关注还不像现在这么频繁。它在深圳注册的公司名除了富士康，还有鸿富锦、富弘精密、鸿准等，这些公司最早以电脑模具、零组件、电脑组装等为主业。应该说，富士康一来到深圳，干就是来料加工的活，但不同的是，随着代工规模的扩大，郭台铭开始摸索出一条代工业的管理模式，即CMM（Componet Moudel Movenment）生产模式，从上游零件到下游组装垂直整合的生产模式。

CMM模式的魔力在于，当时效率最高的台湾IT制造公司已经可以做到"953"，即95%的产品在3天出货，而鸿海已经可以做到"982"，即98%的产品出货在2天内完成，快得令人喘不过气来。同时，他还可以做到"赤字接单，黑字出货"，就是用低于竞争对手的价格接下订单（在竞争对手看来这个价格根本不可能赚钱），经由制造、营销等各环节的努力，尽其所能压缩成本，最后用充满竞争力的价格顺利交货给客户，同时自己还能获利。能做到这一点，也是拜大陆丰富而廉价的劳动力所赐。

进入21世纪之后，关于富士康这样的代工企业对深圳的意义和去留的争论开始变得热闹起来。有声音认为，富士康代表了没有任何附加值的初级简单制造业，但也有人认为，如果说华为代表了中国公司在高科技领域的技术突破的话，富士康则代表了经营模式上的创新。

哪种观点更准确暂且不去讨论。但是至少我们应该明确的是，富士康对深圳的贡献绝对不只是每年的出口额（最高峰时富士康的出口额约占到深圳1年的20%）而已。从他扎根深圳开始，CMM模式决定了，围绕着产品而生的产业链上下游必须尽可能在半径最短的范围内，才可能达到效率的最大化。

1988年以后，富士康的到来，在其周边逐渐形成了一个完整的配套链，很多专业的IT零组件供应商都选在了富士康周边建厂，这个配套链随着富士康的规模不断加大又不断地得到完善和扩充——这对深圳电子产品制造业的产业链条肯定产生过非常重要的影响。只不过，由于台商的低调，以及代工业做幕后英雄的特性，都不太为人所知。

2004年富士康成为全球第一大3C代工厂。2010年，富士康在郑州进行战略性投资，将iPhone代工厂从深圳迁往郑州（2018年员工人数达到25万）；富士康旗下的"工业互联网股份有限公司"于2018年6月在上交所上市。富士康集团2018年总营收超过1.1万亿元人民币，其中A股上市公司"工业互联"2018年实现营业总收入4153.78亿元，同比增加17.16%；实现净利润169.02亿元。

作为苹果、华为、思科、诺基亚等公司的主要代工厂，尤其苹果公司一直是富士康的最大客户，富士康产业链实际上代表着苹果产业的上游制造产业链。1.1万亿的总营收意味着超过1000亿美元的采购规模。

在2019年苹果公司公布的核心供应商名单中，29家中国大陆公司是：瑞声科技、伯恩光学、京东方、比亚迪、宏明双新、超声印制板、依顿电子、歌尔股份、捷邦实业、长电科技、利源精制、金龙机电、中石伟业、科森科技、蓝思科技、立讯精密、美盈森、凯成科技、山东创新、上海实业控股、德赛电池、深圳富诚达、欧菲光、信维通信、裕同包装、欣旺达、安洁科技、东山精密、正和集团；10家中国香港公司是：国泰达鸣、中南创发、创隆实业、易力声、联丰、领益、金桥铝型材、东江集团、通达集团、盈利时。

其中位于珠三角的中国大陆和香港企业或工厂包括：1.比亚迪（总部深圳，股票代码002594.SZ），电池等。2.日资旭硝子公司，手机玻璃屏幕制造商（深圳工厂），手机玻璃屏幕；3.雅特生科技（Artesyn Embedded Technologies Inc.）；4.欧菲光（总部深圳，股票代码002456.SZ），触摸屏、相机模块和指纹模块；5. 信维通信（总部深圳，股票代码300136.SZ），WIFI天线、射频屏蔽件及其他各类精密零部件；6. 捷邦实业（总部在东莞），电子产品辅助性结构件；7. 瑞声科技（深圳工厂，股票代码02018.HK），扬声器；8. 伯恩光学（总部惠州+深圳工厂），手机镜片；9. 中南创发（总部香港+深圳工厂）；10. 康舒科技（Acbel Polytech Inc. 东莞），电源供应器；11. 奇鋐科技（深圳工厂），散热组件；12. 创隆实业（深圳工厂）；13. 香港华彩印刷，包装材料（深圳工厂）；14. 香港英诚实业（总部香港），精密模具和注塑成型精密零件；15. 东江集团控股（总部香港，深圳工厂，股票代码02283.HK），设计及制作注塑模具；16. 通达集团（总部香港，深圳工厂，股票代码00698.HK），防水零部件供应商；17. 德赛电池（总部深圳，惠州工厂，股票代码000049.SZ），电池供应商；18. 依顿电子（总部中山，股票代码603328.SH），印刷线路板；19. 歌尔股份（深圳工厂，股票代码002241.SZ），声学；20. 蓝思科技（深圳工厂，股票代码300433.SZ），触屏玻璃面板；21. 立讯精密（总部深圳，股票代码002475.SZ），连接器；22. 美盈森（总部深圳，股票代码002303.SZ），纸包装；23. 凯成科技（总部深圳），金属薄膜开关；24. 富诚达（总部深圳），精密金属结构件；25. 裕同包装（总部深圳），包装；26. 欣旺达（总部深圳，股票代码300207.SZ），锂离子电池。

事实上，富士康在2004年生产重心迁往郑州之前，已在深圳、东莞培植了一个规模巨大的零部件产业链，许多企业在富士康产业链上发展壮大起来。这个产业链也支撑了华为、中兴、步步高等几个终端企业的崛起，包括小米等国内产业链上的其他龙头企业都依赖于富士康建立的这个产业链。

据台湾元大证券顾问公司（Yuanta）的计算，苹果每年售出的2.1亿部iPhone里，有70%都是富士康代工的。另外30%由富士康的竞争对手和硕以及纬创生产。此前富士康的iPhone生产线主要在深圳。但是因为2010年的员工连续自杀事件，苹果把iPhone生产线搬到了郑州。富士康在郑州的工厂有90条生产线，35万名工人，每天可以生产出50万台iPhone。

富士康的苹果生产基地在深圳的日子里，迅速在深圳和东莞培养起来一个庞大的供应链体系，一些零部件生产商迅速崛起为细分行业的巨头。

一个典型的案例是立讯精密。

1988年，21岁的潮汕姑娘王来春进入当时只有100多名员工的深圳富士康海洋厂打工。王来春在富士康一干就是11年，从一个流水线上的女工变成一个课长。这是大陆人在富士康这个台资企业里所能达到的最高职位了。1999年，王来春与哥哥王来胜出资购买了香港立讯公司，研发、生产、销售各种电子连接线、连接器，转手卖给富士康。2004年，王来春回到深圳设立深圳立讯精密，老东家富士康给了王来春每年超过10亿元的订单，那个时候立讯精密50%的核心用户的营业收入都是富士康给的。而王来春也没有让郭台铭失望，公司的发展布局都是紧随着富士康来制定。

富士康培养起来的智能手机产业链，形成一个巨大的零部件供应商体系，某种意义上，华为后来能够顺利地介入智能终端领域，并迅速崛起为全球终端巨头之一，显然受益于这个产业链。

从2019年5月华为官方公布的92家核心供应商榜单可以发现，来自美国的供应商有33家，而华为的这些美国核心零部件供应商可以将销售缺口轻易地转到华为的其他竞争对手身上，如爱立信、诺基亚和其他手机厂商，况且这些公司对华为的销售敞口大部分都不到5%。分别来自高盛和瑞信的两份报告披露了2018年第三季度对华为营业收入排名前32的来自中国大陆的供应商，总计该季度有313亿元的营业收入来自华为，其中24家厂商对华为的营收敞口占比超过10%，占比超过20%的有10家。在组成上，这32家大陆厂商中有60%是深圳企业，核心供应商占32家厂商的44%。而所有92家上榜核心供应商中是深圳本地企业，或者在深圳有厂或分公司的占到61%。近两年，深圳本地有一批企业，虽然不在华为核心供应商名单中，但对华为的依赖度持续增加，或者是曾经不做华为订单的现在开始做华为订单，如领益、领胜；或者是专做华为订单，对其营收依赖度达到100%。

在富士康将苹果的主力工厂迁到郑州后，华为获得了在深圳乃至珠三角ICT产业链的顶端或控制性的关键位置，尽管这些零部件生产企业中有许多仍然将富士康作为它们的主要客户之一。

华为目前的三大核心业务分别是"消费者业务""运营商业务""企业服务业务"，而未来华为的发展方向也是三大块：大消费（更广泛的终端产业）、云、AIoT产业。对ICT产业链来说，华为的消费者业务和运营商业务都是制造和服务链的顶端位置，上下游产业链都依赖它而生存。一方面，没有华为这个大客户他们就将损失巨大的业务来源，甚至可以说没有华为就没有它们；另一方面，倘若华为调整其生产布局，整个产业链的配套企业也只能跟着调整空间布局。所以对整个产业链来说，华为的角色是控制者，"牵一发而动全身"。

比如，华为虽然将相当大一部分员工从深圳转移到了东莞，但是有更多的中小型信息技术公司和后台服务公司，不是华为上游的核心供应商，却依赖华为和中兴两家公司。以 2017 年 IPO 的赛意信息为例，连续三年营收对华为的依赖度超过 60%。

在华为和富士康的带动下，2000 年前后，深莞惠地区终于成为全国和全球著名的 IT 制造基地。

2017 年全国电子信息产业总产值 15.4 万亿元（其中包括电子信息制造的 11.1 万亿元，软件和信息服务的 4.3 万亿元）。其中，深圳市 2017 年电子信息产业总产值超过 1.9 万亿元，东莞市约 6000 亿元，惠州市约 4000 亿元，三市合计约为 2.9 万亿元（超过 4000 亿美元），逾占全省的 80%，逾占全国的 18%，工信部认为珠三角是中国最大的电子信息产业基地。

而在中国电子信息企业 100 强中，有 22 家位于深莞惠地区，其中华为、比亚迪、TCL、中兴通讯等 4 家深莞惠公司名列前 10。

深莞惠高新技术产业的主体是 ICT 产业链。除深圳市外，东莞市形成了以松山湖为主的华为终端产业集群效应，再加上长安镇步步高系 OPPO、vivo 等企业所带动的智能手机业务，东莞当前已经成为全球手机之都，全球每 5 部手机，就有 1 部是东莞制造。惠州方面，除了以三星电子产业链为基础的 ICT 产业集群，还拥有全球最大的模组和整机一体化智能制造基地，目前惠州形成了移动通信、平板显示、汽车电子、LED 和新能源电池五大产业链。

在深莞惠地区既有像华为、中兴这样的全球性科技巨头，也有比亚迪、TCL、步步高、腾讯等这样较具规模且国际化经营的细分行业龙头，也有大疆等崭露头角的新锐创新型公司。但只有那些立于产业链顶端、带动一个庞大的产业链的公司，才能被称作"龙头企业"。华为、腾讯、富士康（苹果）、中兴、TCL、步步高系、比亚迪等七大集团（也许还要加上之前的三星电子和主要生产 PC 电脑的联想集团），可以说是构成深莞惠地区 IT 产业链的核心龙头企业，它们各自都带动一个产业链，并且不同母系产业链之间互相纠缠，共同构成珠江东岸的 ICT 产业链网。

3. 短板

当然这个产业链网是整个中国 ICT 产业链网的重要组成部分。即便是苹果、华为、中兴、步步高系、小米这些龙头企业，它们的供应链网络也绝不仅仅限于珠三角的零部件生产企业，而是由全球供应，核心零部件如芯片，主要采购自美国和欧洲的芯片厂商，以及台资的台积电、联电等芯片代工大厂，这些芯片厂商虽然大都在中国大陆设厂，但最新的技术跟设备并未放在中国。

中国的芯片厂商也在奋起直追，但这些芯片生产企业主要集中在长三角地区，外资和台资的芯片大厂也主要布局在长三角地区，以及零星分布在合肥、武汉、成都、西安等地。

在整个中国的 ICT 产业链中，珠三角最具优势的是终端龙头企业的集聚，全国主要的终端龙头企业，除小米、联想在北京外（其生产基地也主要在珠三角），其余大都在珠三角，长三角几乎没有任何 ICT 终端龙头企业。但长三角却拥有中国最为齐全的半导体生产集群，以及液晶面板生产集群，这恰恰是珠三角的最大短板。

为什么会形成这样的格局？

这里面有一个重要的原因，即在改革开放之前，中国发展微电子行业的布局主要在北京和以上海为中心的长三角地区。在"909 工程"之前由国家投资的七家芯片工厂，分别就有无锡的华晶，杭州的华越、士兰，上海的贝岭、先进等。虽然与全球微电子领域的领先技术有很大的差距，但也积累了产业经验和技术人才。所以当台资和日美等芯片行业在中国大陆设厂时，他们优先考虑的一般都会是北京和上海周边的长三角地区，以利用当地的产业经验和技术人才。当时总投资 12 亿美元的"909 工程"上海华虹（与日本 NEC 合作）项目，也是选择在浦东建厂。

在国家原来的规划里，用意十分明显地将长江三角洲培育成为中国的半导体产业基地，当时上海市也雄心勃勃地宣布将在浦东张江园区规划建设面积达 11 平方千米的上海微电子产业基地，计划在"十五"期间引进 100 亿美元的产业投资，形成 10 条以上的芯片生产线，而当时的北京市则宣称北京将努力把北方微电子产业基地建成具有世界先进水平、国内一流水平的微电子生产基地。上海市宣称"上海在'十五'末芯片制造销售额将达到 80 亿美元，占国内的八成份额"，而北京市则宣称要占领国内半导体产业的半壁江山。

以深圳为代表的珠江东岸地区也不是没有过机会，但深圳至少错失过三次重要的机会。

第一次就是赛格集团与意法半导体的合作。

1990 年 4 月，国务委员宋健到广东考察，提出在沿海地区开发超大规模集成电路的设想，深圳市政府牵头成立深圳发展超大规模集成电路项目组，并成立了"超大办"专责此事。当时由于芯片前工序项目受到西方"巴统协定"的限制①，遂在报请国家计委同意的前提下，拟把前工序项目放在香港，改为"深港超大规模集成电路项目"，并购买了香港大浦工业区的一块土地。此项目合资对象选择了意法半导体，于 1993 年达成合资协议，双方总投资 4 亿美元，各占 50% 股份。意法半导体同意向合资公司转让三代亚微米及跨越 6 英寸及 8 英寸的芯片制造技术——这在当时是最先进的芯片技术。

最终赛格集团董事长王殿甫和深圳市委书记李灏均认为超大项目前工序投资大、风险大、见效慢，决定先搞超大项目的后工序（封装测试）生产线，这就是赛意法微电子项目，1997 年建成投产，成为当时中国最大的封装测试工厂。

倘若深圳市当时决定投资 8 英寸芯片前工序工厂的话，将会是中国第一条 8 英寸芯片前工序生产线，比"909"工程的上海华虹与 NEC 合资（其内容是建设一条 8 英寸、0.5 微米技术起步、月加工 2 万片的超大规模集成电路生产线）项目还要早 5 年。

第二次则是 2000 年前后，台资芯片大厂投资大陆的热潮中，深圳本来也很重视吸收台资芯片大厂来深投资，但最终却颗粒无收。

2000 年 12 月 20 日，上海市政府首次将外界猜测已久的宏力半导体投资案以及中芯国际投资案公之于众，表明上海市在国内新一轮的芯片产业竞争中占得先机。就在同一天，北京市在西山八大处举行了中国北方微电子产业基地的揭牌仪式，并在同一时间宣布"华夏半导体"和"讯创"两家芯片工厂动工的消息。

在京沪两地都纷纷宣布自己的微电子产业发展计划时，深圳一直没能敲定一个振奋人心的大项目，这事让深圳市政府倍感焦急，当时深圳市市长和副市长都曾对媒体透露过"深圳在超大规模集成电路制造领域已落在京沪后边"的口风，并表示要奋起直追。于幼军就公开宣称，"广东和深圳是中国 IT 产业的中心地区，占全国 IT 产业生产和消费能力的三分之一，然而广东和深圳在 IC 的前工序生产方面几乎为零，这与该地区已形成的 IT 生产加工能力极不相符"。

2000 年 12 月 1 日上午，于幼军主持召开会议，研究超大规模集成电路项目引进情况的汇报。会议决定，为了更好地把握项目引进谈判工作的政策和口径，市政府决定成立"深圳市超大规模集成电路项目引进谈判小组"，刘应力秘书长任组长，计划局陈彪任副组长，规划国土局李加林、科技局李连和、外资局叶民辉和经发局

---

① 巴黎统筹委员会，是对社会主义国家实行禁运和贸易限制的国际组织。正式名称为输出管制统筹委员会。1944 年 3 月 31 日正式宣布解散。

的一位负责同志参加。谈判小组一是要摸清引进项目的技术情况、生产线的价格和产品市场情况;二是要尽快落实包括深业集团在内的8—10家有投资超大项目意向,以及具有一定实力的公司,以便于对引进的项目进行投资组合;三是就项目贷款问题与银行进行协商,请他们给予支持,或引进风险投资基金,对引进项目的中方投入部分,可由市财政给予贷款贴息,原则上市政府不直接投资。

会议同意将台湾鑫茂和茂矽公司作为项目谈判重点,但其他拟引进的项目也不能放松。尽快制定扶持政策,明确地价、水电费和税收等方面的优惠措施;将光明农场南片区和龙岗大工业区两处作为项目的预选地址,首选光明南片区。

2000年12月15日下午,于幼军就深圳市制定扶持集成电路制造业发展的政策措施、集成电路产业园区选址等有关问题进行了研究。会议对市计划局牵头草拟的《关于加快发展深圳市集成电路制造业的若干规定》进行了讨论,听取了信息产业部电子第十一设计研究院关于深圳市集成电路产业园区选址问题的报告,认为三个备选方案中,光明南片区最具优势,宝龙工业区作为备选方案,龙岗大工业区地段由于种种原因,暂不作为备选用地。

此次会议还讨论了谈判项目中中方投资的问题,授权谈判小组可参照北京市政府对引进项目按投资额15%的比例跟进资金的做法。

做了这些工作之后,在12月底的全市经济工作会议上,于幼军近乎肯定地表示,"深圳将会在2001年内上马一个大规模集成电路制造项目"。2001年3月,深圳市终于急不可待地推出了超大规模集成电路产业发展计划,打算用10年时间将深圳建设成为"中国集成电路制造业的主要基地之一"。

于幼军显然是深圳上马超大规模集成电路项目的热情推动者。有人指出,宣传文化口出身的于幼军,对产业并不熟悉,但对深圳IT产业的状况和国内竞争局面认识尚算清晰,在京沪两地抢占制高点的竞争态势下,他十分迫切希望深圳能够有所作为。

直到2008年,深圳才终于有了自己的第一条8英寸前工序生产线。

2008年1月29日,中芯国际正式宣布将在深圳设立南方总部,并建设集成电路技术开发中心和两条集成电路芯片生产线。该项目一期工程投资15.8亿美元,将建设包括集成电路技术研究开发中心和1条8英寸、1条12英寸芯片生产线在内的集成电路前工序研发生产基地。2008年6月21日上午,中芯国际深圳8英寸、12英寸集成电路制造项目在深圳大工业区举行隆重奠基仪式,标志着该项目在经过半年前期筹备后进入实质性实施阶段。根据计划,该项目将于13个月内完成土建,18个月内正式投产，建成后将弥补深圳集成电路产业链的缺失环节，一举填补华南地区没有 8 英寸以上集成电路生产线的空白。

但是由于当时中芯国际连年亏损，资金链陷入巨大困难，这个项目也可以说进展并不顺利。虽然在 2009 年 11 月，深圳媒体发布了"中芯国际集成电路芯片生产线项目 12 英寸厂房在深圳坪山新区顺利封顶"的消息，而另一条"8 英寸生产线目前正在进行净化间的安装，将于明年开始生产设备装机工作，12 英寸生产线建成后将引进 IBM 先进的 45 纳米工艺技术"。但事隔一年之后，2010 年 11 月 3 日，中芯国际总裁王宁国表示，"今年 10 月，公司已经正式停止成都和深圳的代管业务；未来，公司除了协助武汉新芯集成电路制造有限公司半导体 12 英寸厂的营运外，更要积极扩大北京 12 英寸厂产能"。

原来在中芯国际与台积电的国际官司，导致张汝京从中芯国际离职后，中芯进入了"王宁国时代"，王宁国全面收缩战线，致力于原有生产线的减亏盈利。深圳坪山新区的这家工厂，在中芯国际的内部序列中，被定义为"代管业务"：通过当地政府投资建立工厂，中芯国际予以代管，向其输送技术和人才，并收取费用，同时获得优先回购的承诺。也就是说，中芯并没有在深圳投入真金白银，在收缩战线时，自然就"优先"收缩坪山项目。

"留仙洞计划"的失败，或者说深圳在超大规模集成电路制造前工序项目的挫折，足以引起政府内部的一个深度讨论：在发展战略性支柱产业时，政府究竟应该扮演什么角色？

当时国内城市皆欲疯抢 IC 项目，形成激烈竞争。台资大厂对长三角有偏好，较多在上海、苏州建厂也容易理解，京津地区并不是 IC 制造业的理想选地（其中一个重要原因是 IC 前工序是高耗水产业，京津却是严重缺水城市），北京只是以首都地位和科技中心实力，勉强出手，也不在话下，但是以深圳为中心的珠三角却非全无机会（最近几年韩资和台资 IC 工厂又在珠三角投资好几个项目，即为证明），却为什么颗粒无收？

深圳有条件发展 IC 产业，就算竞争不过上海、苏州，但也不应该颗粒无收。其中最关键的是当时苏州等地提供的竞争条件，是当时的深圳市政府所做不到的。

这关键条件既不是电价、水价，也不是土地免费。虽然深圳的电价、水价一直是全国最高的，当时较长三角地区贵 50% 以上，而 IC 制造业又是高耗能、高耗水产业，但深圳也能承诺以最优惠的电价、水价供应给 IC 产业；土地租金的补贴虽然长三角更狠一些，但深圳的财力并不弱于苏州，因此也不是大问题。

深圳主要输在了两点：

一是当时台湾限制IC巨头们8代以上生产线西进大陆，IC巨头们的资金较难从台湾转到大陆，即使转到大陆也必须绕很多弯，需要较长时间周期，因而往往要求投资地的地方政府垫资建厂。而深圳市政府绝对不肯垫资，最多答应向银行出具信任函（非担保，不具法律效力）。

事实上最有可能在深圳投资建厂的联电，据说其条件已降低到由深圳市政府垫资建设工厂的配套设施，但深圳市政府仍不能答应此一条件。

二是在地方政府的权限范围内，苏州和苏南地区最常用的招商引资政策，就是把投资按前几年所产生税收的地方收益部分，以地方政府奖励的方式返还。这一优惠政策在2001年前后几乎已在苏南地区普及，然而在珠三角地区，却没有城市敢于如此，至少深圳不愿意。

第三次机会也许应算是富士康的产业升级计划和华为海思半导体崛起。

2010年，就在富士康大举北迁、郑州厂房奠基开建的消息密集见诸报端之时，当年8月5日下午，深圳市委书记王荣、市长许勤前往富士康科技集团调研。郭台铭非常难得地向深圳地方主官表了决心："自己很有信心在深圳投资，只要深圳需要，富士康任一项高新技术都可以放到深圳。"

郭台铭为准备这次调研和座谈花了很大心思：斥资把企业在全国乃至全球的高新技术及产品集中到了深圳，专门布置了一个高新科技自主创新技术展，供深圳决策层参观、筛选——从手机LV自动化弹性组装线到超精密设备及刀具技术，以及云联云城市智能化解决方案、未来电动车关键技术等，展览产品和技术涉及太阳能、纳米、新能源、软件、网络、电子、精密机械等众多方面。郭台铭实际上是在向深圳市展示富士康未来的产业转型升级方向。

相应的，郭台铭希望政府在知识产权保护、人才住房、厂区周边环境治理、基础设施完善、旧城改造等方面进一步加大工作力度。

然而深圳方面对郭台铭的回应则是市长在座谈会上的表态："富士康在大陆的发展最早从深圳开始，已成长为拥有核心技术和核心竞争力的全球知名高科技企业，如今在深圳的发展已具备了升级的基础和条件。""希望富士康把管理总部、运营总部、研发总部、财务总部放在深圳，在深圳的发展按总部经济的形态来做大做强。"

据说在当年5月底举行的珠三角贯彻落实《珠江三角洲地区改革发展规划纲要》

工作会议上，广东省某官员曾直言，富士康要把低端产业链转移到外国或其他地区，把在深圳的规模由40多万人降到10多万人，从而为深圳和广东的产业升级腾出发展空间。这也许是许勤表态只"希望富士康把管理总部、运营总部、研发总部、财务总部放在深圳"的原因。深圳市政府内部有一种声音嫌富士康占地太多、员工规模太大而向地方纳税太少；而郭台铭曾明确表态，地方政府不要只看到纳税多少，而应该认识到富士康为培养、维系产业链所做的贡献。然而深圳方面显然没有认识到这一点的重要性。

于是我们看到的结果是这样：2017年，富士康在广州增城投资610亿元建设10.5代8K超高清液晶面板工厂，2019年初该项目宣布动工；2018年底，鸿海集团宣布将斥资600亿元在珠海设立半导体工厂。珠海市政府2019年6月上旬在其网站上宣布，富士康将在芯片和半导体设备设计领域与其合作。珠海市政府在一份声明中称，希望富士康能抓住珠海发展的新机遇，推动更多项目落户珠海。知情人士表示，作为合作伙伴关系的一部分，富士康和珠海市政府计划联合建造一座半导体工厂。鸿海董事候选人暨S次集团总经理刘扬伟指出"鸿海绝对不会做晶圆厂"，集团半导体布局会朝向IC设计、制程设计发展。

这两项投资不是深圳所想要的吗？为什么当富士康有这样的项目时，深圳反而就既没有地也没有支持资金了？

说回到华为海思。

深圳的IC产业过去20年里一直呈现出不均衡发展的局面，IC制造业很弱，而IC设计产业则是国内最强，而强就强在有一个华为海思。

据国家集成电路设计深圳产业化基地副主任赵秋奇介绍，2018年深圳IC制造业销售额预计只有18.9亿元，还不到IC设计产业销售额的零头。同样地，深圳市的IC封测业规模也不大，2018年的销售额预计只有74.8亿元。

从深圳的IC制造企业来看，目前只有深圳深爱半导体、方正微电子和中芯国际集成电路制造（深圳）有限公司三家。其中，最大的是中芯国际深圳，虽然其2017年的销售额只有8.5亿元，但是已经占了2017年整个深圳IC制造业销售额（16.1亿元）的一半以上。虽然，中芯国际深圳2016年宣布新建一条12英寸生产线，但是目前的工艺还是比较落后。

另外，深圳的IC封测企业数量虽然较IC制造企业多上不少，但是主要都是一些中低端的封装企业。而在聚焦先进封测领域的企业，目前主要聚集在台湾以及苏州、无锡等地。

但 IC 设计产业多年来深圳一直居全国第一位。2018 年深圳市 IC 设计业销售额为 758.7 亿元，增速达到 32.42%。同时，深圳 IC 设计业销售额在全国城市中排名第一，占全国比重的 29.44%。也是唯一一个超过 100 亿美元销售额的城市。

这里面海思厥功至伟。

在"2017 年国内十大集成电路设计企业"的榜单里面可以看到，2017 年有四家深圳 IC 设计企业步入中国十大 IC 设计公司，分别为排名第一的海思半导体（362.6 亿元）、排名第三的中兴微电子（66.1 亿元）、排名第六的汇顶科技（36.8 亿元）、排名第九的敦泰科技（23.7 亿元）。海思半导体几乎占了深圳 IC 设计产业的半壁江山。

在中美贸易摩擦美国封杀本国产品向华为供货之际，所谓华为"备胎"海思半导体浮出水面，为全国所认知。但是人们不知道的是，海思半导体已悄悄将自己的主体部分搬迁到了上海。

2019 年 1 月，上海市房地产交易中心的一则公告引起了 IC 业界的关注，华为公司以 10.2 亿元的价格摘得上海青浦区一块 94.7 万平方米的用地。据有关报道称，华为在这里总投资近 100 亿元，决心打造成全中国乃至全世界范围内具有领先地位的研发中心；一期占地面积为 94.7 万平方米，办公区总占地面积达 4000 亩，是华为松山湖本部的 2 倍，可容纳办公人数达 1.5 万人，这将约占华为全球员工的 8.3%。华为海思半导体研发设计总部、物联网总部、无线网总部搬入，青浦淀山湖将布局以研发移动终端（华为手机）等为重点的全球科创中心。

这意味着深圳将痛失海思半导体，国内 IC 设计产业第一的地位也必将同时失去。

一次次地失去机会，深圳集成电路产业何去何从？深圳和珠江东岸 ICT 产业链缺芯少屏的困境还会持续下去吗？

深圳市政府也不能说不重视集成电路产业，也不能说没有努力。但从效果来说，似乎政府的角色没有在液晶面板行业发挥得那样成功。深莞惠地区端赖 TCL 的成功转型，补足了珠江东岸这个短板。

TCL 是成长于惠州的著名家电和 IT 集团企业，20 世纪 90 年代以生产电话机起家，后收购深圳蛇口的香港陆氏进入黑色家电产业，之后涉入白电产业。

TCL 集团 2017 年的销售额为 1117 亿元人民币，其中智能终端业务贡献了 612 亿元。2018 年 TCL 集团的销售额为 1134 亿元。2018 年底，TCL 集团宣布以 47.6 亿元的总价出售智能终端业务给新组建的 TCL 实业公司，公司调整为聚焦半导体显示及配套材料的产业。

第三部分：PERIN 与 GIC 中的华为

目前，TCL 的半导体显示业务（2017 年的销售额为 505 亿元）主要包括深圳华星光电（2017 年销售额 304 亿元）、华显光电、华睿光电、广东聚华 4 个子公司。

华星光电拥有深圳的 t1（投资 245 亿元）、t2（投资 244 亿元）两座 8.5 代线 TFT-LCD 工厂，以及已经投产的 G11 项目（t6），是全球规格最高的 11 代线工厂，和正在建设的另一条 11 代线（t7 项目，总投资 427 亿元）。此外在武汉已建成 6 代线 LTPS（低温多晶硅）、t3 工厂（投资 160 亿元），并投资 350 多亿元在武汉建设 6 代线柔性 AMOLED 的 t4 工厂。

华显光电主要生产手持终端使用的中小尺寸 LCD 模组，2018 年销售额为 52.8 亿元。华睿光电 2014 年在广州设厂，主要生产 OLED 发光材料，将于 2019 年达到量产。广东聚华与华睿光电同步在广州设立，主要做研发和设计。

TCL 从一个通信和家电厂商转型为面板厂商，是从华星光电开始。2018 年 11 月 14 日，华星光电投资 465 亿元的第 11 代 TFT-LCD 及 AMOLED 新型显示器件生产线建设项目（t6 项目）正式投产；另外，投资 427 亿元的第 11 代超高清新型显示器件生产线项目（t7 项目）也正式开工建设。从 2009 年开始到 2018 年为止，华星光电已建成和在建的产线有 6 条，累计在面板上的总投资达到了 1891 亿元。

华星光电在面板上的运营风格十分稳健，除了在建线时，全部采用最成熟的技术与设备，其生产的产品也尽可能地标准化。在前期三星还持有其股份时，借助三星的技术与市场，华星光电迅速完成了自己的技术与产能积累，并成长为全球举足轻重的面板厂商之一。预计华星光电这两条产线投产后，华星光电的面板产能将直追 LGD 和京东方，位列全球第三。华星光电从产品线和投资时间线上，都踩准了市场的节奏，以最小的成本取得了较好的收益，成了面板界投资成功的少数典范之一。

在华星光电的发展过程中，深圳市政府可以说发挥了关键作用。

首先是用地支持。在产业用地十分紧张、寸土寸金的深圳，给了华星光电超过 200 万平方米的产业用地。

其次是各种资金支持和优惠政策。一种是通过市属国企战略投资入股的方式资金加持，在华星光电一期项目运作成熟后退出，另一种是通过市属的产业投资基金投入。

2009 年 11 月，TCL 集团与深超公司在深圳合作投资建设第 8.5 代薄膜晶体管液晶显示器件（TFT-LCD）生产线项目，项目总投资额 245 亿元，其中建设资金 220 亿元，流动资金 25 亿元。TCL 集团与深超公司各持股 50%。此后，深超公司将华星光电 15% 的股权转让给三星电子株式会社，5% 的股份转让给 TCL 集团，形成

TCL 集团持有 55%、深超投持有 30%、三星电子株式会社持有 15% 的股权架构；2013 年，深超公司通过挂牌，向 TCL 集团转让了华星光电的 30% 股权，交易价格为 318153.424658 万元，至此，深超公司彻底退出了华星光电公司的股东阵容。

事实上，深超公司主要代表深圳市政府，作为扶持集成电路及新型平板显示器件产业发展的运作载体。鉴于该项目投资额巨大，技术难度高，还具有较强的生产经营周期波动性，特别是作为新建项目，前期的折旧成本将明显高于已经运行多年的国外同类企业。为了鼓励企业参与投资和建设高世代液晶面板生产线，深圳市政府在项目确定的同时出台了配套的优惠和支持政策，其中委托贷款豁免是最重要的支持承诺之一。

根据深圳市政府项目优惠政策及 TCL 集团与深超公司签署的《关于共同投资建设第 8.5 代液晶面板生产线项目的合作协议》，深超公司为华星光电项目建设提供不超过 54.1 亿元人民币的委托贷款。在项目二期量产后连续 3 个月达到月投入玻璃基板 9 万片时，经专业机构对实际产能进行评估后，由深超公司报深圳市人民政府批准，对该笔委托贷款形成的债务予以豁免。有媒体统计，2010 年至今，TCL 集团因华星光电项目，从广东省和深圳市政府获得的补贴、奖励及豁免债务达 66.03 亿元，其中包括广东省经信委、广东省财政厅于 2010 年给予的 10 亿元财政补助资金和深圳市豁免的 50.01 亿元债务。

据 2018 年媒体的报道，深圳市属国资国企实施基金群战略，其主导或参与设立的各类基金约 210 支，总规模已超 4200 亿元。其中，重大产业发展基金已完成投资华星光电 G11 项目 80 亿元，促进液晶面板产业升级。

华星光电除了在深圳光明区的主力工厂外，也在惠州仲恺高新区投资 96 亿元建设高世代模组整机一体化项目。也许部分由于 TCL 集团在深圳、惠州两地布局，使得惠州被拉进了深莞惠的 ICT 产业链网之中。当然惠州德赛电池也在这个产业链中。

4. 升级

回首过去 30 年深莞惠三个城市的产业发展过程，除了惠州市的石化产业独立发展之外，其余产业的演变，东莞和惠州两个城市都深刻地受到了香港和深圳两个城市产业转型升级的带动和影响。如果我们把港深莞惠等四个珠江东岸城市视作一个经济共同体的话，可以看到，香港一直是这个区域经济发展的主动轮，深圳在1997年之前受香港产业转型升级的巨大影响，其制造业、物流业与贸易行业都是在香港带动之下发展起来，是一个"从动轮"的角色，但1997年之后，深圳独立于香港发展出了高新技术产业，金融业也具有相对于香港的独立性（近年又表现出与香港合作发展的趋势），因此深圳已成为珠江东岸经济和产业共同体中的"主动轮"角色；而东莞和惠州则几乎是亦步亦趋地跟随着香港与深圳的产业转型步伐，作为前两者产业溢出的承受者，不断调整着自己的产业结构。当然东莞和惠州产业转型的一个内在动力是生产成本和生活成本的抬升，而这个成本抬升很大程度上是由于房地产价格的上涨，来自香港和深圳的房地产投资者，也是这种上涨的主要推手。

我们来看看东莞的产业转型升级过程。

20世纪80年代末90年代初，东莞承接了从深圳转移过来的香港消费品制造业，迅速开展其工业化进程。90年代中后期，台湾的轻工制造业沿袭香港产业转移路径，叠加重点投资东莞，使得东莞成为与江苏昆山并列的全国最著名的两大台资企业集聚地之一。

来自台湾的产业投资最初主要是消费品制造业，但随着90年代中后期PC（个人电脑）市场的迅速升温，集聚在东莞的台湾投资逐渐变成了以PC制造产业链为主。如果站在1999—2000年这个时间节点来观察的话，当时的东莞、惠州（联想电脑当时华南的研发和销售在深圳，主力工厂在惠阳）和深圳本土及外资的IT制造（除了本土的联想、长城电脑等之外，还有富士康代工的苹果电脑与戴尔、索尼等外资在深圳的生产工厂等，以及开发科技、深南电路等诸多电脑零部件生产商）共同构成了全球最大的IT制造基地，所谓"世界工厂"的全球声誉，正是在此时形成。如果东莞到深圳的公路塞车，全球的IT市场都会受到影响。

在制造业大繁荣的带动下，东莞的生活服务业迅猛地发展起来，诞生了诸多餐饮及零售服务的著名品牌连锁企业，最典型的如台资的名典咖啡和莞资的真功夫快餐，以及如今已拥有1.5万家门店的美宜佳连锁便利店。当然更为著名的就是遍及东莞33个镇街的高星级酒店，其中五星级酒店就将近40家。

2008年的全球金融危机沉重打击了东莞的制造业，在这期间东莞进入了相对萧条的一段时间。

这时，深圳再一次拯救了东莞。

自 2008 年富士康成为苹果智能手机的主要代工厂，富士康在龙华和观澜的生产基地最多时达到 45 万员工，而且迅速在原深圳关外地区形成一个庞大的供应商生产网络。之后华为、中兴、小米等加入进来，使得这个手机产业链迅速膨胀成全球最大的智能手机生产中心。

另外，自 2009 年深圳颁布了《深圳市城市更新办法》，推动城市更新成为主要的土地整备来源，以及 2010 年开始推动关内外一体化，叠加上环保风暴，还有 2008 年和 2015 年深圳的两次房地产价格暴涨，导致深圳营商成本急剧抬升，打击到深圳的 ICT 产业链，使其被迫迁出深圳，而东莞的松山湖科技园区和各个邻深镇街则成为主要的承接地和最大受益者。这一波迁徙潮的高潮是 2018 年 7 月华为的南方研发中心整体迁往华为的松山湖基地。

东莞经济再次繁荣，并紧紧地捆绑到了深莞惠 ICT 产业链上。2018 年东莞全市生产总值突破 8000 亿元大关，达到 8278.59 亿元，同比增长 7.4%，增长速度比全国、全省快。进出口总额突破 1.3 万亿元，全国排名第 5。规模以上工业企业突破 1 万家，排名全省第 1。市场主体突破 115 万户，全省地级市排名第 1。各项税收总额突破 2300 亿元，全省排名第 3。一般公共预算收入 650 亿元，全省排名第 4。

松山湖科技产业园区成为东莞经济增长的龙头，也成为全国瞩目的焦点。

东莞松山湖科技产业园区是 2001 年 11 月经广东省人民政府批准设立的高新技术产业开发区，位于大朗、大岭山、寮步三镇之间，地处东莞市的几何中心，面积 72 平方千米。坐拥 8 平方千米的淡水湖和 14 平方千米的生态绿地。松山湖园区按照功能布局，从北向南依次划分为北部区、中部区、台湾高科技园和南部区四大片区：北部区是高科技产业、研发平台聚集区；中部区是教育、研发、生物技术、新能源新材料、IC 设计产业聚集及高新技术创业区；台湾高科技园是台湾高端产业项目主题园区；南部区是研发总部、金融服务、文化创意、生物技术产业区。

2010 年之前，松山湖的发展并不令人兴奋。

2015 年之后，来自深圳的高科技公司迅速填满了松山湖。

华为产业链上的许多企业都已经迁往松山湖或正在迁往松山湖及附近地区的路上，这包括欧菲科技、蓝思科技[在松山湖高新区收购了倒闭的台资联胜科技的产业园，总投资 50 亿元建设蓝思科技（东莞）有限公司，投资 45 亿在塘厦建设新厂区]。

继华为之后，另一家世界 500 强企业深圳中集集团宣布将投资 60 亿元在松山湖打造"中集智谷"项目，项目占地 530 亩。项目首期将引进中集集装箱板块总部、中集学院、中集研究院、中国钢研科技集团、东莞迈科科技等。占据全球无人机市场份额超过一半的大疆无人机也宣布将在松山湖购买32亩土地，启动松山湖总部计划，未来将建设全球研发和销售中心。深圳大族激光收购了总部位于东莞、实力同样强劲的粤铭激光，并入驻松山湖园区。

而且东莞绝不甘于成为制造基地，而是努力向研发和科技创新迈进——东莞意图以中子科学城为筹码，与深圳共建综合性国家科学中心。

惠州市在1979—1992年中国第一轮改革开放进程中，基本没有启动。1993年的大开发才算真正开始了惠州经济大发展的周期。但惠州也不是毫无作为，其中最亮眼的表现是TCL集团的崛起。

1981年由惠阳地区机械局电子科分离成立惠阳地区电子工业公司，这就是TCL的前身，其主要实体TTK家庭电器（惠州）有限公司只是一个生产录音磁带的小公司，尚未有TCL品牌。1985年，成立了内地和香港合资的TCL通讯设备有限公司，主要生产固定电话机。1989年，TCL电话机产销量跃居全国同行业第一并一直名列前茅。1993年，TCL通讯设备股份有限公司股票在深交所上市，是国内通信终端产品企业中的第一家上市公司。

1996年，TCL出资1.5亿港元收购了位于深圳蛇口的香港陆氏彩电工厂，进入彩电领域，并推出自己的彩电品牌TCL王牌彩电。2005年，TCL彩电销量雄居全球首位。2012年，TCL的LCD电视销量1578.1万台，跻身全球彩电三强，这也是中国彩电企业首次冲入全球液晶彩电第一阵营。

在1994年房地产泡沫破灭后，所谓"三大项目"（南海石化、熊猫汽车城、太阳城）流产或停滞不前，惠州经济进入一个长达6—8年的萧条期，在这期间，TCL、德赛、麦科特等三大集团支撑了惠州经济度过困难时期。

2002年中海壳牌（即南海石化项目）开工建设开启了惠州经济复苏的通道。此一时期东莞的加工制造业向临近的博罗县各镇溢出，台资电子产业也在惠阳靠近深圳的陈江、镇隆等镇进行了一系列投资，而2004年三星电子在惠州设立生产基地更是为惠州的产业发展注入了一剂强心针——惠州开始自称为"石化数码名城"。

石化产业成为惠州第一支柱产业之后，电子产业有走弱的势头，特别是三星电子的撤离，对惠州的电子产业造成了很大的打击。但总的来说，惠州经济继续向上的势头未来几年不会减弱。

由于东莞、惠州两市近几年经济的良好表现，2018年广东各地市GDP的前5位中，深莞惠已占据其中 3 席。

2018 年，珠三角九市 GDP 总量为 81 045 亿元，其中深莞惠加总为 36 602 亿元，占珠三角总量的 45%。珠江东西两岸的经济发展不平衡已经成为定局。

如果从粤港澳大湾区（珠三角九市加上港澳）的角度来看，2018 年大湾区 GDP 总量约为 10.87 万亿元，而经济产业联系最为密切的港深莞惠四个城市加总则为 60 624 亿元人民币（其中香港为 24 022 亿元人民币），约占大湾区的六成。毫无疑问，珠江东岸经济共同体实乃粤港澳大湾区的重心及核心所在。

而在这个经济圈中，最为重要的毫无疑问是总规模超过 3 万亿人民币的 ICT 产业链——这是实力的基础。

尤其需要关注的是三市相邻部的一个三角地带，我们把它叫作"深莞惠成长三角"。

二、珠江东岸区域的创新网络

似乎是在 2014 年开始，世界好像突然发现深圳。美国、英国、日本的主流媒体频频报道深圳地区的科技创新成就。在此之前他们只知道深圳、东莞地区是世界工厂，不知不觉中，这里居然蜕变成为"中国的硅谷"，这让他们大吃一惊。

2014 年年初，英国《经济学人》（The Economist）就在系列报道《寒武纪》中将深圳定位为全球硬件的新首都，理由是历练 10 年之久的深圳硬件制造业在这一年终于爆发。

"皇冠上的明珠：欢迎到硅洲。"2017 年 4 月，《经济学人》杂志再次发表题为《深圳已成为创新温室》的万字长篇特别报道，就深圳为何成为世界创新和发明的"皇冠上的明珠"、如何改写世界创新规则、怎样培育创新型企业集群进行了系统而生动的分析，并为深圳加冕一个比硅谷更为传神的美名——"硅洲"（Silicon Delta）。

美国的《赫芬顿邮报》（The Huffington Post）2014 年 11 月也刊登了记者马特·希恩（Matt Sheehan）发自中国深圳的报道，报道采访了一系列雄心勃勃的初创企业家以及天使投资者，作者称，深圳正从一个廉价制造基地转型成全球重要的创新基地。

"人们总对中国的科技公司进行一些奇怪的类比和不当的比喻。"文章这样开头道,例如将"人人网"称为"中国的脸书",将微博称为"中国的推特"等。国际科技界正热议一个新话题,这次人们不再将什么东西称为"中国的啥啥"了,因为后者已经在全球创新网中牢牢占据了一席之地。现在人们开始正视深圳——曾经它被称作"硬件产业的硅谷"。

文章写道,数码业经历了 20 年的迅猛发展后,一些企业家和工程师开始回归现实世界,他们谈论可穿戴科技、机器人、智能医疗设备,其中许多都涌向深圳这座毗邻香港的城市。

彭博社在 2017 年 2 月的一篇报道称:"过去的这个小渔村,现在变成了中国回应硅谷的最强音。"

麻省理工学院媒体实验室总监伊藤穰一(JoiIto)2016 年 9 月到访深圳称:"就像在其他地方都无法再复制一个硅谷那样,在这里逗留了 4 天后,我相信任何其他地方也无法复制深圳的生态系统。"

2017 年在英国科技新闻网站 WIRED 推出的一部名为《深圳:智能硬件硅谷》(Shenzhen:The Silicon Valley of hardware)的纪录片中,深圳被描述成科技界新的创新高地。片中称,当硅谷的创新停滞不前时,这个城市充满活力和创造性的技术劳动力开始取代硅谷在科技界的地位。

媒体报道和分析大多将深圳与硅谷进行比较,但无不指出,深圳创新的基础是其强大的硬件制造业,这与硅谷不同。

《南方日报》2017 年在全球媒体的激励下对深圳的科技创新进行了深入的分析,提出了以下看法:[1]

> 多代电子工业的升级和发展在深圳留下了大量的产业制造基础,这些"基础"又随着产品迭代而生产着不同的产品,起初用来做代工,一度又被用在了"山寨"产品上。而随着深圳的企业开始把自主创新和设计的元素注入其中,整个产业链就实现了华丽升级,华为、中兴、酷派等手机终端产品也就具有了全球竞争力。
> ……
> 深圳的消费电子产业生态系统由三个层级组成。其底层是显示器、传感器、摄像头、电芯、电阻、电池、二极管等各种电子元器件;其中间层是手机等消

---

[1] 郭其龙,张建明:《硬件硅谷:深圳创新涌动的产业温床》,《南方日报》2015 年 5 月 19 日。

费电子产品方案设计为代表的各种软硬件集成系统;其上层是手机整机、无人机、新能源汽车等创新的电子科技终端产品。集合珠三角优势,形成全球规模最大、产业链最完整、从创意到产品距离最短的消费电子产业链的底层和中间层,是深圳硬件硅谷的核心竞争力所在。而正是这一由大企业引领、无数中小企业分工所组成的庞大产业集群,为深圳的消费电子终端产品上演的一幕幕波澜壮阔的市场大戏提供了最坚实的产业基础。

具体而言,深圳消费电子产业生态系统的底层和中间层为其终端消费品带来了三大竞争力:

一是"大鱼吃小鱼"的规模效应。生产规模越大,单位成本越低,这是工业生产的铁律。当前,全球手机近七成的出货量来自深圳,45%的平板电脑出自深圳,产业的集聚和精细分工在降低生产成本的同时,也提高了产业链的专业程度和响应新技术新产品的速度,这与深圳的创新力量形成风与火般的互动。明白了这一点,也就无怪乎全球前十名的智能手机厂商中,有5家与深圳密切相关。

二是"快鱼吃慢鱼"效应。华为、中兴等通信设备巨子对三星等手机国际巨头的逆袭,在相当程度上得益于深圳"手机一天就可完成方案定制"全球最快的产业链协同效应;无人机等创新电子科技产品在深圳最快开花结果,也是因为在拥有全球"从创意到产品"最短电子产业链的深圳,无人机与手机有着很多共用的零部件和相通的生产工艺。

三是"羊毛出在猪身上"的跨界创新效益。比如,深圳之所以能在短短十数年间打造出全球领先的新能源产业,领头羊比亚迪强大的研发和资源整合能力固然是关键因素,但深圳强大的电池产业和电子元器件配套能力也功不可没。毕竟,与燃油汽车很不一样的是,电池及各种电子元器件在电动车中都是非常关键的部件,这方面的技术创新能力高低,对电动车企业的竞争力具有更决定性的作用。

产业配套不直接带来创新,却是创新实现的绝佳温床。深圳的产业配套则让创新以更快、更短、成本更低的方式产品化,让创新在产业与产业的跨界碰撞中不断涌现,并最终掀起深圳的创新浪潮。

不仅仅是硬件制造,比如腾讯,腾讯的创始人马化腾曾言:"深圳之于腾讯,如同硅谷之于苹果。"可以说,并非从事硬件制造业的腾讯使得深圳更像硅谷了。

与硅谷最初由军工电子技术的溢出和产品需求诱发,以及斯坦福大学等大学和科研机构作为创新的摇篮不同，深圳的创新既不是由于军工技术的溢出诱发，也不是由于大学。深圳远离中国的研究中心北京，在10年之前只有一所并不以科研著称的深圳大学。1999年比尔·盖茨参加首届中国高交会开幕论坛时就说，深圳最大的短板是没有很好的大学。

如前所述，深圳的创新能力立足于产业基础。而产业基础是因为挂上了全球商品链和全球价值链，进而被纳入了全球创新链，并不断迭代。而纳入到全球价值链之后，深圳本土企业沿着这个链条进行了成功的升级，最终出现了华为这样的链主企业——这确实是一个逆袭的过程。

*1.*GVC 中的 ICT

深莞地区是中国得改革开放风气之先，最早打开国门的地方，因而也最早加入了全球经济贸易网络。很幸运的是，深莞地区接受的两波工业投资潮，恰恰是全球商品链和 GVC 中最具代表性的两大产业门类，第一波是以服装为代表的劳动密集型加工业，第二波是电子产业。

服装业是典型的劳动密集型产业，在全球寻找成本洼地。从20世纪70年代开始，全球至少有50—60个不同的发展中国家成为重要的服装出口国，大多数只停留在利用廉价劳动力在当地出口加工区缝制进口部件的阶段。

在服装业价值链中，从组装转向贴牌生产出口是主要的升级挑战。这一升级需要企业具备完整对接采购商订单的能力，包括制作样品，取得或制造服装部件，符合价格、质量和交付的国际标准，承担包装和运输最终产品的责任等。鉴于纺织面料的供应是服装业价值链中最关键的环节，几乎所有想要发展贴牌生产的国家都必须发展自身强大的纺织业。自主品牌生产是更高级的阶段，因为企业发展自身品牌就要求其拥有做好设计和市场营销的能力。

深莞地区幸运的是既有内地（大陆）雄厚的纺织和皮革工业基础提供服装、制鞋工业的原料，又有香港和台湾，两者在这里形成对接。中国香港、中国台湾、韩国和新加坡等东亚新兴工业化经济体通常被视为发展中国家和地区产业升级的典范。它们在20世纪70年代从组装生产迅速升级到贴牌生产，香港的服装公司在从贴牌生产升级到自主品牌生产中最为成功。中国香港、中国台湾和韩国的服装产业的领军出口企业在20世纪80年代开始构建自己的国际生产网络。这一网络呈现"三角制造"模式，东亚新兴经济体接收订单，服装生产在亚洲或其他地区更低收入的国家进行，最终产品通过利用出口国获得的配额输送到美国和其他海外买家。而珠三角最方便地成为其生产基地。

电子产业事实上复制了服装、制鞋等产业的成功。在亚洲庞大且充满活力的电子产业的发展和升级过程中，全球生产网络已经成为主要特征。在电子产业中，美国、日本和欧洲企业各自建立的跨境生产网络竞争激烈，主导这一竞争的是跨越多个产业、覆盖整个价值链的跨国公司，对于电子产业这样的高技术产业，生产商驱动价值链必须兼有成本优势、产品差异和快速市场化的能力。

20世纪90年代中期，美国的电子生产网络被认为是相对开放的和有利于外国直接投资流入国家的经济发展的，而日本的生产网络被认为是相对开放和有利于东道国发展的，然而，日本的生产网络被认为相对封闭、等级森严，分支机构的活动受到局限且由母公司牢牢掌控。美国的电子产业跨国公司基于互补的劳动分工建立起亚洲生产网络；美国企业专注于"软实力"（标准界定、设计和产品架构），而中国台湾、韩国和新加坡企业则在"硬实力"方面实现专业化（零部件供应和基本制造环节）。美国企业在亚洲的分支与当地制造商建立起了密切的分包关系，后者逐渐成为零部件、组件，甚至整个电子系统的高水平供应商。

在这个过程中，中国台湾成功建立并放大了电子代工行业。20世纪90年代，台湾将自己打造成电脑显示器、主板、鼠标设备、键盘、扫描仪和个人笔记本电脑等电脑硬件的世界最大供应方。那些以贴牌生产的方式卖给美国和日本的电脑公司、再由这些公司贴上自家商标出售的笔记本电脑中，70%左右的产品由台湾企业（宏碁、华硕等）设计。台湾在电子零部件领域也取得了同样显著的进步——引以为傲的台积电公司，是世界上最大的晶圆代工企业之一。后来富士康迅速崛起，又将全球合同承包制造商的角色做到了极致。全球承包制造商将高度模块化引入了价值链治理，因为它们遍布全球的大型工厂创造了捆绑式复杂的标准化价值链活动，可以通过模块化网络被不同的企业使用。

台湾电子产业迅速将基本的生产制造转移到成本更低的中国大陆。最初是台式电脑及其配件厂商集中在东莞及其周边的深圳、中山地区，2002年前后笔记本电脑则集中到了上海旁边的苏州地区（主要是昆山），但是珠三角幸运的是富士康在深圳龙华建立的巨型工厂，开始代工生产笔记本电脑，后来则主要代工苹果的iPad和后来的iPhone手机。

富士康生产基地的存在使得台湾ICT产业链在中国大陆的重心又摆回了珠三角。

深莞地区能够在台湾的中介之下挂靠上全球电子产业的生产网络和价值链，其中一个重要原因是美国的电子产业价值链从等级型向模块型的转向和超越。20世纪六七十年代，由于军事和航天发展对半导体的需求，一个独立的，或"商业的"元器件业（如德州仪器）在美国空军和美国国家航空航天局这两家"主导企业"的推动下蓬勃发展；20世纪80年代，以个人电脑为代表的民用电子产业开始崛起，一些价值链功能开始外包，首先是半导体元件制造和电路板组装等设备生产，随后是硬盘和显示器等专业化子件，最后又以"代工"方式进一步扩展到整个制造过程。

20世纪90年代，几乎所有的北美电子生产企业和一些重要的欧洲企业，都决定脱离制造环节，工厂被关闭或出售给合同制造商，这导致全球电子生产能力的重要份额都转移到少数几家全球化运营的合同制造商手中。全球合同制造商将高度模块化嵌入到价值链治理中，因为它们拥有范围广泛和规模巨大的工厂，能够将一般性价值链活动综合打包或形成模块，而各类主导企业都能使用这一模块。设计文件电子传输的标准化协议与高度自动化和标准化的加工技术，让主导企业能够轻而易举地更换和共享合同制造商，并抑制对专用资产需求的提升。

如今，合同制造商（如富士康）也试图通过向主导企业（例如苹果和华为）的设计和商业流程提供更多的产品和服务以获得新的利润来源，设计规格的传递变得日益复杂，标准化程度也不断降低，这一趋势让主导企业更换和共享合同制造商变得越来越困难。产品设计领域更加密切地协作，要求合同制造商能够接收客户有关新产品的完整的电脑辅助设计文件，而这些文件往往包括核心知识产权。当合同制造商承担起更多的分销功能时，主导企业就必须向它们提供关于最终用户需求和定价的重要信息。所有这些相互作用都正在嵌入详细的信息技术系统中，这一系统纵跨了主导企业及其重要合同制造商的组织方式。

共享信息技术系统在同时期朝着两个方向发展，一是朝着专利体系方向，这个系统会增加资产专用性和封闭性，但能更好地保护核心知识产权；二是朝着开放标准或第三方系统方向，这个系统支持价值链模块化，但增加了知识产权泄露的风险。

无论最终走向哪个方向，在过去20年里这两个方向都有表现，而且这两个方向都帮助深莞地区从全球ICT产业链的扩散中受益。

专利体系的方向上，主导企业事实上主要保护自己最核心、最先进的技术专利，而非核心的成熟技术则逐渐沿着产业链扩散。基于中国的现实，这种技术溢出是有益于整个生产网络的。

朝着模块化的方向上，也是在过去的十多年里实际发生在深莞地区的。富士康供应链中的模块化生产，使得它既可为苹果生产智能手机，也能为华为、步步高系和小米生产。富士康的部分非核心技术部件供应商，就可以同时成为华为、中兴通讯、小米的供应商。最终它们形成一个ICT产业链网。苹果固然不会依赖富士康一家主导企业而增大其风险，它总会保留一部分订单给另外的合同制造商。而富士康虽然对苹果形成了一定的依赖，但它也因为有了华为、小米、步步高系的订单而分散了自己的风险。

而这个产业链网内的技术扩散，是深莞地区尤其是深莞惠地区科技创新成就的主要真相之一。当然，华为、中兴通讯等公司在全球价值链内的升级，是更主要的真相。

2. "俘获型网络"陷阱

深莞地区能够被纳入到先是服装等劳动密集型产业，后是电子等高技术含量产业的全球生产网络，是全球价值链演变的结果。但是深莞地区能够成为港资和台资产业转移内地（大陆）的首选地，也取决于诸种资源禀赋和制度因素。

其一，是中国在20世纪80年代改革开放打开国门，正赶上电子产业的全球生产网络形成，而深圳、东莞作为中国改革开放的桥头堡，最早对外开放，并接近香港和台湾——这两个刚好是全球和东亚生产网络的核心组成部分。

其二，中国的改革开放，首先解放的是人的迁徙和就业自由，这使得大量廉价劳动力集中到珠三角地区成为可能。对外资的欢迎态度，使得中国香港、中国台湾资本最早进入内地（大陆），而且第一选择就是靠近香港的广东地区，使境外的工业投资可以有效地利用珠三角低廉的土地成本和内地（大陆）廉价的劳动力。

其三，深圳作为国内进行改革试验的特区，率先告别计划经济，试验市场经济，让市场配置要素资源，率先进行劳动人事、土地、金融等体制改革，对标香港的小政府模式，使得深圳的制度环境非常适宜外商投资。1986年之后，深圳特区将发展重点转向工业化，也为港台制造业进入深圳扫清了障碍。

其四，深圳特区的工业化一开始就重点选择电子工业等制造业，并在中央政府有关部委的支持下建立了初步的电子工业基础，尤其是一些电子零部件制造业。这不仅仅为电子产业的发展提供了最初的产业基础，更重要的是培养和吸引了一批电子工程技术人员，这使得中国台湾、日本、韩国以及美欧等国家和地区的电子产业进入深圳及周边地区成为可能。

其五，则是香港人建立的从深圳、东莞到香港葵涌码头、香港机场的物流供应链体系，以及在香港为深莞地区提供的金融、法律、会计、设计、营销等生产性服务。

上述这一切可以解释为何香港（劳动密集型制造业如服装、制鞋、玩具等）、台湾（电子工业）将制造业转移到珠三角，并因此使珠三角加入全球价值链，但不能解释为何深圳的ICT产业能够脱离低端的加工装配，而沿着价值链升级到顶端的链主地位。即便是拥有强大制造能力和研发能力的台湾电子产业，包括台积电和富士康在内，他们也只是在代工业做到了极致，但也没有成为华为。

在全球价值链理论中，经济升级，指在生产中追求更高价值、更先进的技术、知识、技能，以及在全球价值链参与过程中获得更多收益和利润的行为。对一个国家和地区经济体来说，经济升级被定义为经济行为体从全球价值链的低价值活动提升到高价值活动的过程，意味着它能够"沿着价值链攀升"，从使用廉价和不熟练劳动力的最基本的组装业务，提升至更加高级的"全包"供应和完整制造。

根据前述GVC的四种治理形式（市场导向型、均衡网络型、俘获型与层级型），有管理学家归纳出了为发达国家代工或外包的发展中国家本土企业或企业网络的四种序贯式升级模式，即"工艺升级—产品升级—功能升级—产业链升级"的自动实现过程。但是不能简单地认为，发展中国家只要参与了由发达国家所主导的全球价值链分工体系，通过对发达国家企业技术、管理、组织及社会制度体系的学习和追赶，就会自动实现本土企业的升级。有一种悲观观点认为，在多数被国际大买家或跨国公司驱动和控制下的发展中国家生产体系，被发达国家压制于全球价值链低端环节，很难进行高端化的企业升级，更不存在"自动"实现机制。事实上，发展中国家很容易陷入前述四种价值链治理模式中的"俘获型网络"。

由于发达国家的大买家在产品终端市场上对销售渠道的控制，以及质量、品牌、技术研发的累积性优势，跨国公司在GVC核心环节的持续技术垄断能力、自主研发能力与销售终端控制能力的先位优势，迫使俘获型网络治理和层级型治理，成为现实GVC条件下发达国家和发展中国家全球价值链对接中的常态。特别对于以代工方式切入GVC的发展中国家本土企业或网络，俘获型网络治理，就成为其在现有国际贸易格局下不得不接受的客观现实。

南京大学刘志彪教授在《经济全球化与中国产业发展》（译林出版社 2016 年版）一书中指出：“在这种由国际大买家或跨国公司所主宰的俘获型网络中，发展中国家的本土企业并不是不存在任何的升级空间，相反，在工艺升级和产品升级两个阶段，存在着快速升级空间。”"但是，一旦发展中国家代工生产体系进入功能或链的升级高端阶段，试图建立自己的核心技术研发能力、品牌和销售终端时，这就对国际大买家或跨国公司的买方垄断势力和既得利益形成挑战。它们就会利用各种手段来阻碍和控制发展中国家代工生产体系的升级进程，从而迫使发展中国家代工生产体系'锁定'于 GVC 中的低端环节。"

这些手段包括：

其一，通过更为严格的产品进口质量、安全、环保进入壁垒及快速变化的产品升级换代要求，来迫使发展中国家的代工者持续地进行设备"淘汰"，向发达国家引进更为先进的生产设备。这种手段既可限制发展中国家的装备制造业发展空间，抑制发展中国家的自主创新基础能力发展空间，又迫使发展中国家的代工者始终处于大规模固定资产动态更新投资时期，代工所创造的利润又以购买发达国家高附加值生产设备的形式被"回收"，最终将发展中国家的代工企业控制于"代工—微利化—自主创新能力缺失"的循环路径。

其二，利用发展中国家不同国家之间和国家内不同代工者之间的可替代性，造成代工者之间的竞争性，再利用代工所形成的专用性生产投资锁定特征，通过持续压低采购价来压榨处于价值链上游环节发展中国家代工者的利润空间。

其三，利用发达国家的创新累积先位优势，牢牢占据 GVC 中的非生产性高端环节，如研发、销售渠道、品牌，强化对发展中国家代工者的市场不对称地位和买方垄断势力。近年来，发达国家又转向采用强知识产权保护和专利池策略，来控制发展中国家代工者的模仿性技术学习追赶，抑制发展中国家代工者自主创新能力的形成。

正如刘志彪教授在该书中所指出的："中国在过去三十多年的外向型经济发展中，融入的是被'俘获'的 GVC 治理结构。来自发达国家大买家的订单及其变化的需求，不仅像一个中枢神经系统一样牢牢地控制着中国制造的命运，而且其表面合理的代工租金收益具有十分严重的'温水煮青蛙'效应，对中国制造企业产业升级过程产生强烈的'负向激励'作用。总之，它不仅是中国经济发展方式高粗放性的主要原因之一，而且在很大程度上弱化了中国经济独立自主发展的主动性。"

这一事实简要地表现在以下几个方面：

第一，它使中国制造在国际市场上难以发展出著名品牌，难以开发出具有战略控制意义的国际营销渠道和营商网络，更难以具备行业关键核心技术，在国际分工体系中经常受到国外产业的纵向压榨和横向挤压，处于制造加工环节的中国代工企业，普遍面对研发和设计（被提高授权费或提高关键零组件价格）与市场网络、品牌、营销（被压低代工价格）两个高端力量的持续控制，造成生产、加工、装配、制造环节的低附加值特征，出现了"代工—微利化"的代工困境。更为严重的是，中国制造被一些人认为与低端、低质、低价联系在一起，没有像20世纪60年代的日本制造和70年代中国香港、中国台湾和韩国制造那样，及时摆脱这种联系，这不仅直接影响了中国制造在世界上的市场形象，而且限制了中国制造在国际市场上的发展空间。

第二，以低级要素嵌入GVC来发展外向型经济，抑制了企业对产业升级空间的自主选择。从事国际代工业的企业，很容易被国际大买家锁定在产业链的低端，从而形成代工的路径依赖，即当这些企业开始转向GVC中的研发、设计、品牌、营销等高端功能时，走以现代生产性服务业驱动发展的高端道路时，只有少数企业获得成功，绝大部分中国企业仍然局限于生产功能的建设，以大规模、低成本、低价格取胜。

第三，以低要素发展外向型经济的方式，不容易形成国际竞争中的差别化定位，相反极易形成以价格竞争为主的低端生产能力过剩格局。"过去我们在国内消费力低下的条件下，把国内过剩的能力通过廉价商品消化在了欧美国家的市场。它的后果是，既消耗了中国的资源和环境，造福了发达国家民众，但人家并不领情，反过来遭到人家的嫉恨，说是中国产品挤占了人家的市场，导致了人家工作岗位的转移和消失，毁坏了人家的经济基础和正常运转体系。更有甚者，像保罗·克鲁格曼（Paul Krugman）这样的学者还屡次抨击说，是中国对美国的出口导致了美国的资产泡沫和全球金融危机。"

上述论断和描述可以说击中了中国制造的大部分要害。中国的许多制造业确实跌入了GVC陷阱。然而以华为为代表的珠江东岸ICT产业链，却是其中最重要的一个例外——虽然是为数不多的例外。

如果我们考察嵌入到全球ICT产业链中的中国这一部分，我们可以看到一个有趣的现象，那就是长三角与珠三角这两个中国主要的城市群之间产业角色的差异。

可以说，在改革开放之前，长三角就是中国电子工业的主要基地，国家在江浙沪地区进行了大规模的投资，奠定了长三角电子工业尤其是半导体产业的生产基础和人才、技术环境基础。而与此同时，广东的电子工业基础几乎为零。

21世纪头十年,台湾电子代工厂大举西进大陆之时,除了最初的台式电脑工厂大量落户珠三角的东莞及周边地区外,主要的笔记本电脑大厂(如明基、华硕等),以及后来的晶圆代工厂(台积电)、面板厂(面板五虎)大都落在了长三角地区,尤其是上海周边地区。近年结合大陆资本与台湾技术的半导体投资项目,继上海周围地区之后的新兴基地,也主要是在南京、合肥等长三角地区,以及中西部地区的武汉、成都等城市。可以说,长三角在中国的半导体产业中具有举足轻重的地位,是因为它形成了最大规模的产能和最齐全的配套能力。

反而得改革开放风气之先的珠三角,除了富士康崛起于深圳龙华之外,几乎就鲜见台资晶圆和面板大厂的身影。

即便如此,我们也不能说中芯国际、华虹半导体已经占据了全球半导体行业的制高点,无论是从市场份额还是技术水平,均是如此。中芯国际勉强挤进全球晶圆市场占有率的前五位,仍远远落在台积电和三星电子的后面。也就是说,它们离升到产业链的链主地位,还有很远的距离。

从微笑曲线的两端来说,一端是高端的研发,另一端是终端市场的控制力。长三角的电子工业虽然集中了强大的生产能力,但在这两端,它们均未攀升到控制地位。

然而珠三角地区,却有华为、中兴通讯、步步高系这样具有下游终端产品市场控制能力的国际品牌,这些企业至少占据了微笑曲线的一端。当然还有一个例外就是总部在北京的小米,而它也不是产生于长三角地区。富士康虽然没有自己的全球性终端产品品牌,但也相当程度上具有下游控制力,它的实际运营总部也是在深圳。

其中,步步高系和小米聚集于智能手机的低端部分,虽然不掌握核心技术,但其不仅仅在国内市场称雄,而是能够走出国门,在东南亚、南亚、非洲等国际市场获得优势地位。然而长三角却鲜有这样的企业。也就是说,长三角的ICT产业虽然具有强大的生产能力,但除阿里之外都不擅长跨国经营或全球经营,更遑论在全球价值链中攀升为主导企业,摘取链主宝座,相比之下,珠三角的企业似乎更擅长在全球市场中经营生产和销售网络。

尤其是华为,不仅仅在全球产业链中获得终端市场控制力,而且在核心产品的研发能力方面,能够进入到全球价值链的顶端。可以说华为是中国企业中罕见的在微笑曲线两端都攀升到全球价值链龙头位置的代表。

在华为的带领下,深莞惠地区的ICT产业链可以说已经成功地突破了"俘获型网络"价值链治理的陷阱,成功地实现了功能升级和链的升级——可以说创造了一

第三部分：PERIN 与 GIC 中的华为

个奇迹。

当然，我们必须认识到的是，深莞惠地区，尤其是深圳，并非在一张电子工业的白纸上迎来台湾电子代工产业，也并非仅仅靠低成本的劳动力和低技术含量的组装加工能力而被纳入到电子工业的全球价值链里来。在台湾以富士康为代表的大型合同制造商进入之前，深圳已具备相当程度的电子工业基础。如前所述，这包括许多央企和地方国企在电子工业领域的产业投资，包括中电集团、中航国际等，以及深圳赛格集团。

20 世纪 80 年代，香港北上深圳的劳动密集型产业中，就包含着一定数量的电子工业企业，虽然集中在消费电子行业，但对深圳初步的电子工业体系是一个重要的补充。康佳集团就是港资北上的成果之一。

深圳特区有意地在电子元器件领域引进拥有先进技术的外资跨国公司，比如与赛格集团合作的意法半导体、日本索尼、韩国三星电子等。

可以说，在 2000 年之前，深圳电子工业的总体厚度，虽然仍不能与上海—南京以及北京等地区相提并论，但已成为中国电子工业的重镇之一。其中有一个原因是改革开放之前，中国电子工业与世界先进水平的差距太大，至少落后 30 年以上，打开国门之后最先涌进深圳特区的港台电子工业及其技术和产品，即便在国际上并不先进，但相比较于内地（大陆），仍然是十分先进的。加之深圳得地利之便，可以从香港进口大量技术先进的电子元器件，使得华强北迅速成为中国最重要的电子配套市场。

产业基础、市场体系、人才及技术库存，在台资电子工业进到珠三角之前，在深圳地区就已形成一定规模，并构成一个本地的地区价值链。台资（作为全球价值链的一环）进来之后，充分利用了这些基础条件和地区价值链，但并非完全将之统合，使之成为全球 ICT 产业链和价值链垂直体系的附属部分，而是成了互相利用的协作系统。也就是说，在智能手机产业体系之前，深圳及东莞的地区价值链与全球价值链的关系就不完全是层级型的治理结构，更没有堕入到"俘获型网络"——实际上是既有被纳入全球价值链的层级型治理的部分，也有独立存在的部分。

深圳电子工业并不完全是发达国家生产网络的低端组装制造环节，甚至不主要是，它所面对的既有欧美国际市场，也有中国内地市场，而且中国内地市场并未完全由美欧跨国公司所掌控，而是相对独立发展的市场，与国际市场具有一定的异质性，加之政府的相关政策，使得中国的本土企业在与蜂拥而入的外资跨国公司巨头竞争时，并未被打垮或完全吃掉，而是在竞争中发展壮大起来——这表明刘志彪教授所提出的"NVC"战略发挥了作用。

　　管理学者施米茨认为："与 GVC 下发达国家与发展中国家之间由于外包与代工对接所形成的俘获型网络关系不同，一些发展中国家实践经验表明，凭借国内市场发育而成，然后进入区域或全球市场的价值链分工生产体系（与 GVC 相对应，称之为 National Value Chain，简称 NVC）中的本土企业或网络，表现出很强的功能与链的升级能力。"

　　这些基于 NVC 的发展中国家本土企业或网络一般经历这样的过程：首先专注于国内市场的开拓与竞争，在取得国内市场某个行业或产品价值链的高端环节竞争优势后，建立起自己设计、品牌和全国销售渠道。然后，逐步进入周边国家或者具有相似需求特征的发展中国家市场，建立起以自己为主导的区域价值链分工体系（Area Value Chain，简称 AVC），最后打入发达国家市场，与发达国家的国际大买家或跨国公司以均衡型网络关系对接，这种体系是完全由自己主导的全球价值链分工体系。

　　按照此一理论，大多数发展中国家本土企业的发展会经历生产要素驱动、投资驱动和创新驱动的依次递进阶段，以此对应着本土企业的工艺升级、产品升级、功能升级与链的升级。这种对应关系实际上是发展中国家由于经济、技术、制度发展能力累积阶段不同，要素由低级形态向高级形态演进过程所体现出来的。低级与高级要素的区别就在于，前者可以是如劳动力、土地、自然资源，或者是一些可模仿复制、低进入壁垒的生产工艺、产品设计与技术开发能力。后者则是一些难以简单模仿复制、高进入壁垒的技术研发与创新，或者是对制度条件较为敏感的现代生产性服务业，如金融、营销、物流及风险资本体系等。使用低级要素的产品竞争力表现为价格竞争，使用高级要素的产品竞争力表现为非价格竞争。

　　基于价值链分工的生产体系所拥有的竞争力，是产品或产业价值链中具有基础技术创新能力的核心企业，能够构建国内品牌和销售网络渠道的终端集成企业，以及围绕终端集成企业或核心企业的多层次配套企业结合所体现出的综合竞争实力。其中，具有基础技术创新能力的核心企业，对高级要素依赖程度最高，决定了 NVC 的技术势力竞争优势；具备构建国内品牌和销售网络渠道能力的终端集成企业，对高级要素依赖程度较高，决定了 NVC 的市场势力竞争优势；而围绕终端集成企业或核心企业的多层次配套企业，对高级要素依赖程度最低，它决定了 NVC 的成本势力与柔性势力竞争优势。

　　依据所依赖要素的条件不同，产品价值链不仅"天然"地呈现低附加值、高附加值和价值链决定环节的各种组合，而且，不同国家和地区之间由于经济发展阶段差异所形成的要素发展能力不同，会造成不同产品或同一产品内价值链各个生产环节在国与国之间的比较优势和综合竞争实力不同，这就是 GVC 分工体系得以形成的现实基础。

发展中国家一般处于低端要素依赖，或者说驱动的比较优势起点，因此，以代工形式切入在高级要素方面全面占优的发达国家所主宰的全球价值链分工体系，对于大多数发展中国家本土企业来说，是无须高昂高级要素积累和技术创新能力投入就能获取收益的"捷径"。但是，如果发展中国家只是依赖于低级要素驱动来参与 GVC，而不是致力于发展自己的高级要素条件，最后必然只能切入到低附加值的装配和初级产品生产环节，也就必然处于创新驱动阶段发达国家的俘获型网络控制之中。因此，发展中国家本土企业如果没有在 NVC 条件下培育出高级要素驱动能力前提下就急于切入 GVC，被发达国家的国际大买家或跨国公司所俘获的结局几乎是注定的。

发展中国家基于国内市场空间所构建的 NVC，目的不仅仅在于培育具有国内竞争力的本土企业价值链体系，而是在全球化经济不可逆转的趋势下，利用国内市场的时空差和高级要素成长机会，最终发展出在 GVC 背景下具有全球技术势力和市场势力的关键价值链环节或生产体系。从这种演进过程的驱动力或者说推进者来看，集中体现于 NVC 中具有市场势力的终端集成或具有技术势力的核心价值链环节。NVC 中具备自主创新能力的核心企业所形成的本土市场技术垄断力量，转化到 GVC 背景下，就可表现为本土企业与国际竞争对手（如跨国公司）的技术势力；NVC 中具有产业转换与升级过程控制权利的终端集成企业，转化到 GVC 背景下，就可表现为本土企业在与供应商或国际大买家协调时所体现出来的市场势力。

NVC 条件下，价值链系统整体层面竞争能力的培育与获得，必须依附在 NVC 中的终端集成或技术关键环节的主导企业。在专利、标准、技术研发、品牌或营销渠道等方面具有控制能力的主导企业作为 NVC 分工体系的中心，各种供应商小企业或家庭作坊作为多层外包、分包协作体系，形成具有柔性能力的生产体系。在技术链上投入最多、具有核心研发能力或商业化能力的主导企业，在价值链中占据着高端环节，能够利用其在价值链中的控制地位来实现创新投入和沉没成本的充分补偿。一方面，主导企业能够利用其控制地位获取创新活动所创造的整体集群收益中的最大份额；另一方面，通过对外包、分包供应商的等级评估淘汰赛竞争制度，并提供设计、制造技术的"指导"型支持协作，来尽可能地要求供应商持续地降低生产成本，最大限度地为可持续高投入创新活动投入进行补偿，这就从根本上解决了内在不对称所引发的创新动力缺失的两难冲突。

一般来说，国际管理学界将日本视为这种价值链升级成功的典型案例。从迄今为止的情形来看，韩国应该也已经算是一个成功案例，而中国台湾、中国香港与新加坡则有局部或部分成功的情形。但有学者认为台湾乃是一个升级失败的案例。

如果把香港与珠三角的深莞惠地区视作一个共同的经济体（似乎也应该这样看待），我们似可说，这是继韩国之后另一个接近成功的案例，虽然它得益于整个内地的 NVC 策略。倘若就整个内地来说，我们还无法断言借助于 NVC，它已接近成为一个像日本、韩国那样的成功案例，就其局部的珠三角东部地区，则接近于成立。

虽然我们应该把华为、中兴通讯、小米、步步高系、比亚迪、富士康、TCL 等龙头企业视作共同组成珠江东岸 ICT 产业链网的"链主"级企业，但这几个企业的状况并不相同。步步高系、小米等企业可能更接近于 AVC 的情形，而完全达到在 GVC 条件下主导企业状态的，则似乎只有华为一个企业（在电信设备和智能手机两个产业）。但整个珠江东岸地区产业链网实现了链的升级，则似是一个已经实现的事实。

港深莞惠 ICT 产业链为什么能够在全球商品链、全球价值链中从低端制造实现成功的升级？深圳为什么能够产生华为、中兴通讯、比亚迪、腾讯等一大批在全球 ICT 产业链中都拥有相当竞争优势的跨国公司？这诚然是 GVC 理论的一个十分精彩的全新案例。但是要说清楚为什么能够实现，仅仅用 GVC 和 NVC 理论已不足以解释。

3. 深莞惠做对了什么

首先，用 NVC 理论来解释珠江东岸的产业现象很有空洞之感。因为中国太过广大，经济和产业出现明显的区域化特点。用沿海与内地、北方与南方、东中西这样的经济地理格局来分析都显得过于空疏。这些大的板块之间甚少经济或产业联系，而中央政府虽然从宏观政治和经济层面对全国有政策指导，但也主要是就改革与开放的战略格局而言，生产网络、产业集群的形成跟政府没有太直接的关系。

珠江东岸地区从宏观层面当然首先受益于中央的改革开放大战略，这是一切的前提。但是从产业的关联度来说，该地区的产业集群，尤其是 ICT 产业链，更主要是由于香港和台湾作为中介，而加入了美国主导的全球 ICT 产业链和价值链。NVC

的视角解释珠江东岸地区只具有一半的有效性，另一半需要用 GVC 视角来解释，但这两个一半并不能自动拼接成一个完整的解释链条。比如说，长三角地区较之珠三角，更适用于 NVC 理论，国家在长三角地区有更完整的电子产业链布局，更完善的人才体系和科研支撑；与此同时，长三角也通过台湾的中介作用，而被纳入到 GVC 的体系之中，但为什么结果长三角与珠三角的 ICT 产业呈现出如此大的差异？为什么长三角迄今为止没有实现链的升级？既没有实现终端控制，也没有实现生产环节中主导企业及其核心技术的突破。如果把问题极度简单化，就是：长三角，包括中国其他地区，为什么没有出现华为？

要解释这个问题，至少需要一本书。我们不揣冒昧，只能试图做初步的解释，但求给大家有所启发。

我们所能使用的一个基本分析工具就是前述的"区域创新网络"理论。一个基本假说就是：GVC（全球价值链）在 20 世纪八九十年代演变的大背景下，以全球 ICT 产业链为基板，形成了最典型的一个 GIC（全球创新链），以此为国际背景，而中国于 20 世纪 80 年代率先在广东实行改革开放的，以此为国际背景，其中最先开放的深圳及周边地区，率先加入全球商品网络并在这过程中形成东亚生产网络，珠三角与香港、台湾一起成为这个东亚生产网络的重要组成部分，于此过程中，珠江东岸的四个城市——香港、深圳、东莞、惠州，形成了一个在全球都独具特色的区域创新网络。这个"区域创新网络"先是通过香港与台湾，后是通过华为、中兴通讯、腾讯等本土跨国公司，而成为 GIC（全球创新链）的有机组成部分。在这两个国际国内大背景下，深圳特区成为中国各种创新要素与全球各种创新要素进行对接组合的连接器和转换器，华为便是在这样一个特殊的时间、特殊的地点、特殊的制度背景下应运而生。

珠江东岸区域创新网络（PERIN）的核心枢纽城市不是香港而是深圳。香港当然也是十分独特而特别重要的角色，但在创新网络中起主导作用的城市是深圳。如果一定要抬高香港在创新网络中的地位，那么我们可以说这是一个双子城市: 深港国际都会。

在这个区域创新网络中，包含以下丰富的要素资源。按照传统理论，将其描述为"官、产、学、研、资、介"六大子系统，但从历史解释的角度来看，我们宁愿重排其顺序，是为"产、资、介、官、学、研"六要素系统：

一、本地区有十分复杂的生产和销售体系，既针对国际市场，也针对与全球市场具有严重异质性的国内市场；而且针对国际市场的方式也十分多层次，既包括沃尔玛这种国际大买家主导的销售体系，也包括由苹果主导技术和营销，富士康组织采购和生产的体系,也包括中国本土跨国公司主导的全球营销网络。

二、为这个生产和销售体系服务的金融和资本市场,其结构又极其复杂。

以银行体系为例,既有香港的银行体系——包括全球各大银行驻港机构、中资国有银行香港分支和香港本土银行,又有深圳的银行体系——包括央企四大银行的直属分支机构,本土发展起来的全国性银行机构(招商银行、平安银行),外资银行在深圳的分支机构和深圳本土的小银行(深圳农商行之类),而东莞、惠州两市的国有银行体系,却又是由设在广州的银行体系控制。

再以资本市场为例,既有香港的多层次资本市场,包括香港联交所的主板和创业板,它是全球资本玩家参与的一个完全开放的市场;又有深圳的多层次资本市场体系,包括深交所的主板、中小板和创业板。这两个市场是完全异质的,却又有一定程度的联通和互动("深港通"和地下资本通道),而他们共同为珠江东岸的生产网络提供金融服务。

但最初起重要作用的,却是深圳于20世纪90年代中期开始创立的创业资本网络。

三、在这个区域内,同时也有层次极其丰富的为产业服务的中介机构,为生产体系提供信息、商务、知识产权、仲裁、会计、法律、商会行会等种种服务。

从政府的角度来看,香港特区的政府治理模式对本地区有着极大影响。

曾被英国实行殖民统治的香港,在1997年回归中国后,成功地实施了"一国两制",保持了它作为亚洲最自由和有较高法治水平的政治体、经济体和社会体的根基。"香港回归二十年来,自由贸易的自由港政策没有变,良好的营商环境没有变,再加上健康的财政状况、高效的监管、廉洁的政府,都为经济活动提供了良好的环境。根据国际商会2015年发布的《开放市场报告》,中国香港与新加坡并列全球第一,获评最开放的经济体。到2017年,香港已经连续23年被美国传统基金会评为全球最自由经济体。""香港仍然是一个全世界最自由、法治最完备的社会。"(张思平《"一国两制"与大湾区——粤港澳大湾区建设中的制度创新》)

香港作为"一国两制"下相对独立的城市社会体和经济体,一直维持一个廉洁高效的小政府。在一些制度基石(货物自由进出口的自由贸易政策、免税的自由港制度,与美元挂钩的独立货币政策,外汇自由流通政策,保护私有财产的产权保护制度,量入为出的稳健财政政策,以及土地使用权出让政策等)的前提下,政府对经济奉行"积极不干预"的政策。

在这样一个"积极不干预"的政策传统之下,香港的制造业在20世纪八九十年代几乎全部北迁，形成了"产业空心化"的结果，而香港仅保有金融等高端服务，以及商贸物流、文化旅游等产业，成为一个纯服务中心的城市，并没有成为像日本、韩国、中国台湾那样的科技创新型经济体。可以说，香港既受益于"积极不干预"，也受害于此，政府未能以有效的产业政策引导经济转型。

经历了1997年亚洲金融危机，尤其是2008年全球金融危机之后，香港特别行政区政府努力想对"积极不干预"原则进行灵活性调整，继1998年设立港府创新科技委员会之后，2015年11月，在梁振英特首任上设立了创新及科技局，努力想要引导香港建立一个创新科技产业。其最新的成果，是2018年7月香港特别行政区政府决定与深圳合作，共同打造"深港科技创新特别合作区"。但是香港重建产业基础的努力到目前为止仍未看到重大的成就：体现在经济上和产业结构上就是，香港仍未摆脱严重依赖金融、港口物流、文化创意和旅游等四大服务业的格局，创新科技在香港只能说是刚刚起步，香港产业如何从"深港科技创新特别合作区"计划中显著受益，还是个未知数。

但是在内地的政府改革，至少在广东省和深圳市的行政管理体制改革中，香港一直是一个价值标杆和模仿对象。在很长时间里，深圳特区的市场化改革，都是以香港作为一个参照物，深圳的政府改革，也一直有意参考香港行政体系的治理模式。

东莞市较深圳更具备上述两个特点，东莞由33个各自发展的镇组成，缺少市级城市中心，无形中也削弱了市级政府的权威，使得东莞市更像是一个由33个加盟镇组成的"邦联"城市。这种分权体制是东莞各镇经济发展和产业特点的区别很大的主要原因，其邻近深圳的各个镇在改革开放30年的时间里，获得了更多的产业项目，其经济发展程度远远高于偏离深圳的镇。

各原住民股份公司手里握有大量土地，形成了一个个小型工业区，使得市区两级政府在土地制度层面有了竞争者，也意味着产业空间政策的灵活性大大提高。

相对来说，惠州市不像深莞两市那样在基层有明显的分权体制，不过市级政府对各县区的控制程度也比较有限，惠阳、博罗等县市都有较大的自主权，尤其是惠阳，直到2003年惠阳市撤市设惠阳区，惠州市政府才加强了对惠阳的控制。在此之前，惠州市主要通过大亚湾经济技术开发区和仲恺高新技术产业开发区两个经济功能区来贯彻自己的经济权力。

总的来说，至少在2008年之前，深莞惠地区的地方政府都受到香港小政府模式的影响，力求自己管得越少越好，较少介入市场发挥作用的领域。可以说，整个珠三角的地方政府都有此特点，这是珠三角区别于长三角和国内其他地区最为显著的特点之一。

当然这并不意味着在深莞惠地区的创新网络中，政府没有发挥主导作用。政府的这种作用非但不弱小，而且可以说甚为强势。政府作用的发挥主要表现在以下方面：

其一，制订相关的产业政策和创新政策。前面对深圳政府的创新政策过程已做了详细介绍。东莞和惠州两市政府在过去30多年里也出台了许多相关产业和创新政策，包括直接的产业基金扶持、对高科技人才的直接补贴等。

其二，三地政府均在土地等产业空间方面向科技创新倾斜，甚至直接运作高新技术产业园区。深圳市政府直接运作了位于南山区11.5平方千米的深圳高新区，并在2019年4月对其进行了扩容，扩大到约160平方千米，形成"一区两核多园"的格局，包括大学城、留仙洞、石壁龙、坪山、坂雪岗科学城、宝龙科技城、尖岗山—石岩南、西乡铁仔山、新桥东、九龙山智能科技城—福民创新园、观澜高新园等11个片区，东莞市政府则直接操作了松山湖高新技术产业开发区，惠州市政府则直接运营了仲恺高新技术产业开发区。

其三，政府扶持大学和科研体系，补足本地区创新网络中的短板。

在珠江东岸地区的创新网络中，深圳政府的角色在过去30年网络延展的过程中所扮演的角色可分为三个阶段：

第一阶段，从1990年代初到2000年左右，是深圳区域创新体系的初创时期。政府的角色主要立足于法律、制度的创设和创新要素的集聚，并以政府的强力来扭转民营科技企业在金融资源配置体系中的不利地位。

第二阶段，2000年到2010年的10年间，政府的主要角色是继续进行制度创设、创新要素的集聚，在全国各地政府直接以各种方式投入科技产业的关键环节的潮流中，深圳市政府坚持只做"场地维护员"和"裁判员"，而避免"下场踢球"，不直接介入产业投资。

第三阶段，2010年之后的时期，深圳政府放弃了"不下场踢球"的行为准则，除了以各种方式影响产业外，甚至直接用大规模资本资助重点关键性企业（如华星光电、光启、中芯等）。与此同时，政府继续大规模投入以集聚更多的创新资源（大学和科研机构），并努力争取获得中央政府在基础研究类战略科技资源方面朝深圳布局（国家基因库、中科院深圳先进院、部分大科学装置，以及"国家大科学中心"的努力）。

四、本区域内有着失衡而又多元丰富的大学体系。一方面，香港拥有亚洲一流的高等教育体系，其中香港大学、香港科技大学和香港中文大学都是全球知名的大学，但香港的大学却具有较少与产业联系的传统；另一方面，深圳在进入 21 世纪之后尤其是近 10 年才在高等教育方面取得可喜的进展，而东莞、惠州则仅拥有少量的地方性大学。不过近邻广州的大学和国内其他大学也积极地与本地区的产业进行协作。

2001 年，深圳市在西丽盆地（大沙河谷地）规划建设了占地 1.45 平方千米的"深圳大学城"，吸引清华、北大、哈工大设立了各自的深圳研究生院。2018 年清华大学将深圳研究生院与 2014 年设立的清华 - 伯克利深圳学院合并为清华大学国际研究生院。2017 年，教育部批准哈工大将深圳研究生院升格为"哈工大（深圳）"，并进行独立招生，进行本科生教育。

2007—2019 年，深圳先后筹办南方科技大学、香港中文大学（深圳）、深圳北理莫斯科大学、中山大学深圳校区、深圳技术大学、中国科学院深圳理工大学。

2016 年深圳市委、市政府出台的《关于加快高等教育发展的若干意见》，提出"南方重要的高等教育中心"的目标：争取到 2025 年，高校达到 20 所左右，全日制在校生约 20 万人；到 2020 年，5—6 所高校将纳入广东省高水平大学建设计划，深圳高水平大学数量位居 5 个计划单列市前列。到 2025 年，3—5 所高校排名有望进入全国前 50。

东莞市早在 1992 年就创办了东莞理工学院。2019 年，东莞市政府与香港城市大学签署协议，在松山湖高新区内设立香港城市大学东莞校区。

惠州市目前仅有惠州学院一所本地大学。惠州市近年也在努力吸引国内外名校落户潼湖生态智慧区。

对于深莞惠地区来说，可能首先要解决的问题是：为什么要办大学？是为了增加研发能力，还是为了建立人才池，还是要使大学成为城市的知识创新中心和精神文化堡垒？

五、迄今为止，本地区的科研能力尤其是基础研究能力都是一个主要的短板。因此区域生产网络中的企业大多数情况下是由企业自己建立研发基础，大的企业则可以与全国、全球的大学和科研院所进行合作以取得技术研究能力。

不过本地区三个城市在近年都努力建立自己的基础研究体系。

2011 年，中科院高能物理所与广东省合作，在东莞大朗镇建设"中国散裂中子源"大科学装置（简称 CSNS），2018 年，项目一期建成，包括：1 台 80MeV 负氢直线加速器、1 台 1.6GeV 快循环质子同步加速器、2 条束流输运线、1 个靶站、7 台中子散射谱仪、辐射防护系统及相应的配套设施，随着科学研究的深入，未来中子反射谱仪将达18台。2018年8月，CSNS通过国家验收，正式投入运行。CSNS与英国、美国、日本的散裂中子源并列，成为世界四大主要脉冲散裂中子源科学中心之一。散裂中子源是研究中子特性、探测物质微观结构和运动的科研装置，可带动物理学、化学、生命科学、材料科学、纳米科学、医药、国防科研和新型核能开发等学科发展。

另一个大科学装置南方先进光源研究测试平台项目已于2019年动工，选址邻近CSNS园区，预计2021年完工。

依托CSNS，东莞市从2018年起规划了占地90平方千米的松山湖科学城。

2018年4月，深圳市政府决定在光明区建设科学城。光明科学城总面积99平方千米，按中、南、北三个区域总体规划，北部为装置集聚区，中部为光明中心区，南部为产业转化区。其中装置集聚区是光明科学城的核心区域，将重点布局科学设施集群、科教融合集群、科技创新集群"三大集群"。其中，科学设施集群规划面积6平方千米，布局具有内核生长功能的稀缺性大科学装置，科教融合集群规划面积4.1平方千米，布局多所高校（已确定进入的分别是中山大学深圳校区、中科院深圳理工大学，有可能进入的是香港大学深圳校区）和科研院所，科技创新集群规划面积2.6平方千米，布局产业创新条件平台、共享实验室、产业转化加速平台等。

2019年8月，中共中央、国务院公布的《关于支持深圳建设中国特色社会主义先行示范区的意见》中，又明确提出"以深圳为主阵地建设综合性国家科学中心，在粤港澳大湾区国际科技创新中心建设中发挥关键作用"。深圳市决定以光明科学城为"深圳综合性国家科学中心"的核心承载区，另外西丽湖国际科教城和深港国际创新科技合作区也纳入到规划中。

这些努力表明，无论是深莞地方政府，还是中央政府，都对加强深莞惠地区的基础研究能力产生了浓厚的兴趣。

4. 离硅谷还有多远？

总结深圳、东莞、惠州地区的区域创新网络之发展演变过程，我们可以发现，整个地区过去20多年里一直以美国西海岸的硅谷地区作为模仿和追赶的目标。但它

第三部分：PERIN 与 GIC 中的华为

距离硅谷还有多远？

事实上，硅谷自 20 世纪 80 年代之后，就成为在全球各地被模仿的偶像。纽约有硅巷（Silicon Alley），伦敦有硅环岛（Silicon Roundabout），柏林有硅街（Silicon Avenue），爱尔兰有硅码头（Silicon Docks），日本有硅岛（Silicon Island），尼日利亚有硅湖（Silicon Lagoon），印度有模仿硅谷的班加罗尔。而深圳，据前述也被称作中国的"硅洲"。但是许多被加冕为"硅×"称号的城市或地区，在创新引领方面，都难以望硅谷之项背。

硅谷创新的核心密码究竟是什么？

关于创新的生成机制，传统的创新理论，包括由熊彼特（Schumpeter）最早提出的"自由市场理论"和迈克尔·波特（Michael Porter）最早提出的"产业集群理论"。这两个理论一定程度上可以解释硅谷的存在，但是无法从根本上解答硅谷的"创新机制生成问题"。

早在 1994 年，美国学者安纳利·萨克森宁在其所著的《地区优势：硅谷和 128 公路地区的文化与竞争》一书中对比研究了硅谷和以波士顿为中心的 128 公路地区的创新文化，结论是：决定一个地区高新技术产业发展状况的主要因素，不在于新技术发明的多少，而在于它的制度安排、社会环境和文化氛围等是否有利于发挥专业技术人员的积极性和创造性。

关于硅谷的最新研究，美国管理学者维克多·W. 黄（Victor W.Hwang）和格雷格·霍洛维茨（Greg Horowitt）在 2012 年出版的《硅谷生态圈：创新的雨林法则》（*The Rainforest：The Secret to Building the Next Silicon Valley*）一书，则淡化了制度经济学的影响，主要从产业生态理论的角度切入分析。

在该书中，把地方的经济生态系统分为两种，一种是"农场"——这种模型专注于控制复杂系统，利用最新工具来细致地调整准确度、精密度与生产率。控制程度越高，产出就会越高。另一种是"雨林"——自然界的雨林不会预先决定有价值的新物种的进化过程，但是会提供恰当的环境来培育偶然发现的进化过程。在"雨林"中，最有前途的生命形态以一种不可预测的方式出现在非常富饶的环境中。

发源于工业革命的商业模式可以从多个方面被刻画成"农业"模型。这种模型专注于控制复杂系统，利用最新工具来细致地调整准确度、精密度与生产率。控制程度越高，产出就会越高。公司会因为生产的高效率而得到回报，这一点非常像农民为了提高亩产量而采用最好的肥料、农药与耕种方法。

相比之下，当我们想到创新系统时，最大的生产力来自类似雨林的环境而不是农场。什么是雨林？在生物学中，一个自然的生态系统是由一个群落的生物体相互作用与环境的作用构成的。雨林则是人类的生态系统，人的创造力、商业智慧、科学发现、投资资金以及其他元素以某种特别的方式结合在一起，培养萌发出新思想，并茁壮成长为可持续发展的企业。

《硅谷生态圈：创新的雨林法则》一书面临的一个悖论是：硅谷的雨林生态圈是可复制、可设计与可计划的吗？如果是，则按照该书中总结出的硅谷的若干特点或要素，其他地区应该可以复制硅谷的成功；如果不能复制，那么研究硅谷生态圈又有什么意义呢？人的主观意志在热带雨林的形成中究竟能起到多大作用？如果人可以以主观意志来培育雨林，跟"农业"模型的区别又何在呢？而且，倘若人可以来"培育"雨林，这里的"人"是指谁？

此书给出的回答是模棱两可的：一方面他们宣称"热带雨林是自下而上建立的""创新是混沌的、偶然发生的、不可控制的"；另一方面又宣称"自然界的雨林不会预先决定有价值的新物种的进化过程，但是会提供恰当的环境来培育偶然发现的进化过程"。

为此该书总结了14条"热带雨林公理"，并给出了"雨林配方"。

公理1：作物在农场中极大丰收之时，乃野草在热带雨林中最佳萌芽之际。

公理2：热带雨林是自下而上建立的，受非理性经济行为支配。

公理3：我们通常认为的自由市场实际并不自由。

公理4：由地理位置、网络、文化、语言和不信任所导致的社交壁垒，随之产生的交易成本将把有价值的关系扼杀在摇篮之中。

公理5：热带雨林的繁荣与成员的数量，以及成员连接他人的能力密切相关。

信任是一个社会交际的巨大隐形成本。

生物多样性的研究表明，建立在一大片连续的土地上的生物生态系统比建立在很多分散的小片土地上的系统更有活力。把分开的公园连接起来会增加生物多样性。在创新的田野里，传统的集团模式是独立的小公园。在创新生态系统雨林里，个体要通过人桥来和更大的、更有活力的系统连接。人际网络越大，可能发现的市场空隙的数量越多，就有更大潜力挖掘出多样性的有价值的结果。

公理6：家庭和朋友之外的社交壁垒很高，这是世界上的准则。

雨林模型在新古典经济中是扭曲的。雨林的秘方是关于人以及他们之间如何交互。把人们的思想、才能与资本隔离开来的社会壁垒就像是创新系统的齿轮之间无形的"口香糖"。被动自由市场对于推倒人为的墙是有用的，但是会把自然的墙留在原处。而主动自由市场致力于把社会墙也推倒。

公理 7：热带雨林依赖于那些可以为缩短交际距离以及可以连接各个分散的组织的人。基石人物和基石机构。

公理 8：热带雨林中的人们的行为动机和传统经济学概念中的理性行为动机全然不同。

利他主义、冒险、挑战、竞争、人脉、友谊、学习、团队合作。通常来说，经济学家将以上几种动机视为无关紧要、锦上添花的动机。而且通常来说它们和商业动机截然相反。然而这些动机对创新来说至关重要。如果不是出于此类动机，创新很难产生。哪天如果这些"非理性"的人们逐渐消失的话，热带雨林也会枯萎——热带雨林的繁盛有赖于这些非理性的成员。

公理 9：创新和人的情绪关系密切。

公理 10：人类分工越精细，系统中交易的潜在价值就越高。

公理 11：当初帮助我们祖先生存下来的本能，现在则会阻碍我们最大化创新。我们总是倾向于高估现在事物的价值，低估未来事物的价值。互联网上的社交网络实际上让我们留在了自己的社交区，它加强了这一倾向，而不是帮我们跨越出去。

公理 12：热带雨林中使用了一套非正式规则的文化来代替地域主义，而这套规则使得陌生人能够为了一个短期的项目在一起高效地工作。

共同的目标让人们可以跳出社交族群来进行合作。如果旧的基于家庭以及历史的社交族群定义被摧毁了的话，新的基于个人兴趣以及职业合作的新社交族群就能得以建立。

公理 13：热带雨林有着非正式的准则，这些准则让人们可以为了长期的共同利益而克制自己短期的自利心理。

很多市场的人们都将交易当作零和游戏。交易中总有赢家和输家。在交易中资源拿出自己利益的一部分——不将对方的最后一滴血榨干——对他们来说是超出常识范围的。而热带雨林的文化则正好相反，它认为交易双方是有机会可以做到双赢的。

公理 14：当社会规范的价值和超理性的动机创造的价值合并起来超出了人类本能的恐惧之时，热带雨林就形成了。

该书给出的"雨林配方"首先绘制一个地区、社区的、企业的或其他人类网络的创新生态系统，在此基础上应用所谓"雨林秘籍"来设计解决方案以缩小生态系统内的差距。配方包括"硬件"（首要的基础模型）和"软件"（使它活着）两部分。

硬件包括：

1. 人——现有教育系统质量如何，包括小学、中学和高等教育，职业培训和技能传授机制，创业者和管理者，综合领导者，知识工人。

2. 专业的——围绕着创新过程的更广泛商业服务提供商的兴旺和参与度。

3. 物质——通信和信息网络是否足够稳固以支持知识和想法的有效交流。其他基础设施网络，例如能源和交通，是否足够支持人员和物资的有效流动。

4. 政策——法律和监管系统是否有效支持人员、物资、想法和知识的自由流动。金融系统，资本形成的灵活性和资本流动的有效性。

软件包括：

1. 多样化——除了传统的特征如性别、人种、民族和宗教的多样性外，非传统的标准包括拥有不同领域科学知识或商业经验的人数。

2. 超理性动机——不局限于"有经济效益的理性参与者"。

3. 常规的社会信任。

4. 雨林的规则——突破规则，追求梦想；敞开大门，倾心聆听；信任与被信任；实验和迭代；寻求公平而不是优势；犯错、失败、坚持；让爱传递出去。

5. 规则的阐释能够适应变化的环境。

对于硬件的建立人们一般没有大的问题。不管何种制度下的政府，都可以在其中有所作为。但是关于软件的部分，则往往不是理性的操作者能够推动实现的。正如作者所说的："政府可以创建出昂贵的技术公园，就像现实世界上很多政府做的那样。但如果里面的人们不懂得如何合作，这只是建造出了一个空壳。"

如果我们用"热带雨林"理论来检视深莞惠区域创新网络，我们将看到什么？

首先看到的，也许是一个由铁丝网圈起来的大小农场。每个城市是一个农场，深圳是一个大农场，东莞是另一个大农场，惠州也是一个农场。在过去30年里，我们看到深圳这个农场的"农场主"——深圳市委、市政府，在努力地对农场进行规划，这块地种什么，那块地种什么，鼓励这种树或这种瓜果的种植，拔除自己不想要的野草。

深圳市也不是一个统一的大农场，它也是由若干个小农场组成，南山区是一个农场，福田区、宝安区、龙岗区，都是一个个农场，中间用无形的铁丝网隔离着；南山区这个农场里，深圳高新区是一个独立的农场，它与南山区之间也用无形的铁

第三部分：PERIN 与 GIC 中的华为

丝网隔离着。

在东莞和惠州这两个大农场里，松山湖和仲恺高新区、大亚湾经济技术开发区，也是相对独立的农场，也用无形的铁丝网与它的外面隔离着。

就像《硅谷生态圈：创新的雨林法则》书中所说的那样："首先，政治就是一个阻碍因素。行政区域是按照地理来划分的，因此政府的计划和刺激措施都尽量把公司保持在地方经济体中。然而，现代企业再不能只在有限的地理区域中运营。"

"纵观人类历史，我们做得最好的就是相互排斥。成千上万的政府和公司将聪明的人们赶到孵化器、创新中心或是类似的机构中，最后发现只生产出了很少的价值，最后浪费了巨额的资金。"

除了地方政府，我们也许可以看到，许多大企业也把自己做成了一个标准的农场。这一点《硅谷生态圈：创新的雨林法则》也预见到了："与此同时，那些成长为'企业帝国'的大公司，也把自己内部的创新生态塑造成了'现代化农场'的模型，对外追求垄断，对内追求科学控制。"

当然华为在地方的封闭不妨碍它与全球的开放合作。正如来自挪威斯塔万格国际研究所的鲁内·达尔·菲恰尔（Rune Dahl Fitjar）与来自伦敦政治经济学院的安德烈亚斯·罗德里格斯-波泽（Andres Rodriguez-Pose）两位研究者看到的那样：他们研究了挪威最大城市的 1604 家公司后，发现实际上"全球流水线"比地方关系更能决定一个企业的成功。

如果我们说深圳市、东莞市是一个个农场，似乎对它们来说不够公平，倘若用放大镜看一看，它们还真的不完全是"农场"特征。倘若它们真的完全是农场特征，却能够做到今天这样的成就，也只能说明这农场复制硅谷相当成功了。问题恰恰在于，深莞惠不是"农场"模式，而是表面上具有农场模式，内里却具备相当程度的"热带雨林"特征。华为、腾讯、大疆，都不是政府"种"出来的。

深莞惠区域创新网络的成功，究竟是三地政府的成功，还是它们的失败？或者说，在它们不成功的地方无意地成功了？

至少在深圳故事的前半段，经济特区的改革时代，政府并没有刻意地想要经营一种"农场模式"。最初，深圳的改革以香港为师，政府信奉"管得越少越好"，所以 1987—1997 年的深圳，乃至东莞和惠州，整个地区更像是"热带雨林"而不是"农场"。当然我们也可以看到，自 1998 年之后，深圳有一个从"雨林"模式向"农场"模式转型的过程，也许我们可以说，到 2008 年以迄于今，深圳越来越偏离雨林模型而转向"农场模型"。

让我们对照一下《硅谷生态圈：创新的雨林法则》书中所给出的"雨林配方"，看看早期的深圳（其实包括整个深莞惠地区都差不多）做得怎么样，其中的软件部分（涉及城市文化）我们在后面再做分析。

1. 关于人。

深圳市本身的教育体系在改革开放之初的基础十分薄弱，只是广东省（在全国来说教育比较落后）一个偏远而落后的农业县的水平。经过40年的努力追赶，不断地（大规模的建设至少有三波，但其实是一个持续扩大规模的过程）增建幼儿园、小学、初中、高中，以及大学。截至2015年，深圳市的基础教育已十分接近广州市的水平，而高等教育则从零开始，在规模上（2019年在校大学生人数才突破10万人）虽然目前仅相当于南宁、银川、乌鲁木齐等城市的水准（呼和浩特在校大学生超过20万人，贵阳则超过30万人），但质量上 [从势头来说，南科大、深大、香港中文大学（深圳）、哈工大（深圳）、中山大学（深圳）等5所大学均已呈现出高质量发展的上升趋势] 实已超越这些城市，应该说正在接近长沙、杭州、重庆、合肥等城市的水准。不远的将来，深圳高等教育从质量上也许能够达到甚或超越广州、南京、武汉、西安等中国高等教育二级城市的水准。

当然在过去40年里，深圳由于吸纳了来自全国的移民，因而享受了整个中国教育发展的红利，普通工人大多在他们的故乡完成了初中乃至高中的教育，而大量的专业人才则在中国内地完成了高等教育。以2018年为例，深圳市新增人口中应届大学毕业生达到28.5万，其中来自深圳之外的应该超过25万。而在2005年11月的人口抽样调查数据显示，当时深圳总人口（826万的口径）中接受过高等教育者的总量已达到105万人。

按照官方的"人才"总量数据，深圳市2018年的人才总量达到510万，其中企业家、工程师、管理营销人才的占比应该超过北京、上海、广州等城市。

2. 专业的。围绕着创新过程的更广泛商业服务提供商的兴旺和参与度如何？

这主要是指专业的中介、服务机构和生产服务体系的建立。

这个服务体系的硬件部分，比如物流运输网络，仍然是政府投资的重点，包括深圳市政府和香港特区政府投资建设了深港之间10多个陆路口岸，其中主要是罗湖、皇岗、文锦渡以及后来的深圳湾、福田及最近的莲塘口岸；深圳机场、深圳港（盐田港区、蛇口港区和大铲湾港区），中央政府和广东省政府等则投资建设了相关的铁路通道。东莞市政府建设了虎门港。此外还有南方电网和沙角电厂、大亚湾核电站等基础设施。

3. 物质。通信和信息网络是否足够稳固来支持知识和想法的有效交流？其他基础设施网络，例如能源和交通，是否足够强大来支持人员和物资的有效流动？

就深莞惠地区来说，信息网络十分发达，但有严重缺陷。

深圳是全国首个 5G 网络全覆盖的区域，率先进入 5G 时代。

2019 年 8 月 8 日，深圳市国资委下辖的深圳市智慧城市科技发展集团有限公司举行揭牌仪式，宣告正式成立运营。该集团目前已有深圳市城市交通规划设计研究中心等 3 家全资或控股企业，围绕云计算、大数据、物联网、城市大脑等领域，开展国资国企大数据中心建设、城市智慧场景应用挖掘、5G 等新兴技术应用合作研究等相关业务。

从交通基建来说，深莞惠地区处于大珠江三角洲（粤港澳大湾区）东岸的核心区域，拥有极其发达的高铁、城际轨道、普铁、城市地铁组成的轨道交通网络，极其密集的地区高速公路网络，可利用香港、深圳、广州三个大型国际枢纽机场，以及一个支线机场——惠州机场，深圳拥有直升机场和公务机场，香港港和深圳港均是全球前 10 大最繁忙的集装箱港口之一，并拥有惠州和虎门两个喂给港。

但是深莞地区也是中国交通最为拥堵的城市群之一，深圳市早晚高峰期平均车速不超过 30 千米每小时，深圳与东莞两地的地铁网络仍未连通，从深圳到东莞的通勤交通无法实现 1 小时生活圈的要求。华为的松山湖基地与坂田总部基地之间没有轨道交通连接，目前仍只能由企业自己开通点对点巴士解决通勤需求。

能源是本地区解决得较好的基础设施。南方电网公司保障深莞惠地区的工业和生活用电需求。但是本地区电价相比较于国内其他地区（比如长三角地区）普遍偏高。

4. 政策。法律和监管系统是如何有效地支持人员、物资、想法和知识的自由流动？法律保护确保了自由行动、自由言论、腐败和官僚的减少，法律实施和诉讼过程。对商业的政策支持有多强大？通过法律管理合同，包括知识产权、税收、移民和减低政府壁垒。怎样的金融系统已准备就绪来支持信用的可用性、资本形成的灵活性和资本流动的有效性？

由于数十年的"以经济建设为中心"原则已经在地方政府深入人心，因此"重商主义"理念在本地区仍然强大，政府创造各种条件支持符合其目标的产业投资和企业行为，并在注册公司、用地、投融资、扩展生意机会等各方面为企业提供便利。

本地区的金融体系十分完善，拥有香港和深圳两个国际和全国性的金融中心城市，香港联交所和深交所能够为企业提供更多的直接融资机会，而间接融资的体系安排也十分发达。两地政府一直想要推动两个金融市场的沟通，但目前要实现资金的自由流动仍有一些政策障碍。但总的来说，资本在本地区供给十分充裕且效率较高。

由于《粤港澳大湾区规划纲要》（简称《纲要》）的出台，本地区已成为中国最具政策优势的经济区域之一。《纲要》确定大湾区建设目标为"国际科技创新中心"，并计划在本地区建设"珠三角综合性国家科学中心"，这将为地区创新网络注入更多的基础科研资源。而且大湾区努力想要促成区域之间跨越行政区的合作，提出了"广深港澳科技创新走廊"的计划和"深港科技创新特别合作区"的规划，有助于整合整个区域内的创新资源，促进资源的流动和提高配置效率。

总的来说，港深莞惠地区在过去 20 多年里在软硬件各个方面未必表现完美，但提供了令创新科技企业创立和发展壮大的足够肥沃的土壤，这也是许多高科技企业能够在本地区成长起来的重要原因之一。

某种程度上，港深莞惠地区的产业演进，在 2001 年之前接近于"雨林"模型，这是本地区创新科技产业能够崛起的重要原因之一。

何出此言？

其一，在改革开放以来的时间里，深、莞两地政府都呈现出若干"小政府"的特点，一方面两个城市原来都是县的建制，骤然提升级别之后，编制的增加是一个缓慢的过程，加之政府有意压缩规模，较少干涉微观经济运行，所以两地政府相对来说都不是严格控制社会的政府，这给了社会很大的自由空间。

其二，深圳的原特区外地区在很长时间内，和东莞市的大部分时间里，给了镇和村较大的经济自主权，东莞的市级政府对镇的控制较为宽松，各个镇有很大的经济发展权力，加之村集体掌握着集体所有制土地，无形中成为除政府之外的另一个一级土地供应商，也加大了基层的经济自主。而广东人务实的特点在东莞、老宝安的各村里得到典型体现，使得在改革开放头二三十年里，深莞惠地区呈现出极大的自由市场经济特点。

其三，深莞惠地区至今仍是中国大陆最为开放的城市社会体，国内移民完全可以自由来往、自由就业和创业。2008 年之后，两地政府加强了对出租屋的管理，尤其是深圳，建立了一个管理系统，要求所有出租屋都必须进行租客登记，这事实上是一个政府对社会收紧控制的信号。但即便如此，深莞地区对城中村的管控与北方城市以及长三角地区相比，都是比较宽松的。

基于以上三个原因，快速发展起来的镇村经济，数以千计的镇级工业区和村级工业区，使得2008年之前的深莞地区在经济和产业生态环境上，特别符合上述"热带雨林"的定义。

政府主导控制经济的意识明显得到加强。以深圳为例，政府把过去30年高新技术产业的发展理解为一个在政府引导和主导之下的过程，因而想要以更加自信的态度"引导和主导"所谓"产业升级"进程。无论是"腾笼换鸟"，还是"产业升级"，各式各样的产业规划和产业政策，在其积极作用的同时，对本地区的热带雨林生态都是一种破坏。现在我们已不能说本地区的生态系统还属于"雨林"模型。政府在不断强化自己在地区创新网络中的支配性作用，按照自己的心愿去耕作土地和种植作物，并对整个过程进行控制。

除了控制，还有空间的分割。

中国的国内市场，不是一个真正意义上的一体化市场，它被不同的行政边界割裂了，形成独具中国特色的"行政区经济"。由于税制以及行政考核机制的导引，加之各级政府拥有各种有形与无形的干预市场的权力，对企业的自主决策、自由经营构成强大制约。

以珠江东岸地区为例，整个ICT产业链是在深圳、东莞、惠州三个城市跨行政区延展的，虽说会集群化生存，但在他们的认知中行政边界不应该是个问题——每个企业根据自己的需要配置资源，但这种市场主体性受到行政权力的制约。

深圳、东莞、惠州三个城市政府都会向这个ICT产业链提供公共品，但它们提供的产品的质量是不均等的，而且互相之间极少协作。可以说，深莞惠是三个农场，而不是一个农场，产业链努力想要在三个农场中创造一定程度的雨林生态，但是三个农场则在努力地铲除杂草。

对行政边界的理解确实是个问题。是否存在这样一种可能性，虽然在每个行政边界内，政府都力图打造一个自己可控的科技农场，但由于每个行政区固执己见，且努力想要突出与别的行政区的不同，因而在大的空间比如说深莞惠整个东岸地区，保持了最大限度的多样性？

这是实际情况。深圳的各个区之间（以及原关外地区各个镇街之间），东莞的各个镇之间，表现出不同的特点之后，确实在深莞惠地区形成了复杂的多样性生态。深圳政府在前几年所推行的"强区扩权"改革似乎也意在如此，虽然它也起了不好的作用。大企业可能难以避免受到行政权力的制约和影响，很难自由地迁徙和在不同地区之间配置资源，但大到华为那样的程度，其迁徙行为则可以突破行政权力的控制。中小企业则可以在地区内自由地游牧。深莞地区给中小企业的自由度确实是极大的。

雨林可以不顾地理限制而把合适的人们都包含进来。这就是我们所说的PERIN珠江东岸区域创新网络，虽然它在"升级"的名义下已处于明显的衰退之中。

三、GIC、PERIN 与华为

经过上述分析，我们看到珠江东岸地区形成了一个在中国首屈一指的地区创新网络，在这个网络形成过程中，政府尤其是深圳地方政府可能起到了很大的推动作用。现在我们要问的一个问题是：在珠江东岸区域创新网络中，华为扮演了什么角色？华为与之的关系若何？或者说，这个网络为华为提供了哪些支持。反过来，华为又对这个网络提供了哪些支持？

1.PERIN 与华为

其一，本地市场。华为不依赖本地市场。但本地市场确实可以在华为的发展中充任一定角色，比如智慧城市建设。

一般而言，企业与本地市场的关系，因产业而异。生活性服务业、生产性服务业以及快速消费品行业，与本地市场关系紧密，而ICT产业与本地市场的关系就没有那么紧密，更主要的是全国市场和全球市场。

大部分行业立足于本地市场，然后区域市场、全国市场、全球市场，这之中有一个递进关系。当企业还处于初创阶段的小企业状态时，本地市场对它非常重要。一个相对繁荣而具规模的本地市场，可以令许多小企业创业成功。这也是为什么深圳的工商业者数量较珠海大许多，创业更为活跃的原因，因深圳是一个具有2000多万人口的本地市场，而珠海的本地市场仅有300万人口。

待企业发展到中等规模时，本地市场对它来说就已不够，它需要拓展区域市场。当它发展成为一个大企业时，就必须是在全国市场甚至全球市场求生存。必须有足够的市场容量才能产生大的企业甚至全球公司。

本地市场、区域市场的概念会因城市群的便利化而改变。以珠三角地区为例，之前深圳的本地市场仅限于本市，随着深、莞、惠三市加速一体化成为一个共同的都会区，事实上深莞惠地区便都成了这三地企业的本地市场，这样本地市场的规模可能就达到了4000万—4500万人，相当于一个中等国家的规模。而整个粤港澳大湾区就成为这些企业的区域市场。

华为所处的ICT产业尤其是通信产业情形却迥然不同。这个行业一开始就必须做全国市场，仅做本地市场和区域市场没有意义。任正非说华为是因为无知和幼稚才进入通信市场的，他在2015年接受法国媒体采访时也说过："我以为电信市场那么大，做一点点能养活我就行了。进来才知道电信不是小公司能干的，标准太高了，进步太快了。"

华为切入电信市场具有巨大的偶然性，这偶然性就是20世纪90年代全球和中国都进入电信市场快速发展期，中国要采取"进口替代"战略，而当时国内可替代的本土企业基本为零，华为在这样的草莽时代切入，又不需要与庞大的国有企业进行竞争，因而能够迅速抢占市场，并最终替代外资企业。倘若那时电信设备市场已有两三家大型央企在做，华为根本不可能获得国家的支持。

由于一开始就不依赖本地市场，所以华为与深圳的关系仅仅在于：我的总部的生产基地在深圳而已。因而华为与地方政府的关系相对简单。其实很多深圳企业都具有这个特点：仅仅是以深圳作为自己的运作基地，不依赖本地市场，所以就不需要与本地政府建立盘根错节的关系。那些高度依赖本地市场的房地产企业，就难免与政府官员纠缠不清，许多的腐败案件由此产生。

不依赖本地市场，不代表不需要本地市场。以华为近年进入的"智慧城市"解决方案的市场为例，深圳就是国内在智慧城市方向上走得最靠前的城市之一，也是国内第一个率先实现5G商用的城市。作为一个全球知名的新锐智慧城市，华为倘若能在深圳市场取得成功，形成一个经典的模范案例，对它开拓国内市场甚至国际市场，都会有很大的说服力。深圳有一个特殊情况是，在全国参与智慧城市解决方案的大玩家中，深圳就拥有最具竞争力的两家——华为与腾讯，它们在全国各地的"电子政务"订单中攻城略地。如此，华为并非能够自动获得深圳各区政府的智慧城市订单。

其二，技术与研发的网络。华为不依赖东岸地区的技术与研发网络。

华为的研发体系不依赖于深圳本地的大学和科研院所，相对独立而存在。这首先主要是因为，深圳和珠江东岸缺乏华为可以依赖的大学和科研院所。华为需要的是在电信领域内顶尖的大学和研究力量，而无论是深圳的大学，还是广州（中大、华南理工、广东工大）及香港（港大、港科大、理大）的大学，在电子信息领域都非强势的研究力量，国内比较强大的电子科学研究力量在北京（清华、北大、北邮）、上海（上交大）、南京（南大、东南大学、南邮）、西安（西交大、西工大、西安电子科大）、成都（电子科大）、合肥（中科大）、武汉（华中科大、邮科院）等城市，华为在国内只能与它们展开合作。

1997年，华为就与北大合作开展CDMA技术的研发。此外，清华、北京邮电大学、东南大学、中科大都与华为建立了长期的技术合作关系，双方通过建立联合实验室，或者购买技术的方式，进行技术创新方面的合作。华为的窄带CDMA技术、SDH光网络技术、智能网技术等都得益于与北大、清华、中科大等高校的合作。

2012年，华为与上海交大建立了长期战略合作关系。之后又与厦门大学、四川大学、西北工业大学、长春理工大学等多所高校签订战略合作协议。

这些大学都不在深圳和珠三角。可以说，广东和深圳的大学能够给予华为的技术支持十分有限。当然，随着深圳本地大学加强其在电子科学、材料学等方面的研究力量，华为也许会慢慢地增加与本地大学的合作。目前已能看到这种趋势，比如华为已经与中科院深圳先进院（及未来的中科院深圳理工大学）、深圳大学进行了一些合作，未来随着深大、哈工大（深圳）、南方科大科研力量的提升，可以想见本地大学对华为研发的支持和互动会有明显增加。

但就目前来说，华为在深圳，抑或在整个珠江东岸地区创新网络中都是一个独特的存在。有人说它像一个所谓的"军工综合体"巨头，相对于这个以市场化的中小企业为主体的地区创新网络，在文化上却是异质性的。因此它把自己在本地区的存在"堡垒化"，无论是其坂田基地，还是现在的松山湖基地，它都像一个小镇，自成一体，远离于深圳科创网络资源最密集的南山区和福田区。如果用前述"热带雨林"还是"农场"两个类型来比喻，华为显然把自己建成了一个"农场"，按照自己的农业计划种植作物，谋求收成。它甚至厌恶深圳城市网络内的那个有点类似"热带雨林"的地带，因为惧怕和厌恶别人挖它的研发人员，偷它的技术。

技术的溢出我们难以判断，但至少从技术在华为产业链中的正常扩散来说，华为的存在对珠江东岸区域创新网络而言就十分重要。

倘若深圳市政府认识到这一点，就必须尽最大努力维持华为研发体系在深圳本土的重点布局，从而源源不断地从全国、全球各地吸引人才、产出技术。

如何让华为维持其深圳研发基地的规模？就必须重点解决华为奋斗者、华为客户的关切——这个逻辑是十分清晰的。

其三，本地生产网络。

这部分在前面环节已有详细介绍。在华为仅做通信设备之时，它对本地生产网络的依赖性还没那么高，但在介入终端产品（智能手机）领域之后，就顺其自然地利用了原来富士康（苹果）所建立起来的本地生产网络。珠江东岸ICT产业链的存在，为华为终端的成功起到了很大的作用——当然华为的需求也丰富和扩大了本地生产网络。

其四，教育与人才体系。这是华为对深圳需求最大的，但恰恰是深圳过去没有能够给予支持的。当然也可以说给予了支持。经济特区对全国人才的吸引力，是华为能够从全国挖人的重要原因之一。

1997年之后，当经济特区对人才的吸引力弱化，深圳及珠江东岸地区创新网络越来越依赖华为等大公司的人才和技术溢出。

从人才来说，华为近年平均每年校招7000—8000人，而离职率约为5%（华为在深圳的员工总数约8万余人），意味着每年有不少于4000人离开华为，据统计这些离职人员中有超过35%会留在深圳，意味着华为每年为深圳其他企业提供了1500人左右的人才供给。

这个数字可能在10年前会小很多——也许只有500人左右。对目前深圳每年接收应届毕业生超过10万人而言，1500人看上去占比也并不大。但这是现在，在10年以前，深圳这个城市对国内一流大学的吸引力很欠奉，北大、清华、复旦、上交、中科大等大学的毕业生很少来深圳，当时能对这些大学构成吸引力的也就是华为这样的大公司。可以说，华为作为深圳重要的人才蓄水池，在当年深圳还不具有很大的人才吸引力的时候，为深圳吸收了一批国内一流的人才。到现在，要吸引北大、清华（2017、2018两年里，华为通过校招分别聘用了182、167名清华毕业生和122、104名北大毕业生）的学生，还是要靠华为、腾讯等这些大公司。

其五，金融与生产服务网络。

如前所述，深圳早在20世纪80年代末就开始建立一个金融及服务体系，在20世纪90年代中决意发展高新技术产业时，首要的考量也是建立"科技金融体系"。加上香港有更加国际化的金融服务体系，是所有本地区企业可资利用的。

由于拒绝上市，也拒绝引入战略投资者以稀释股权，华为主要是从间接融资市场而非直接融资市场获得金融支持。其对金融与生产服务网络的需求，在其初创期和成为大公司之前，对本地金融体系的需求是比较大的，20世纪90年代深圳建行和招商银行对华为的支持，是其脱离生存危机并做大的重要支撑力量。

可以肯定的是，在华为走向国际化的过程中，充分利用了香港国际金融中心的便利——直到现在也仍然是，虽然华为已可以更多地利用伦敦等国际金融中心的服务。

其六，作为总部所在地的公共服务与社会政策供给。

作为华为的总部所在地，华为在深圳现有员工总数已从最高峰时期的8万余人下降到3万多人，未来可能会进一步萎缩，仅余总部和接待中心功能，南方的研发中心和生产基地都搬迁到东莞松山湖基地。未来深圳总部员工总数可能不超过2万人。不过我们可以预计"深圳＋东莞"作为华为的总部和南方基地，员工总人数会在7万左右，珠江东岸的深莞地区仍然是华为在全球布局中分量最重的地区。

7万人在深莞地区工作，对本地的公共服务与社会政策供给提出了较高的要求。除了交通（深圳、香港机场，以及深圳北、广州南等高铁站，深莞地区的地铁及城际轻轨网络）、物流供应链体系之外，更重要的是住房、教育、医疗等社会服务网络。事实上，华为某些部门从珠三角迁往长三角地区，其中很重要的因素就是住房政策和教育政策：深圳地区不能有效地解决华为员工的需求问题，导致深圳地区对华为所需人才的吸引力下降。

2.GIC

华为与PERIN珠江东岸区域创新网络的关系，远没有华为与GIC（全球创新链）的关系更为密切。这正是华为作为一家全球性高科技跨国公司的特性之所在。

其一，华为的市场是全球市场。

华为在全球是完全开放的企业体。华为的触角延伸到全球各大洲，业务遍及170

多个国家和地区，服务全球超过30亿人口，是真正意义上的全球公司。以2018年为例，华为全球7212亿元人民币的总营收中，中国市场占比为51.6%，其国际市场营收占比高达48.4%，其中欧洲、中东、非洲占比为28.4%，亚太地区占比11.4%，美洲占比6.6%。这还是在其终端业务高速增长而且中国市场在终端产品销售中占比较高的情况下，拉升了中国市场占比，之前的2015年，华为的国际市场收入占比曾高达58%。

目前华为在全球共拥有259家子公司。

其二，华为依赖全球ICT产业领域的技术与研发网络。尤其是其进入"无人区"之后，对知识与科学的创新更为依赖。

到2018年，华为全球研发中心总数达到26个，联合创新中心共28个——这反映了华为全球化资源配置，本地化经营运作的理念。

2015年，华为宣布在比利时鲁汶成立华为欧洲研究院。欧洲研究院将负责管理华为在欧洲不断发展的研发分支，协调华为分布在欧洲八国18个研究机构工作，主要聚焦于新一代网络技术研究。

2015年，华为与曼彻斯特大学合作研究石墨烯的应用，该研究将石墨烯领域的突破性成果应用于消费电子产品和移动通信设备。2016年，华为与加拿大多伦多大学结成科研合作伙伴，并将多伦多大学定位为华为全球研究网络重要合作伙伴。华为还和泰国蒙格克特王家理工大学、马来西亚博特拉大学展开了合作。

除了大学，华为先后与DI、摩托罗拉、英特尔、微软、NECklace等公司建立技术合作关系，还和高通、爱立信、诺基亚、西门子、摩托罗拉、3COM等国际领先厂商达成了专利合作协议。2003年，华为与3COM成立合资公司，进行数据产品的合作；2004年，与西门子成立合资公司，在TD-SCDMA技术方面合作；2006年，与摩托罗拉在上海成立了UMTS联合研发中心；2007年，先与赛门铁克成立合资公司，进入网络安全领域，接着和全球海事系统有限公司合作成立合资公司，为全球用户提供海缆端到端网络解决方案；2012年，华为成为首家与SAP结成全球技术合作伙伴的中国公司；2016年，华为消费者业务和莱卡相机公司建立战略合作关系。此外，华为还与全球前50位电信运营商中的36家进行技术合作，建立了近20个联合创新中心。

前面的叙述可以看到华为技术创新网络是与全球联结在一起的。

其三，华为利用全球的人才与教育体系。

根据华为最新发布的年度可持续发展报告，截至 2018 年底，其全球员工总数 18.8 万人；其中，在海外聘用的员工总数超过 2.8 万人。海外员工本地化率约 70%。报告称，华为的员工来自全球近 160 个国家和地区。

最近有消息称华为将在约旦建 3 所 ICT 学院，计划培养 3000 名青年人才。

其四，华为介入全球的生产网络。

华为通信设备的主要生产基地在东莞。

华为终端主要依靠富士康、伟创力、比亚迪、开发科技等代工厂，并通过它们而使用全球的生产网络。

其五，华为利用全球的金融与生产服务网络。

华为每年数千亿（2019 年销售目标是 1250 亿美元，8800 亿人民币左右）的销售额，资金流量相当庞大，因此所需要的金融服务规模也是极其庞大的。除了国内金融业（相信深圳的金融体系给了华为相当大的支持，也从中受益良多）外，华为最初主要依托香港国际金融中心进行资金管理和融资等业务，汇丰银行、渣打银行都是其长期合作伙伴。汇丰银行总部迁回伦敦后，华为也越来越多使用伦敦全球金融中心的金融服务。

除了金融业务之外，会计、法律、会展、供应链等生产性服务业，深圳本土业者是最大受益者，其次就是香港的相关业者。由于华为欧洲业务开展得比较顺利且重要，伦敦、巴塞罗那等服务中心提供了华为所需要的服务。2018 年底，由于受到美国政府的打击，汇丰银行、渣打银行中断了对华为的金融服务。

其六，华为身处在 NVC 和 GVC 的交叉点上，而且深受中国与世界关系的影响。而中国与世界的关系，既是一个国际关系问题、GVC 问题，又是一个东西方文化问题、中国与西方的哲学问题，总体而言是一个"现代性问题"。

3.PERIN 更需要华为

PERIN 与华为谁更需要谁？结论当然是：互相需要。但就目前而言，双方需要对方的程度是不平稳的，PERIN 更需要华为。

华为产业链是深莞惠 ICT 产业链的核心部分。华为将成为深莞惠产业链在 5G 时代以及更远的将来产业升级的核心引领力量，或者说决定着这个产业链以及 PERIN 的明天。但这种依赖程度究竟有多高？

深圳和东莞地区诚然不只有华为，也不只有 ICT 产业链。

单就深圳来说，近年来一直在努力为未来产业奠定一个基础，比如深圳市政府确定的新一代信息技术、高端装备制造、绿色低碳、生物医药、数字经济、新材料、海洋经济等七大战略性新兴产业和生命健康、航空航天、海洋、机器人、可穿戴设备、智能装备等六大未来产业，过去数年里一直在加大投入和扶持力度。深圳为此出台了《关于进一步加快发展战略性新兴产业实施方案》，并配套出台了《关键领域重点任务（2018—2022 年）》，聚焦集成电路、人工智能、5G 移动通信、新型显示等 10 个重点领域和增材制造、石墨烯、柔性电子等 6 个前沿领域，按照 2020 年、2022 年两个重要时间节点，梯次接续、滚动系统实施 68 项重点任务。

深圳力图鼓励各个新兴产业领域的创新创业，并竭力平稳大企业与中小企业的关系。深圳市及各区打造了双创基地、孵化器等 730 多个创业平台。在各种国内创新创业城市排行榜上，深圳一般能居前 3 或前 5 的行列。在深圳市内，形成了车公庙、华强北、南湖路—嘉宾路、南山科技园、民治、宝安等多个创业公司集聚区。

毫无疑问，在一个区域创新网络中，大企业与中小企业，对网络的影响和需求都有着很大差异。

在珠江东岸地区创新网络中，既存在着数以万计的中小科技企业，也有具有全球影响力的大型科技集团。

2018 年中国企业创新力 100 强中，共有 15 家公司位于深莞惠地区，其中华为、OPPO、华星光电、腾讯、宇龙占据 10 强榜中的 5 个席位，其余 10 家分别是中兴通讯、努比亚、TCL、小天才、天马、vivo、迈瑞、创维、海洋王照明、大疆。

而在中国电子信息企业 100 强中，则有 22 家位于深莞惠地区，其中华为、比亚迪、TCL、中兴通讯等 4 家深莞惠公司名列前 10。

在这个地区既有像华为、中兴这样的全球性科技巨头，也有比亚迪、TCL、步步高、腾讯等这样较具规模且国际化经营的细分行业龙头，还有大疆等崭露头角的新锐创新型公司。但只有那些立于产业链顶端、带动一个庞大的产业链的公司，才能被称作"龙头企业"。华为、腾讯、富士康（苹果）、中兴通讯、TCL、步步高、比亚迪等，可以说是深莞惠地区为数不多的龙头企业之一，它们每个都带动一个产业链，并且不同母系产业链之间互相纠缠，共同构成珠江东岸的地区创新网络。

其中华为可以说是东岸 ICT 产业链中最举足轻重的龙头企业。在为华为配套的上下游产业链中，或者说在其最重要的 92 个金牌供应商企业中，有相当大的比例位于深莞惠地区，其中不少已伴随华为成长为销售额数十亿、过百亿元的大企业，其中至少有五六家进入了中国电子信息企业 100 强名单。

但是像华为这样的全球性科技巨头，它对珠江东岸地区创新网络的依赖程度十分之低。它更多地依赖全球的 ICT 产业链上的各地区创新网络，珠江东岸的网络只是它所利用创新资源的一个很小的组成部分。它的研发更多是内部系统的，利用全球各个地区创新网络中的有关创新资源并在自己系统内部进行整合。它对总部所在地，对珠江东岸创新网络中的大学、科研院所，其所产出的人才与科研成果，依赖性极小，这是因为它从全球的体系中汲取人才和科研成果，更重要的是因为本地区的大学和科研网络比较弱小或者说在信息技术领域没有重要性。这都是很正常的状态——全球性公司本来如此。

东岸地区创新网络更依赖华为这样的龙头企业，向本地区进行技术和人才的溢出和扩散。但是华为这样的公司反而对这样的技术和人才溢出非常担心，尤其是在目前的环境下。华为很不喜欢自己人才的高流失率（每年 5% 左右），也不喜欢同城竞争对手的挖墙脚行为。

企业希望自己的生存环境有稳定性和可预期性，尤其是希望有稳定的社会政策供给，希望有优质的教育、医疗服务。

4. 逃离

与管理学家、创新理论学者近年所鼓吹的"创新网络""生态圈"趋势大不相同的是，一些高科技巨头们似乎有意逃离"创新网络"和"生态圈"，建立自己独立王国式的科技庄园的意图十分明显。

最著名的例子有：脸书在硅谷门洛帕克市北部的柳树村、谷歌在硅谷圣何塞市中心的谷歌村、西门子在德国的埃尔朗根西门子城、三星电子在韩国水原市的三星电子城市。华为在东莞松山湖的溪流背坡村是最新的一例。

在圣何塞市中心，谷歌及开发合作伙伴特密尔克罗（TramellCrow）收购了许多

第三部分：PERIN 与 GIC 中的华为

物业，在狄里登（Diridon）火车站和 SAP 娱乐中心附近开发以交通通勤为导向的"谷歌村"。谷歌计划在当地建设 600 万（约 58 万平方米）到 800 万平方英尺（约 74 万平方米）的办公室。"谷歌村"计划要到 2025 年才会动工，将占地 240 英亩（约 97 万平方米），谷歌村开发计划总面积是苹果公司新的宇宙飞船总部面积的 3 倍，预计将容纳 1.5—2 万名员工，同时还要盖 2500 个住房单位。

目前，谷歌正不断收购狄里登车站附近的土地和建筑物，以便作为兴建谷歌村之用；总共已购入了 20 块土地，价值 1.46 亿美元。谷歌又与市府谈判，购买 16 块由政府拥有的土地，其中 7 块是市府拥有，9 块则由以前的圣何塞重建局拥有。由于土地拥有权很复杂，所以谈判进展相对缓慢。

此外，总部位于山景城的谷歌正在森尼韦尔市大举购入物业建设莫菲特公园（Moffett Park）。其中住房是谷歌对莫菲特公园设想的一部分。建设新的商住混合小区，同时提供生活和办公能力。该公司负责人指出，对整个硅谷来说，住房和交通是两个大问题，对谷歌来说这同样是问题。解决这个问题的最佳方式之一是建设商住混合小区，让人们住的地方离公司更近，从而营造有活力的小区，便于交通通勤。

脸书则在硅谷打造公司城镇柳树村，其中规划有住房、办公室、杂货店和药房，甚至可能拥有自己的文化中心。柳树村是位于加利福尼亚州硅谷占地 59 英亩的社区，位于门洛帕克和东帕洛阿尔托之间。

柳树村很容易让人回想起过去的"公司城镇"。这种由公司开发的社区，既为员工提供了住所，也有助于公司密切关注自己的员工。像柳树村这样的项目也沿袭了美国乌托邦社区的传统。

美国历史上充满了类似概念的城镇。这些城镇的设计和建造旨在实现特定的神学世界观，有时与科技力量的信念相联系。像这些乌托邦社区一样，柳树村的创始人希望通过重新创造社会生活来纠正想象中的社会问题。

脸书和谷歌正在提议，与地方政府建立伙伴关系，从而接手诸多社会工作——包括制定住房政策，为警察提供资金。这种模式现在反映了硅谷流行的观点，即将科技公司视为超越政府解决社会问题的先行者。

华为在松山湖溪流背坡村不可能复制谷歌或脸书所能做的，因为它们所面对的政府不同，土地制度也不同。

除此之外，躲进小城镇成一统的巨头公司，如何定位自己和整个区域创新网络或生态圈的关系？

表 2 企业自建村

公司	地点	用途	面积(万平方米)	员工数(人)	交通
谷歌	美国圣何塞市	谷歌村	97.1	20 000	狄里登枢纽
谷歌	美国硅谷山景城	查尔斯顿东区办公区	5.52	3000	
谷歌	美国加州森尼韦尔市	住宅综合体	9.7	4500	
脸书	美国硅谷门洛帕克市	公司城镇柳树村	24	21 000	
西门子	德国埃尔朗根市	西门子大学	54	7000	纽伦堡枢纽
三星	韩国水原市	三星电子城市	158	35 000	水原枢纽

5. 谁在培育中小企业？

一个有意思的问题是：谁在激发创业行为，谁在培育中小企业？地方政府按照硅谷的模式设计自己的区域创新网络，出台诸多鼓励创新创业的产业政策，真的能刺激更多的创业行动吗？地方政府，或者说科技园区，能培育更多成功的科技企业吗？是它们，还是 VC 投资人，还是产业链的链主巨头，在培育中小企业？

深圳市中小企业服务局 2017 年曾做过一项调查，在当时深圳市的 204 家中小板和创业板上市公司当中，属于华为系、苹果系（富士康）、中兴系、联想系、融捷系（比亚迪和华讯方舟的母公司）、TCL 系（华星光电）和其他世界 500 强配套的企业占比超过 70%。

当时其调研的 159 家民营企业产品的主要原材料和核心零部件主要来源是本市大中型企业、本市中小型企业和市外省内企业，占比合计达 96%。

很多企业的创业并非无源之水、无本之木，而是基于在产业链上的既有需求而创业。如果没有产业链的市场需求，无法想象其创业能够成功。所以据说 10 多年前当深圳地方政府嫌富士康对城市的税收贡献太少（1 万亿元的销售收入，地方税收才 10 多亿元人民币）时，郭台铭对这种苛求不以为然：富士康对深圳的主要贡献不在于外贸进出口总额和对地方税收的直接贡献，而在于培育一个产业链。富士康在这个产业链上培育了数以百计甚至千计的大中小科技企业。

从这个角度来说，是产业链和链主巨头公司在培育中小企业和创业企业，而不是地方政府和科技园区。地方政府和园区只是提供了一个生存环境，倘若只有这个空间环境而没有产业链，就不可能有这么多中小企业的创业成功。

换言之，不存在一个不基于产业链而虚无缥缈的区域创新网络。

《创新的族谱》(*The Evolution of a New Industry*) 一书描绘了产业演进过程中，最初的母体（人们常举的例子是硅谷的仙童半导体公司）在整个组织体系内所起到的作用："族谱中的母体组织通过'产卵'过程，也许不仅构成了新组织的潜在孕育者，而且成了促进新组织大量产生的知识、价值、特色的承载者。""母体组织和他们的孵化器提供创业所需知识，同时通过各种筛选过程批量培育新公司，在此过程中壮大并向多样化发展。"

当然，最终结果一定是各种要素共同作用的结果。无论如何，深圳、东莞可以说是国内营商环境最佳的城市群之一，甚至可以不要"之一"。

6. 深圳还是创业之城吗？

在国内、国际媒体塑造的深圳城市形象中，"创业之城"似乎最多被提及。

如果我们需要选取一个观察指标的话，看看胡润 30×30 创业榜。

2017 年，胡润研究院首度发布《2017 胡润 30×30 创业领袖》，北京成为创业领袖创业之城，有 13 位精英将公司总部设在北京，深圳紧随其后，有 10 位，上海、杭州以 2 位并列排名第 3，其次是广州、东莞，各 1 位。

2018 年 9 月胡润研究院第二度在深圳发布《2018 胡润 30×30 创业领袖》，榜单显示，北京、上海和深圳成为中国 30 岁以下创业先锋之城，上榜的 300 位 30 岁以下创业者中，超过七成将公司总部设在这 3 座城市，其中北京有 122 人，上海和深圳分别有 53 人和 42 人；杭州排名第 4，有 22 人；广州排名第 5，有 11 人。

据深圳市市场监督管理局发布的数据显示，2018 年全市新登记商事主体 48.5 万户，累计实有商事主体 311.9 万户，创业密度居全国大中城市首位。

但是深圳需要面对自己究竟是否还是一个适合创业的城市这样一个问题。其中最重要的是对营商成本的评估。

2018 年底，深圳市政府出台《深圳市关于加大营商环境改革力度的若干措施》（以下简称《若干措施》）重要文件（俗称"营商环境 20 条"），从贸易投资环境、产业发展环境、人才发展环境、政务环境、绿色发展环境和法治环境等六方面，提出20大改革措施、126个政策点。

比如所谓综合成本问题，政府把重心放在了企业运营成本上：《若干措施》提出要营造综合成本适宜的产业发展环境，全方位降低企业运营成本和税费负担，预计能为企业减负1300亿元。这包括出台的工商业用电降成本政策，对规模以上工业企业和限额以上批发和零售企业、物流企业降低电价，在3年资助周期内总预算高达约125亿元，受惠企业超过1.5万家。

对深圳的营商环境来说，目前影响更大的其实不是企业的直接成本，而是员工的生活成本。这主要包括房价过高导致的员工购房压力，也包括海归人才痛感的高税收问题。但前者更多是地方政府可以影响的因素。

2016年5月，之前很少接受媒体采访，更从没有批评过政府的任正非在接受媒体采访时罕见地批评高房价问题："高土地价格、高房价，已经导致了生产要素成本急剧上升，也必然导致中国企业的竞争力下降""高成本最终会摧毁你的竞争力。"在此之前的2015年一年之内，深圳房价暴涨一倍。

有分析认为，华为最初在东莞松山湖拿地，并未计划将公司在华南的重心迁往东莞，而只是打算以松山湖作为华南的生产基地，以及华为终端的总部和研发中心。但2015年深圳房价暴涨最终促使任正非重新考虑华为在华南地区深圳与东莞两座城市的功能布局，最终结果是，整个华南的生产和研发中心都迁到了东莞松山湖。

就目前而言，高房价已经是深圳整个城市的致命伤，是许多其他成本问题的"元问题"。深圳必须靠自己的经济和产业力量获得地位，可以想见在目前深圳的两个主要城市定位中，"全国性金融中心"这个角色一定程度上是依附于"国际科技产业创新中心"这个角色的，如果深圳不再是高科技产业中心，那么深圳的金融中心就会成为无源之水、无本之木。

然而高房价却直接打击深圳的"国际科技产业创新中心"地位，严重地说，可以将之连根拔起——深圳将重蹈香港"产业空心化"的覆辙。

以高房价为诱因的居民生活成本过高，直接影响到深圳区域创新网络的各要素，尤其是对人才的吸引力，这既不利于大企业吸引有用人才，也不利于创业企业找到合适的人才。长此以往，深圳作为创业创新之城的底色就会淡化许多，而原有的大企业也会离深圳而去，选择在更低生活成本而其他条件并不比深圳差的高等教育中心城市及其周边地区开设办公室或工厂。

第三部分：PERIN 与 GIC 中的华为

关于深圳在粤港澳大湾区内扮演科技创新核心枢纽的角色，有几个问题必须辩证一下。

其一，深圳应不应该死守第二产业占比不能低于 30% 的底线，死守 270 平方千米工业用地的底线？

深圳市委、市政府知道要留住制造业，所以才会要保持 270 平方千米的工业用地，而且还说过，一、二、三产业中，第二产业的占比不能低于 30%，要死守这个底线。我们相信深圳对香港产业空心化所导致的结果异常清楚，而且深圳和香港还不具可比性。香港的问题是结构性的，一个是蓝领工人失业一直没有解决，另一个是年轻人其实是看不到出路。香港的优势是，这种靠资金和财富的流动，对 700 万人口的城市来说，是不缺钱。但深圳要警惕了，深圳没有香港的优势，香港不仅仅是自由港，还是中国的特别行政区，中国政府不能坐视它衰落而不管。深圳不能跟香港比，也不能和北京、上海比，是因为深圳城市的重要性没那么高。

深圳有 2000 多万人，固然可以说，制造业没了，有很多人跟着就走了，如果深圳衰落了，那它可能会把人口减少到 1000 万，还是可以有 1000 万人城市的正常发展，但深圳在国家的重要性方面就不复存在了。深圳就变成大连、青岛、厦门那样，美丽的海滨城市，有自己的产业地位和区域性的角色，但不再是全国重要的中心城市。深圳市政府、深圳人，能够接受这样一个结局吗？

如果不想这样的结局，深圳就必须保持自己的产业竞争力。这个产业竞争力绝对不能仅仅是一个总部基地，如果仅仅是一个总部基地，那么深圳就"香港化"了，或者叫"布鲁塞尔化"了。布鲁塞尔大都市圈 1614 平方千米、210 万人，20 世纪 90 年代布鲁塞尔大都市圈主动退出制造业，着力发展房地产业和会展经济，致使 21 世纪经济增速一直在 -2% 到 2% 之间徘徊，失业率长期保持在 20% 左右，成为西欧经济表现最差的大都市圈。

深圳的科技创新，是否可以不要制造业？只做未来产业的"国家孵化器"？深圳一直是以硬件出名，我们在全球创新科技链条中，深圳的特色就是硬件创新，硬件中心如果硬件制造业不在了，怎么创新？比如说出一个电子类设计样品，如果工厂是在深圳市内，上午过去，中午就可以回来；但是东莞的话，基本上要耗一天时间。这种互动上的不方便，远远不如在深圳市内，尤其是小批量多批次的生产，公司和制造方之间需要很便捷的沟通；如果是东莞的话，就远了，会逼着这些设计和研发公司一起搬走。

按照联合国、美国、德国的统计标准,全球科创中心硅谷和欧洲科创中心慕尼黑2017年的制造业增加值占GDP比重均在27%左右,而在同样统计标准下深圳2018年的制造业增加值占GDP比重仅为25%,比硅谷和慕尼黑低了2个百分点。

仅仅有金融中心和服务业中心,如果制造业空心化,一个城市的服务业也是会流失的。过去我们看到,很多人说深圳可以把研发和制造分离,但事实上研发和制造能够分离的产业还是很窄的,大部分研发和制造是不能分离的。

国内的另外两个一线城市北京和上海,绝对的服务业中心,它们都还在拼命保制造业,它们很清醒地意识到产业空心化的后果是什么。深圳有什么理由不保?所以说深圳市委、市政府内心还是很清醒的,认识到深圳必须保持自己拥有一定的制造业比例。

接下来,制造业是否应该保持在至少30%的比例?这个目标能否做到?为了保制造业,是否就必须保工业用地270平方千米?

一种说法是,深圳第二产业比例现在还有40%,离30%还有很大的空间;而且不一定要保30%,25%、20%难道就不行吗?

首先要说清楚,现在的40%是有水分的。因为中国的一、二、三产业统计口径,跟国际上通行的是不一样的。比如说石油采油,在国际上是属于第一产业,但在我们这里属于第二产业,叫采掘业,包括煤炭工业,在国际上也是第一产业。这40%里面,假设按照国际通行标准,中海油采油业务已经不能算作第二产业,同样,华为大部分的增加值也算不上第二产业了。这是国内国外统计口径不同。如果用国际上通行的标准,深圳的第二产业占比几乎可以肯定已经低于30%了。

其次,保制造业在30%,是参考了国际上类似城市的标准,比如我们前面提到的硅谷、慕尼黑、东京、新加坡等许多创新型城市,需要这样一个最低水准的制造业存在。

再说,为什么要"力保"?这是一个坚决的态度。失去这个态度、这个政策底线,那么深圳很容易就加速产业空心化,很快就会达到香港的状态。所以这个守底线的态度必须要有。

270平方千米工业用地要产出30%的制造业比重,是否是必然的,是否划得来?深圳国土开发比例已达到50%上限,也就是1000平方千米左右,用27%的用地来保30%的制造业产出,这应该已经是制造业产出对应用地需求的底线了。

深圳有没有条件保住30%的制造业比例?有些人认为注定是保不住的,深圳的产业空心化是注定的结局，深圳经济大势已去。

对此说法我们不敢苟同。深圳土地面积近 2000 平方千米，是有条件留住制造业的。从国际上看，深圳的面积就相当于纽约+威彻斯特县（土地面积合计 1898 平方千米），它们都拥有大量的制造业，拥有 27% 的工业用地，属于很高的制造业比重。纽约+威彻斯特县能够做得到，深圳为什么做不到？

最关键是要控制住房地产泡沫。房价暴涨是对深圳制造业、深圳创新科技最大的威胁。

其二，第二个需要辩证的问题就是，为什么必须控制房地产泡沫？能够控制得住吗？

深圳，以及全中国，都存在着巨大的房地产泡沫，对这个结论没有人怀疑吧？以深圳为例，深圳市政府发展研究中心主任吴思康曾提到，深圳目前住房总量 1041 万套，按照平均每户 2.59 人测算，深圳现有住房可以容纳 2800 万人口，而深圳现在实际人口约为 2300 万人。深圳现有住房数量是多了而不是少了。

那些说深圳房价暴涨是因为供不应求的观点可以休矣。那些主张深圳减少工业用地、释放更多的住宅用地才能制止房价上涨的说法更可以休矣。他们眼里的住宅需求，并不是居住需求，而是所谓的"投资需求"，而且是来自全世界、全国的投资需求，深圳供应再多的住宅用地，深圳再建 1000 万套住宅，在他们眼里也许市场仍然是"供不应求"的。对这些投资需求，唯一的办法是打消他们"房价还会涨"的心理预期。只要这种预期没有了，投资需求也就会锐减了。所以深圳控制房地产泡沫的唯一手段，不是释放更多的住宅用地，而是打消房价还会继续涨下去的心理预期。

其三，深圳是应该坚守公平的市场经济原则，所有政策对大企业和中小企业一视同仁呢？还是应该想方设法保住产业链链主企业，因此应该更多照顾这些巨头企业的需求？

我们认为，未来产业产生于现在的创新创业环境，现状的创新环境要求公平的社会政策这一点在原则上是没有问题的；但是现状的产业主要是以华为、中兴通讯、比亚迪、腾讯等龙头企业为"创新极"的 ICT 产业链。我们需要评估，倘若给予龙头企业特殊政策，对未来产业所赖以生存的地区创新网络，孰利孰弊？

事实是，产业的机会不会一而再，再而三地光顾一个城市。深圳在过去的 30 年里抓住了全球 ICT 产业链的巨大历史机遇，并一举成为全球重要的 ICT 产业中心之一，这样的历史机会可遇而不可求。因此，想方设法稳住现有的 ICT 产业链，是深圳必须做的重中之重的事情。而稳住ICT产业链的关键，就是稳住这些链主巨头企业——尤其是华为。

现在稳定ICT产业链的关键，是在政府不可能打压房价到合理水平的前提下，设计针对性的特殊住房政策给龙头企业，以稳定深圳经济的根基——ICT产业链，这是现在之必需；同时只有稳住这个产业链，未来产业才有赖以生存、发展的产业创新网络环境。

因此，深圳有必要给予这七八家产业链链主企业一定的特殊政策，尤其是住房、教育、医疗等社会政策配套。就算每个龙头企业需要2—3平方千米，加起来也就是20平方千米，深圳不是没有这样的资源，问题的关键是要认识到问题的严重性和紧迫性，要下大决心。这样做不是破坏市场公平，而是最大的公平，因为离开了这些龙头企业，中小企业创业失败的可能性将会大增，不仅仅是科技型企业，包括物流供应链、金融等生产性服务业，包括房地产以及餐饮零售等生活性服务业，机会都会锐减——这是为了深圳这个城市的未来，是为了2300万深圳人未来的饭碗。

四、潜在危机

如果我们将目光从珠江口放大到全国和全球，我们不得不承认，自2015年或者更早时候开始，珠江东岸地区创新网络已面临着不小的危机，概括言之，即由于珠三角地区总体营商成本的上升、由中美贸易摩擦而引发的全球价值链格局重整，以及国内产业链在5G时代的变局，深莞惠地区的ICT产业链存在着"大流散"的潜在威胁。

这种潜在的散链威胁表现在：

其一，产业链低端的组装环节正在向东南亚、印度等地区转移。

其二，产业链的高端核心技术环节存在着"断链"的威胁，即欧洲、美国、日本、韩国和中国台湾等地区与中国（大陆）的ICT产业链脱钩，中国（大陆）将失去一些核心技术的来源，被迫"自主创新"，建立自成体系的产业链。

第三部分：PERIN 与 GIC 中的华为

其三，由于珠三角基础研究能力的缺失，以及人才供应链的单薄化，国内 ICT 产业链过去对核心零部件的进口替代战略，其主要成就不体现在珠三角地区，而是体现在长三角、长江中游甚至西部个别地区，从而导致珠三角的龙头企业在国内产业链布局中被迫向长三角等地区倾斜。

1. 转移

我们从前述的华为供应商体系可以看出，我国虽然已拥有了全球最完善的 ICT 产业链，但是这个产业链是由内地（大陆）企业、港台企业、外资企业等共同组成。尤其是在芯片、面板等核心零部件供应商中，本土企业并不占主导地位。这就是我国电子工业界常说的"缺芯少屏"的瓶颈问题。

以半导体产业来说，在美国完成产品设计、设备研发生产，原材料由日本提供，在美国、韩国、中国台湾完成制造生产，在中国台湾、新加坡完成封装测试，最后在中国（大陆）完成模组和终端产品组装，是过去电子终端、半导体产业典型的国际分工模式。

在过去的 10 年里，我们可以看到的一个趋势是，由于中国生产成本的提升，这个分工体系中的终端产品组装部分，正在向东南亚和印度等生产成本更低的地区转移。现在，美国正在鼓励此种转移。

ICT 产业链向越南和印度的转移呈现出典型的龙头企业带动的链式迁徙的特点。向越南的转移主要由三星电子和富士康两大龙头企业带动，它们已经或正在将原在中国的主力工厂迁往越南，而他们在中国的核心供应商们也只能追随他们的转移行动，产业链的迁徙是否会带动更多的龙头企业被迫跟进还有待观察；向印度的产业转移则更多是中国本土的 ICT 龙头企业出于"市场驱动"的原因而在印度进行战略性投资，并带动产业链向印度转移。

以下按照 8 个主要的龙头企业在印度和越南进行产业投资的情形进行描述。并对他们带动的供应商体系配套投资案例进行简介。

八大龙头企业：

1. 三星电子

三星电子是全球重要的 ICT 龙头企业，2018 年，它是全球最大智能手机市场份额的占有者，且是全球重要的半导体制造商和新崛起的重要通信设备制造商。

三星电子撤出中国的直接原因是其智能手机在中国市场的溃败，随即转向印度和越南等战略性新兴市场。2018 年三星手机在中国手机市场的市场份额已降至 0.7%（70 万部）。

之前三星电子在华的手机工厂主要是天津和惠州两个生产基地，其中惠州工厂的产能为 6000 万部，天津工厂的产能为 3600 万部，此外三星电子在韩国本土的智能手机生产能力亦有 6000 万部。现在三星电子已将韩国的生产能力压缩到了 2000 万部，并于 2018 年 12 月底关闭了天津工厂，2019 年 9 月关闭惠州工厂。（其一级供应商苏州普光、东莞普光、东莞钨珍及艾迪斯等曾在中国雇用成千上万名员工的大厂先后倒闭。为三星电子及供应商提供电子、包材、塑胶等材料的供应商也受到强烈冲击。）

2018 年，三星电子宣布在印度诺伊达建成了全球最大的手机工厂，占地 35 英亩（约合 212.5 亩）。这个工厂最早建于 1995 年，这次产能扩建成本为 491.5 亿印度卢比（约合 7.1 亿美元），原有产能为每月 500 万部，扩建后每月产能为 1200 万部。

同时三星电子旗下的显示器公司将投资 150 亿印度卢比（约 2.17 亿美元）在印度诺伊达市设立工厂，用于生产手机屏幕。三星 SDI 计划投资 90 亿至 100 亿印度卢比（约 1.3 亿至 1.44 亿美元）在印度建立工厂，用于生产锂离子电池。

三星电子自 2008 年开始对越南投资，当初投资金额为 6.7 亿美元，截至 2018 年 4 月，三星电子对越南投资总额增至 173 亿美元。三星电子目前在越南各地有 4 家生产子公司共设 8 个厂房，主要生产手机与电子零件等。

三星电子还将在越南建立其在东亚主要的研发中心，主要发展 5G 技术。该中心选址河内西部，占地 11.6 万平方米，投资 3 亿美元，将容纳 4000 名研发人员，预计将从 2020 年开始投入使用，并在 2022 年完工。

2018 年，三星电子在越南的 4 家生产子公司总销售额达到 657 亿美元，相较 2017 年增长了 36 亿美元。尤其是安丰（Yen Phong）工厂的销售额比去年增加了 18.5 亿美元。三星在越南、巴西、印度尼西亚工厂的手机产量已经达到了 3 亿部。

三星电子的韩国兄弟公司 LG 已经决定在年底淘汰韩国本土的工厂，并且把位于韩国平泽市的手机生产厂移到越南的海防市，计划手机年产量将达到 1100 万部。

2. 富士康

富士康是在深圳发展起来的全球第一大电子代工巨头。1988年，郭台铭在深圳开办只有百来人的台资工厂，之后发展成为富士康龙华基地，并在深圳观澜建立另一个制造基地。2004年富士康成为全球第一大3C代工厂。2010年，富士康在郑州进行战略性投资，将iPhone代工厂从深圳迁往郑州（2018年员工人数达到25万）；2017年，富士康在广州投资610亿元建设8K超高清液晶面板工厂，2018年底又宣布将斥资600亿元在珠海设立芯片工厂。

迄今为止，富士康主要的生产基地仍然是在中国大陆，在全国35个城市设有生产基地或工厂。但近年来富士康一直在努力规避生产基地集中在大陆的风险，提出了"两地（美国与大中华区）研发、三区（亚美欧三大洲）设计制造、全球组装交货"的战略布局。在越南和印度的投资服从此战略。富士康在2019年削减近200亿元人民币的成本（合29亿美元）。iPhone组装业务将被削减60亿元人民币，占到了30%，搬往越南和印度也被视作富士康削减成本的需要。

富士康母公司鸿海精密目前已经有多项业务在越南落地。2018年，鸿海集团向中国富华电子支付1650万美元，购买越南北江省工业园区25万平方米的土地使用权。2018年底，多方消息透露出富士康将在河内建立苹果手机代工厂。之前富士康已收购了诺基亚在越南的生产基地，并用于制造自主品牌的手机（后失败）。

同样在2014年，富士康出资20亿美元收购了诺基亚（未包含在微软75亿美元并购诺基亚手机的资产包中）在印度的主要代工厂Rising Stars Mobile India Private Limited（RSMIPL）。RSMIPL旗下有两个生产基地，第一个位于安得拉邦（AP厂），拥有1.5万多名员工，另一个位于泰米尔纳德邦的金奈（TN厂），拥有1.1万多名员工。但之后就相关税务问题和在印度销售手机问题，富士康与印度政府进行了持久谈判。

2015年8月，富士康在印度宣布将投资50亿美元，准备在马哈拉施特拉邦建设电子制造基地，但由于各种原因，富士康的投资计划并未落实。据称原因是苹果把印度市场的代工订单，委托给了另外一家代工企业纬创集团，纬创目前还在寻找土地建厂，准备生产价格便宜的苹果旧款手机。

2019年4月，富士康宣布：7月，iPhone将在富士康的印度工厂里量产。富士康印度装配线将于9月苹果新品发布的同时开始提供装配服务，富士康计划投入初始资金3亿美元。富士康也表示将在2020年，在印度国内兴建10至12家生产工厂。

此外富士康在印度也建工厂代工生产索尼电视。

3. 小米

小米是近年崛起的中国智能终端企业,也是较早进军印度市场的中国手机企业之一。2018年在印度拿下28%的市场份额,超过了三星的24%,居第一位。

小米在印度已有6家工厂(富士康、Hipad等代工),还有500多家服务中心,具有完善的供应链和售后服务能力,实现了本土生产、本土销售,并与2019年3月宣布将与伟创力合作在印度南部的泰米尔纳德邦建设其第7家工厂。小米还同时在泰米尔纳德邦建立了印刷电路板(PCB)组装厂。

4. 步步高系

OPPO、vivo均在诺伊达设立印度总部。

2018年5月,OPPO正式宣布在印度发布旗下子品牌Realme,这一子品牌将在印度完成制造。

2018年12月,OPPO、vivo先后对外宣布将扩建现有的印度工厂。之前两家厂商均在印度的大诺伊达地区拥有一座手机组装厂,vivo印度工厂的产能为每月200万部,而OPPO印度工厂的产能为每月125万部。vivo在印度的第2个制造工厂项目总投资达到400亿卢比(约合人民币近40亿元),年产能5000万部。OPPO的第2家工厂在2019年投产,产能5000万部。

5. TCL

2017年12月,TCL集团印度模组整机一体化智能制造产业园,在安得拉邦蒂鲁帕蒂(Tirupati)正式动工,2019年第4季度陆续投产。TCL印度产业园项目包括华星光电模组项目及TCL电子智能显示终端项目,华星光电印度模组项目将整合大尺寸电视屏及中小尺寸移动终端显示屏生产,规划年产出800万片22—55英寸大尺寸电视面板及年产3000万片3.5—8英寸小尺寸手机面板,智能显示终端项目设计生产32—65英寸整机,规划年产出600万台TV整机,不仅服务于TCL品牌,也给印度市场其他品牌提供ODM服务。

6. 联想

2015年8月,联想集团已开始通过代工企业Flex在印度生产智能手机。Flex靠近印度南部城市金奈的斯里佩鲁姆布杜尔(Sriperumbudur)工厂,这是联想与摩托罗拉品牌首次采用同一家工厂生产,合计年产能达600万部。

7. 华为与中兴

这两家深圳企业较早进入印度市场，但在印度智能手机市场的份额却远不如小米和步步高系。它们均曾有在印度设厂的计划，但并未下定决心。未来华为与中兴的产业链是继续维持在国内，还是迁就产业链南进，难以判断。

2015年华为宣布在印度的"联合创新中心"正式成立。该中心是印度首个提供综合信息通信技术（ICT）解决方案测试的中心，也是华为兑现对印承诺——帮助印度政府强化国家ICT产业生态，打造"数字印度"的体现。

2019年3月，华为针对印度市场推出新的3年发展计划，计划从2020年开始的3年内，在印度投资1亿美元，开设千家品牌门店，扩宽印度市场智能机类型，以占据更大的市场份额。此计划一出，意味着华为将与多家品牌手机竞争，抢夺印度市场。

中兴通讯早在2011年就计划在印度金奈成立生产基地，以迎合印度政府希望使用本土制造设备的愿望。中兴金奈生产基地采取与印度本土企业合资的方式成立。

其他代工厂：

纬创在班加罗尔附近有两座工厂，生产在印度销售的苹果iPhoneSE和iPhone6S，在全球范围内，iPhone组装工厂共有18家，其中14家位于中国、2家位于美国、1家位于南美、1家位于欧洲。在2017年，苹果曾委托台湾代工企业纬创在印度班加罗尔生产iPhoneSE等低端产品。

据悉纬创正在向印度政府申请投资500亿卢比，计划将其PC、物联网、医疗和云服务等业务带到印度。

伟创力自2005年以来即在金奈运营。2015年，金奈工厂被授予国内关税区（DTA）身份。加上特别经济区政策，可以使伟创力得以同时为国内和出口市场生产与交付产品，并均享受零关税。

伟创力曾于2016年9月为华为荣耀代工生产手机，荣耀手机在印度金奈附近的伟创力装配厂生产，而该工厂之前已经在为联想和摩托罗拉生产智能手机。

2018年6月，海派在诺伊达的新工厂投入生产，年设计产能1500万台，首批客户有中国小米和印度Micromax。

闻泰、龙旗和天龙等公司在印度调研一番后，考虑到中国和印度复杂的客户关系，名义上退出了印度，实则通过其他形式进驻印度。比如目前月出货量达100万台的闻尚，其老板与闻泰老板是兄弟关系。

零部件供应商：

三星电子重点布局越南后，其在韩国、日本及中国的核心供应商纷纷到越南设厂进行配套。

富士康也同样如此。2018年10月，中国组装苹果无线耳机AirPods的歌尔股份（GoerTek）证实把AirPods产线移至越南。歌尔股份公司已成为第1家证实计划把产线移出中国的苹果主要设备供应商。

在苹果公司公布的200大供应商名单中，在越南设厂的供应商2018年有14家公司，2019年增加了1家中国的立讯精密，在越南有工厂入选了苹果供应商名录，总数变成了15家。这15家位于越南的公司有3家美国公司、6家日本公司、2家韩国公司、3家中国（大陆）公司（立讯精密、歌尔股份、深圳裕同包装）和1家中国台湾公司（鸿海）。这侧面证实了立讯精密、歌尔股份、裕同包装三家中资零部件供应商已转战越南。据悉，立讯精密在当地计划投资金额达2100万美元，而歌尔股份越南电声器件生产投资项目中，由中方出资的金额为3920万美元。

全球最大的手机玻璃盖板生产企业蓝思科技于2017年4月斥资5380万美元收购越南胜华在北江省越安县光州社光州工业区R（R2）地块的土地租赁权、厂房所有权及厂房内机器设备，正式在越南设厂。另一家苹果主力供应商的中资企业领益科技也已证实在越南设厂。

这表明在三星和富士康的带动下，手机产业链中的一部分已经在越南北部形成初步的供应链网络。

至于在印度，手机供应链也已初步在印度诺伊达、金奈等地建立起来。

相对外围的零部件供应商，已经在印度设厂的至少包括：1.耳机、数据线——以瀛通、小林电子、联创为首的大概6—7家华人耳机厂；2.充头——以奥海、光宝、睿德、天鹰为首的大概6—7家华人适配器工厂；3.电池——以欣旺达、天贸、吉能、维科为首的大概5家华人工厂；4.包装彩盒——以六甲、银翔为首的大概4家华人工厂；5.展示柜——以海其、至美科技为首的大概3家华人企业工厂。

2018年8月，小米主要的零部件供应商之一合力泰宣布，将投资2亿美元在印度建厂，选址为印度安得拉邦蒂鲁帕蒂市，工厂占地75英亩，主要以生产相机模组、薄膜晶体管、电容式触摸屏模组、柔性印刷电路和指纹传感器为主，工厂在2019年6月15日正式投产，每月可产5000万个零部件。合力泰也是印度本土第1家生产相应模组的制造商。

镜头模组龙头厂商欧菲科技也表示，公司正在研究在印度或海外其他地区设厂的方案。欧菲科技相关人员表示，目前公司已经在印度相关地区进行建厂事宜的考察，但对于新工厂的选址、产线、投资额等细节暂时还无法确定。

2018年12月，光弘科技宣布其全资子公司以增资方式向印度公司闻尚移动（Vsun Mobile Private Limited）进行投资，以5.27亿印度卢比（约合人民币5000万元）获得其50.82%股份。闻尚移动主营业务为手机组装，而光弘科技主业为消费电子等相关产品的成品组装。

联创电子2019年2月披露，全资子公司重庆两江联创电子有限公司与联创电子（香港）有限公司拟共同出资2000万美元，在诺伊达建设年产3000万片触控显示一体化产品产业化项目。

除了中资企业，一些原在中国（大陆）设厂的日资、台资零部件供应商也纷纷将部分生产转移到印度和越南。

目前全球产业链中具有控制地位的玩家主要有三种：掌握核心技术、掌握全球品牌、掌握制造能力的大型代工企业。目前中国在这三方面都在奋力向上攀升，出现了：1. 在GVC中掌握全球品牌（如华为、中兴）和在AVC中掌握区域品牌（如小米、步步高系）的一些龙头企业；2. 掌握核心技术的一些企业，目前主要是华为；3. 掌握制造能力的大型代工企业，比如中芯国际和华星光电。但这三类企业除了华为外，在核心技术方面都受制于国际跨国公司。

虽然到目前为止，向印度和越南的产业链转移尚未伤害到中国ICT产业链的完整性。在中国形成巨大生产规模的芯片（前、后工序）、面板制造能力，很难在越南和印度迅速形成生态体系。须知中国这一生产基础的形成是由数以千亿美元的投资砸出来的，其中包含着巨量的政府资本投入。这种投资机制是无法在印度和越南复制的。所以可以断言的是，短期内，印度、越南对中国构成的威胁不大，越南短期不可能替代珠三角。

但是应该看到，全球ICT产业链中的三类控制性"大玩家"中，都已开始试探性投资越南和印度，尤其是越南。掌握终端品牌和核心技术的代表企业是三星电子，还有一批日资企业，比如夏普已决定在越南设厂。不排除掌握核心技术的美资企业也会大举投资越南。掌握制造能力的代工企业投资越南的代表是富士康，不排除更多的台湾代工厂迁往越南。

需要特别注意的是，中国台湾是全球ICT产业链中一个重要环节，不仅仅是因为其终端产品代工业（富士康等）、芯片制造业（台积电、联电、联发科等）和面板产业（友达、群创等）在产业链中的地位，更重要的是，某种意义上它是中国与欧美日韩的一个联结，更是中国大陆ICT产业链的引路人。

倘若台湾业者大举南进，则可以表明替代趋势走向了一个转折点。

2. "脱链"

中美贸易摩擦向科技竞争延伸，会是深莞惠ICT产业链所面临的一个主要威胁，因为深莞惠ICT产业链本身就是全球ICT产业链的组成部分，完全嵌入其中，与之密不可分。

以华为产业链为例。

在华为2019年公布的92家一级供应商中，共有33家美国企业，根据雪球作者"财申君plus"提供的资料，分别是：

1. 英特尔（intel）：总部在美国，全球第二大半导体公司，华为芯片供应商。英特尔主要为华为云提供计算和存储等支持，华为SD-WAN产品均采用了英特尔从凌动到至强D系列处理器。

2. 赛灵思（XiLinx）：总部在美国，全球最大的FPGA芯片制造商，为华为提供FPGA芯片及视频编码器。

3. 美满（Marvell）：总部在美国，原名迈威科技，全球顶尖的存储、网络和无线连接解决方案供应商，中国总部在上海，目前在南京和成都均设有研发中心。

4. 美光（Micron）：总部在美国，全球前五大半导体制造商，其存储产品仅次于三星和SK海力士，排名全球第三。

5. 高通（Qualcomm）：总部在美国，是全球最大的移动芯片供应商，同时也是华为调制解调器芯片主要供货商。

6. 亚德诺（Analog Devices）：总部在美国，华为芯片供应商，在模拟与数字信号处理领域实力强劲。

7. 康沃（Commvault）：总部在美国，全球企业数据备份、恢复、归档和云服务领导者，跟华为在数据保护解决方案领域有密切合作。

8. 安费诺（Amphenol）：总部在美国，华为连接器及线缆供应商。安费诺2017

年营收达 70.1 亿美元，是全球第二大连接器制造商，产品包括电子和光纤连接器、同轴和扁平带状电缆、互联系统等。

9. 莫仕（Molex）：总部在美国，是华为顶级连接器与线缆供应商。莫仕主要靠做端子、胶壳起家，在 19 个国家拥有近 60 座工厂，目前业务主要集中于电子、电气和光纤连接器的制造。2013 年，莫仕被科氏工业集团（Koch Industries）以 72 亿美元的价格收购。

10. 甲骨文（Oracle）：总部在美国，世界上最大的企业级软件供应商。

11. 安森美（ON Semiconductor）：总部在美国，主要为华为旗舰机提供包括光学防抖、自动对焦、可调谐射频器件、摄像机和充电器的电源管理集成电路解决方案以及保护器件等。此外，安森美半导体还给华为的太阳能和大功率应用提供解决方案。

12. 是德科技（Keysight）：总部在美国，是一家生产测试与测量仪器与软件的公司。是德科技的前身为安捷伦（Agilent）公司，于 2013 年分拆成两家独立的上市公司，一家保留安捷伦原名，另一家则命名为"是德科技"。

13. 美国国际集团（AIG）：总部在美国，是一家从事保险和保险相关业务的控股公司，为全球近 140 个国家的企业和个人提供保险、金融、投资及资产管理等服务。

14. 思博伦（Ospirent）：总部在美国，全球领先的通信测试仪表及测试方案提供商，为华为提供验证测试业务。

15. 红帽（Red Hat）：总部在美国，是全球开源软件和技术主要供应商。2018 年 10 月，IBM 宣布以 340 亿美元的价格收购红帽。

16. 希捷（Seagate）：总部在美国，主要为华为提供高速硬盘以及闪存等解决方案。

17. 西部数据（Western Digital）：总部在美国，为华为大数据应用提供创新的存储技术和硬盘产品。

18. 迅达科技（TTM Technologies）：总部在美国，全球前十大及北美最大的印刷电路板制造商，为华为提供 PCB 及相关产品。

19. 新思科技（Synopsys）：总部在美国，是全球排名第一的芯片自动化设计解决方案提供商和芯片接口 IP 供应商，新思不但和华为海思合作设计了全球首款商用人工智能手机芯片，还为华为提供软件安全评估。

20. 思佳迅（Skyworks）：总部在美国，成立于 1962 年，华为射频芯片供货商。

21. 微软（Microsoft）：总部在美国，全球最大的软件公司，主要为华为提供翻译技术。

22. 新飞通（Neo-Photonic）：总部在美国，在中国深圳也设有总部，另在武汉、东莞分别设有研发和制造基地。新飞通主要为华为提供光通信产品，是全球领先的光通信器件供货商。

23. Qorvo：总部在美国，全球知名的 RF 解决方案供应商。Qorvo 为华为最热门的旗舰智能手机和中端智能手机提供多个创新型 RF 解决方案。

24. 赛普拉斯（Cypress）：总部在美国，为华为提供传感器（三轴加速度计）、BST 电容控制器等。

25. 高意（II-VI）：总部在美国，全球领先的光电产品供应商，产品包括光纤通信元器件和功能模块、可见光和红外激光器、光学元器件、光电晶体材料和元器件、微光学元器件等。

26. Inphi：总部在美国，成立于 2000 年 11 月，是一家为通信与运算市场提供高速模拟半导体解决方案的公司，主要为网络原始设备制造商（OEM）、光模块、云和电信服务供应商提供半导体组件和光学子系统。

27. 迈络思（Mellanox）：总部在美国，于 1999 年成立，产品包括网络适配器、交换机、网络处理器、软件和芯片。

28. 风河（Wind River）：总部在美国，是全球领先的智能互联系统软件提供商，为华为提供 VxWorks 操作系统。

29. 鲁门特姆（Lumentum）：总部在美国，华为光学元件供应商。

30. 菲尼萨（Finisar）：总部在美国，是全球光纤通信领域行业中规模最大的光器件供应商。

31. 铿腾电子（Cadence）：总部在美国，是专门从事电子设计自动化（EDA）的软件公司。

32. 博通（Broadcom）：总部在美国，为华为提供 WiFi 蓝牙模块、定位中枢芯片、射频天线开关等产品。

33. 德州仪器（Texas Instruments）：总部在美国，全球最大的模拟半导体制造商，为华为提供 DSP 和模拟芯片。

虽然华为已经采取了强有力的"进口替代"战略，但是要把这 33 家公司的产品与服务完全排除，可以想见是多么困难的事情，甚至可以说是不可能。那么如果美国企业全部断供，后果可想而知。

何况美国所能影响到的绝非仅仅是美国企业。在华为的 92 家一级供应商名单中，另外有：

8家欧洲企业，分别是：恩智浦（荷兰）、灏迅（瑞士）、耐克森（法国）、罗德与施瓦茨（德国）、SUSE（德国）、意法半导体（总部在瑞士）、罗森伯格（德国）、英飞凌（德国）；

11家日本企业：松下、三菱电机、联恩电子、SUMICEM、古河电工、东芝存储、住友电工、索尼、村田、广濑、富士通；

10家中国台湾企业：台积电、富士康、大立光电、欣兴电子、晶技股份、华通电脑、南亚科技、旺宏电子、日月光、联发科；

2家韩国企业：三星电子、SK海力士。

以上合计31家企业，是可以预计美国对之有足够影响力的企业。加上33家美国企业，就已有64家，占华为92家一级供应商的70%。其余的28家公司中，23家是中国公司，但其中有3家是做物流及供应链管理，其余的20家企业中，又有多少家是依赖美国元器件、生产设备或技术的？

所以如果美国政府坚决要打击华为的话，华为有多少生还的可能，可想而知。当然正如美国国务卿蓬佩奥所言，美国并非要打击某个企业。如果美国的战略真的是"脱钩"呢？华为是代表中国自主创新最高水平的ICT龙头企业，尚且如此，何况别的公司？

这就是为什么任正非不希望"脱钩""脱链"发生。

华为是深莞惠ICT产业链的领头羊，华为23家中国供应商中，8家是深圳企业，另外也有不少家在珠三角地区设有工厂。美国如果强行"断链"，对珠江东岸的ICT产业链当然会有决定性的影响。

3. PERIN面临国内的竞争冲击

无论最终是否"脱链"，珠江东岸地区都面临着国内其他地区的强有力竞争。主要的竞争对手可以描绘为：东部"一大片"、中部"一条线"、西部"两三点"。

"一大片"是指"长江三角洲地区"这一区域经济及产业体、地区创新网络。

长江三角洲经济圈包括上海、江苏、浙江、安徽三省一市。这一地区是中国电子信息产业最为发达的三个地区之一（另两个是京津、珠三角）。

"一条线"其实是在一条线上的四个点，即北京、郑州、武汉、长沙四个城市。

其中北京一直是中国三个主要的电子产业基地之一。北京的竞争力不需要再饶舌，不过北京与深圳的关系似乎更多是合作关系而非竞争关系，北京的教育科研机构是深圳在国内获得科技支持的主要来源之一。

郑州与长沙则是近10年来珠三角ICT产业向外转移的主要承接地之一。

其中富士康于2010年开始将苹果智能手机生产主力工厂迁往郑州，迄今富士康郑州科技园占地面积达10平方千米，员工超过25万人。此外富士康还在河南济源、中牟、南阳、西华等地建立工业园。富士康的北迁带动了相关产业链大批企业跟随。

而长沙则是在其"望城经开区"内设立了面积为5.28平方千米的"智能终端产业园"。该产业园肇始于伟创力长沙工厂项目，在伟创力迫于美国政府压力于2019年5月退出华为供应商名单后，比亚迪电子收购了伟创力长沙工厂，而华为则将相关手机订单转交给比亚迪。按照华为的要求，长沙智能终端产业园将成为华为手机的第二制造基地，生产规模将达到1.5亿台。相关配套厂商据信也会跟随在长沙投资建厂，华为的一级供应商蓝思科技已经宣布了长沙建厂的计划。

如果说郑州、长沙更像珠三角的制造基地合作伙伴的话，那么武汉则更像竞争对手多一些。武汉有郑州和长沙不可比拟的教育及科研实力，《自然》（Nature）杂志曾提到，武汉是全世界本科生和研究生最多的城市。现在武汉共有84所大学，在校学生超过120万人，人才供给极为丰沛。武汉"光谷"已成为中国中部研发型企业的孵化器，有2.7万家中小企业在此发展。除了武汉大学、华中科技大学、武汉理工大学等高校外，中科院武汉分院、武汉邮科院也是这一地区的支撑性研究力量。

武汉的光电子产业已成为不可忽视的竞争力量。2016年，紫光集团在武汉启动了号称"国家存储器基地"的"长江存储"项目。武汉为之规划建设了配套产业园区，以及国际微电子学院、长江芯片研究院、国家先进存储产业创新中心、存储芯片联盟、国家IP交易中心等设施。此外光谷还建设了5条新型显示面板生产线，聚集了华星光电、天马、精测电子、尚赛光电等一批面板企业，由此成为中国最大的中小尺寸面板生产基地。华为武汉研发基地拥有6000名研发人员，使之成为华为的全球光能力中心和终端研发中心。联想集团收购了摩托罗拉终端部门后，亦在武汉建设其最大的生产基地。小米则在武汉建立其第二总部。武汉光电子产业据说已接近 1 万亿元的目标，不过估计是一个较宽泛的口径，毕竟全球光电子产业的总规模也不过 4000 多亿美元。

"两三点"，其实主要指西安、成都，或许包括或许不包括重庆，西部的几个电子产业聚集城市。西安是国内的高等教育中心之一，也是军工产业集聚之地，有较强的研究力量（西安交大、西北工大、西安电子科技大学以及原电子工业部在西安的研究所），但产业化、市场化的程度明显不足，这构成西安成为创新型城市的主要障碍。目前三星电子在西安建立了一座半导体工厂，而中兴通讯则在西安设立生产基地，这是为数不多的令人印象深刻的电子工业项目。但总体而言，西安的电子信息产业的规模仍然偏小，且未形成地区的创新网络，对珠三角基本不构成竞争力。

成都的情况较西安略好一些，这得益于这座城市的开放性，成都与武汉较为相似，不像西安那样具有保守性格。西安电子信息产业的总规模也接近 1 万亿元人民币，其主要的科研资源是电子科技大学和原电子工业部的研究所，而 ICT 产业近年有了一定程度的集聚，诸如京东方在成都建设了一条第六代柔性 AMOLED 生产线，紫光集团计划在那里建设一座 IC 产业园，中科曙光也在成都有投资项目。

所谓中国创新能力最强的地区，不外上述。但对珠三角地区构成最大竞争对手的，则只有长三角地区。

长三角三省一市是中国经济最发达的地区，拥有国内最重要的高等教育与科研体系、最健全的工业体系和服务业体系以及比珠三角更齐全的 ICT 产业链。其与全球产业链的联系也非常紧密。

从高等教育来说，中国科技大学、复旦大学、南京大学、浙江大学、上海交通大学、同济大学、东南大学等都是国内一流的大学，四省市拥有超过 250 所大学（上海 64 所、南京 53 所、杭州 47 所、合肥 54 所），可谓是国内人才供应最充足的地区。

从科研力量来说，中科院上海分院、合肥分院、南京分院都是其体系内比较有实力的分院。国家已经批准的 4 个综合性国家科学中心，有 2 个在长三角地区：上海张江综合性国家科学中心拥有上海光源、国家蛋白质科学研究（上海）设施、软 X 射线自由电子激光、超强超短激光装置、活细胞结构和功能成像平台等多个大科学装置；合肥综合性国家科学中心则拥有或正在建设同步辐射、全超导托卡马克、稳态强磁场、量子信息国家实验室、聚变工程实验堆、先进 X 射线自由电子激光装置、大气环境综合探测与实验模拟设施、超导质子医学加速器等大科学装置。

长三角拥有上海这样一个金融中心、航运中心、国际贸易中心、国际航空枢纽，以及南京、杭州等多个地区性服务中心，有健全的生产性和生活性服务体系。而且该地区高速铁路、高速公路等路网极其稠密，与全国的交通联系也极其便利。

从 ICT 产业链来说，长三角地区虽然缺乏像华为这样的终端控制型的龙头企业，但却是中国规模最大的 IC 产业基地，拥有全国 55% 的 IC 制造企业，80% 的封装测试企业和 50% 的 IC 设计企业。

早在 20 世纪，上海就是中国的半导体产业中心之一。20 世纪 90 年代，国家力量推动的"909 工程"就以上海为中心展开，由华虹与日本 NEC 合作建设一条超大规模集成电路生产线。而之前的"908 工程"（无锡华晶）和"907 工程"（杭州士兰微电子等企业），其布局也都在长三角地区。虽然当时相对于全球先进技术来说，仍然比较落后，却培养了较多的 IC 工程师和技术工人，为后来台资及外资 IC 企业集聚长三角地区打下了人才基础。

张江的集成电路产业集群已经形成了国内最完善、最齐全的产业链布局，共有 217 家相关企业，其中全球芯片设计 10 强中有 6 家在张江设立了区域总部、研发中心，全国芯片设计 10 强中有 4 家总部位于张江。2019 年，张江集成电路产业营收 1045 亿元，占上海的 61%，上海市则为 1713 亿元。

上海集中了中芯国际、华虹、宏力、上海贝岭等多家 IC 前工序制造企业。其中中芯国际已进入全球 IC 代工企业 5 强，是世界上为数不多的几个可以提供完整的从成熟制程到先进制程的晶圆制造解决方案的纯晶圆代工厂之一。中芯国际 0.35 微米到 28 纳米工艺制程都已进入量产，14 纳米 FinFET 工艺正在研发中。2018 年 1 月，中芯国际又设立中芯南方集成电路制造有限公司，计划总投资 102.4 亿美元，在上海厂区建设两条月产能均为 3.5 万片芯片的集成电路生产线（即 SN1 和 SN2），生产技术水平以 12 英寸、14 纳米为主，产品主要面向下一代移动通信和智能终端。

江苏的 IC 产业规模不亚于上海。

SK 海力士、华润微电子在无锡建有 8 英寸和 12 英寸芯片生产线。无锡 SK 海力士为江苏省单体投资规模最大、技术水平最高、发展速度最快的外资投资企业。华润微电子在无锡形成全链条的芯片生产线，旗下 5 家子公司，华润矽科、华润上华、华润华晶、无锡迪思微电子、华润安盛各自负责芯片的设计、制造、掩模以及封测，形成完整的产业链。此外，排名第一的封测企业——江苏新潮集团位于无锡江阴。上海华虹也投资 100 亿元在无锡建设集成电路研发和制造基地，将无锡作为华虹在

第三部分：PERIN 与 GIC 中的华为

上海金桥、张江、康桥以外的第 4 个制造基地。

南京设立 500 亿元专项基金支持集成电路产业发展。目前江北新区已集聚 200 余家集成电路企业，覆盖设计、制造、封测等全产业链。在设计领域，有展讯、创意电子、安谋（英）、新思科技（美）等国内外龙头企业相继落户；制造领域，有著名的代工厂台积电 12 英寸晶圆项目；封测领域，位列前三名的华天科技投资 80 亿元在浦口经开区建设集成电路先进封测产业基地项目。

三星半导体、华为海思、中科院微电子所、澜起科技、华天科技等均在苏州设有分公司或生产基地。

杭州也是长三角地区的芯片重镇，全市拥有集成电路企业上百家，集聚了浙江省 85% 以上的设计企业，其中，一大半芯片企业集聚在杭州滨江区国家"芯火"创新基地，亦是知名芯片设计公司士兰微的诞生地。

合肥在 2012 年开始先后建立了合肥经开区、高新区和新站高新区三大集成电路基地。当前，芯片企业主要集中在高新区内，以联发科、安谋、新思科技、大唐电信、君正等为代表，达到 140 余家。新站高新区以 IC 制造为主，有安徽易芯半导体 12 英寸芯片生产线，新汇成微电子晶圆测试项目。

最为成熟的 IC 产业生态，对全国的上下游企业构成强大的虹吸效应。华为海思半导体也因此而迁往上海。

不仅仅是 IC 产业，也不仅仅是新一代信息技术，在人工智能、物联网等战略性新兴产业方面，长三角的发展势头也好过珠三角。无论中美科技竞争的结果是否"脱钩"，以深圳为代表的珠三角地区都不得不面临着长三角的巨大竞争压力。

这也是珠江东岸地区创新网络所面临的危机，因为 PERIN 最大的优势就是与全球创新链相关联的产业生态网络，如果论及基础研究能力根本无法与长三角相比。倘若珠三角产业链的核心部分，以及其向未来产业延伸的部分，纷纷转移到长三角地区，那么深莞惠地区还有什么可与国内其他地区竞争的呢？

问题是：深圳都会区对这一趋势无能为力。上海及周边地区除了上述优势外，还有两样东西是深圳都会区不具备的：1. 长三角地区从明清时期开始就成为中国的文化中心，对人才具有强烈的文化吸引力，而这一点是深圳都会区无法相提并论的；2. 深圳都会区的房价总体上高出上海及周边地区，而深圳暂时无法压低这一核心的营商成本和生活成本，导致其对人才的吸引力愈益下降。

第四部分：

精神共识

华为会与深圳这个城市渐行渐远吗？

我们无法想象：当深圳没有了华为，将会怎么样？当华为不再是深圳的华为，它会怎么样？毕竟这么多年来，华为、中兴通讯、平安、招行、万科、腾讯、比亚迪、华侨城……这一连串企业名字，几乎就是深圳的代名词，而华为最近10年来，基本上是深圳整个城市的形象代言人。

华为是什么时候开始告别深圳的？是它走向世界的时候，还是它的搬迁车队开始隆隆驶向东莞的时候？它们何时开始有了分歧？是什么样的分歧？

是华为在变，还是深圳在变，还是中国在变？

放在历史的框架下来看，深圳与华为，都产生于中国调整与世界的关系这样的大变局中，所以成长为全球性跨国公司的华为最能深切地感受到中国与世界关系对其公司的生存与发展有着本质性、决定性的影响。

一、催生

看待深圳这个城市，看待华为这个公司，必须放在大历史和全球地理的范畴内，才能接近本质。

1. 背景

17世纪之前，人类生活和文明的重心，在欧亚大陆的温带地区。中东黎凡特诞生了人类最早最成熟的文明，之后文明向三个方向扩散：地中海地区、中亚及远东地区、印度半岛及东南亚地区。在公元前1000年到公元1500年这2000多年时间里，世界历史主要是地中海文明、华夏文明与印度文明及其三者的交汇处——中东与中亚地区之间碰撞与融合的历史，以及它们与草原文明之间对撞的过程。后者常常是多米诺骨牌的拨弄者，当华夏帝国强盛时，常常会压迫蒙古高原及阿勒泰地区的游牧民族西迁，冲击中亚地区，洗劫地中海各地，并波及东欧南部以及远西；而当地中海地区的罗马帝国强盛时，又会把游牧民族抑制在中亚并逼迫其向东发展，劫掠黄河流域甚至长江流域的农耕世界定居者。

这个像季风或海流一样的"多米诺骨牌"模式，在公元17世纪之后被彻底废止了。欧洲的西部和北部地区，在蛮族人摧毁罗马帝国后，崛起一系列基督教国家，从16世纪起，文艺复兴、宗教改革、全球航海运动及地理大发现、三场大革命（英国、法国、美国）、启蒙运动（苏格兰、法国）、科学革命（理性主义）、工业革命，令欧洲迅速进入一种全新的工业文明，并在全球进行殖民扩张，意图塑造一个全球资本主义体系。有人称这一系列质变为"第二次轴心时代"，以与公元前8世纪—公元前2世纪的第一次轴心时代做区分。

所有第一次轴心时代产生的重要文明和文化民族，包括华夏世界、伊斯兰世界（包括波斯地区、奥斯曼帝国和阿拉伯社群）、印度世界都被迫对西方的压力做出反应。

中华民族自19世纪中叶被迫打开国门，迄今已近两百年，可以说仍处于"刺激－反应"的模式之中。这之间清帝国先是被迫买船买炮，然后洋务运动自己造船、造炮、采矿炼铁，甲午战争被打醒后，光绪皇帝想要奋发图强进行变法，结果落得个被软禁而死的下场，于是乎武昌城里枪声一响，袁世凯逼迫孤儿寡母退位，民国建立。20世纪10年代中国借钱推进工业化和交通建设，然而袁氏复辟，皇帝梦仅做了83天。北洋政权作为一战战胜国参加巴黎和会，却被迫承认日本承接德国在山东的利益，遂导致五四运动，兹后苏俄介入中国，孙中山自广东挥师北伐，1928年蒋介石再建国民党政权，以长三角为代表的工业化又有一个繁荣发展的10年，复又被日本入侵打断。改革开放以后，中国成为全球资本主义市场体系的一部分。从1978年十一届三中全会，到1980年设立经济特区，1984年邓小平南方视察，1988年开放个人经商办企业，1992年小平第二次南方视察，1994年中央正式确定"社会主义市场经济"的经济体制，2001年中国加入WTO，这一切，是中国与世界，特别是与美欧日等西方世界调整关系的一个过程。

而华为正是在这样的背景下，于1987年创立于深圳经济特区。它踏着中国拥抱世界的节拍，从中国市场走向全球市场，成为一个在全球做生意的中国深圳科技企业。

2. 中国对外开放是加入美国主导的全球价值链

邓小平这一代领导人打开国门，拥抱的是怎样的一个世界？中国的对外开放，究竟是对谁开放？

2018年7月，安信证券首席经济学家高善文在山西证券30周年的一个演讲中，称邓小平在20世纪70年代末的开放主要是对美国的开放。他在该演讲中有如下的说法：

> 小平同志本人这样讲过，而且我们回头去看历史也是这样的，现在中央也是坚持这样的说法：中国的对外开放就是对美开放。中国的对外开放不是对苏联开放、不是对东欧开放、不是对印度开放、不是对非洲开放、不是对拉丁美

洲开放，中国的对外开放就是对美开放。

我们回顾过去 40 年的历史也清楚地看到，所谓改革开放在开放这一层面上的核心是发展一个非常友好的中美关系，使得中美两国能够正常交往、正常做生意，在这一前提下中国跟整个西方世界可以正常交往，中国跟西方世界之外的其他国家才能够正常交往。

那么问题在于中国对外开放是对美开放，它就难免有一个前提是美国要接纳你。但是美国为什么要接纳你呢？

高善文的此一观点在国内引起广泛讨论和激烈批评。官方也有报告指出："1978 年 1 月至 1979 年 2 月的一年间，邓小平相继访问了缅甸、尼泊尔、朝鲜、日本、泰国、马来西亚、新加坡和美国。这一系列出访，特别是对美国和日本的访问，帮助邓小平完成了对中国与外部世界关系的准确定位，初步形成了通过实行改革开放促进中国与世界共同发展、互利共赢的战略大思路。"

从事实上来说，中国的对外开放也绝非仅仅是对西方开放，更不是主要对美开放。否则最初的开放也不会选择广东和福建建立四个经济特区。

事实上当 20 世纪 70 年代末第二代中央领导集体做出对外开放的决策时，首先想到的是对港澳台和海外华侨华人的开放。深圳特区对接香港，珠海特区对接澳门，汕头和厦门特区对接海外华侨华人。

1984 年之后才进一步开放上海、天津、大连、广州等 14 个沿海城市，1985 年将长江三角洲、珠江三角洲和闽南三角区划为沿海经济开放区，1988 年开放海南岛为第五个经济特区，进入 90 年代以后，才逐步由沿海向沿江及内陆和沿边城市延伸。

台商进入大陆要晚一些，是两岸政治解冻之后的产物，差不多与日本、韩国资本同时进入中国大陆投资。也有一些欧洲资本试水性质地进来，比如与青岛合资的瑞士利勃海尔家族控制的德国公司，1984 年即与青岛的一家濒临倒闭的集体工厂合资设立"琴岛-利勃海尔"电冰箱厂，后来德方退出，才发展成青岛海尔集团。

美国产业资本进入中国是比较晚的事情，大规模投资则是 2001 年中国加入 WTO 之后的事情了。

在 20 世纪八九十年代，中国对外开放的主要目的是引入资本和先进技术，从这个意义上说，当时的非洲、拉丁美洲和南亚、西亚以及东欧，基本上没有中国所需要的资本和技术，所以就算是中国对全世界开放，但对这些地区的开放又有什么意义呢？整个 80 年代，能给中国带来资金和技术的，首先是亚洲"四小龙"和"四小虎"中的华人资本，其次是欧美日等国家。

进入 21 世纪之后，中国建立起强大的制造能力，需要从中东和拉美进口石油，从巴西、澳大利亚和印度进口铁矿石，从拉美和澳大利亚等地区进口粮食和农产品，开始向亚非拉地区销售中国的工业产品，这才与亚非拉地区、东欧地区建立起更广泛的贸易关系——这才真正进入了向全世界开放的阶段。

对外开放，不仅仅是在地理空间上向哪些国家开放的问题，更重要的是加入全球市场体系，并成为全球化的主要受益者之一和重要推动力量之一。

3.《共产党宣言》

首先要对"全球化"有一个准确的理解。

说到全球化，许多人的理解远没有马克思和恩格斯更为深刻。在《共产党宣言》中他们写道[①]：

> 资产阶级，由于开拓了世界市场，使一切国家的生产和消费都成为世界性的了。使反动派大为惋惜的是，资产阶级挖掉了工业脚下的民族基础。古老的民族工业被消灭了，并且每天都还在被消灭。它们被新的工业排挤掉了，新的工业的建立已经成为一切文明民族的生命攸关的问题；这些工业所加工的，已经不是本地的原料，而是来自极其遥远的地区的原料；它们的产品不仅供本国消费，而且同时供世界各地消费。旧的、靠本国产品来满足的需要，被新的、要靠极其遥远的国家和地带的产品来满足的需要所代替了。过去那种地方的和民族的自给自足和闭关自守状态，被各民族的各方面的互相往来和各方面的互相依赖所代替了。物质的生产是如此，精神的生产也是如此。各民族的精神产品成了公共的财产。
>
> 资产阶级，由于一切生产工具的迅速改进，由于交通的极其便利，把一切

[①] 卡尔·马克思，弗里德里希·恩格斯：《马克思恩格斯文集》（第一卷），中共中央马克思恩格斯列宁斯大林著作编译局编译，人民出版社，2009 年 12 月第一版。

民族甚至最野蛮的民族都卷到文明中来了。它的商品的低廉价格，是它用来摧毁一切万里长城、征服野蛮人最顽强的仇外心理的重炮。它迫使一切民族——如果它们不想灭亡的话——采用资产阶级的生产方式；它迫使它们在自己那里推行所谓文明，即变成资产者。一句话，它按照自己的面貌为自己创造出一个世界。

什么是全球化？其实就是上面这段话的意思："一切国家的生产和消费都成为世界性的了""一切民族甚至最野蛮的民族都卷到文明中来了……它按照自己的面貌为自己创造出一个世界。"而这个全球化，实质上就是"全球资本主义化"。

同样是高善文，在2018年另一篇演讲中梳理了贸易全球化的简要过程[①]：

因为市场是通过专业分工交换和自由竞争来实现效率提升的，所以市场内在的力量一定是跨越一个国家的自然领土边界的。它所能实现交换的范围越大、分工越深入、竞争越充分，越能促进参与贸易的所有国家的福利改善。所以在这个意义上来讲，市场的力量延伸到一国的领土范围之外是非常自然而然的事情，它延伸到一国的领土范围之外以后，能够更好地促进所有参与方的福利改善和经济增长。

但是在早期非常长的时间里，大规模的国际贸易在技术上存在一些困难。除了很多法律、汇兑方面的困难之外，早期在技术层面上还面临着运输、信息交流的种种困难。比如说，大规模的交换就涉及货物的运输，后来生产的全球分工更涉及大规模的运输。在非常早期的时候在一国的边境之内，长距离的运输甚至都是很困难的，更不要说是跨越大洲的非常长距离的运输。另外一个约束就是信息的流通，商品交换需要实时知道大量的信息，比如买卖的行情、价格的情况、当地需求的波动等等，而信息的大范围流通，在早期的时候也是极其困难的。

我们知道跨大西洋电报的出现是二十世纪初的时间，跨大西洋电报的出现所标志的远距离即时通信的实现，对贸易在全球范围之内更加快速地推广起到了很重要的作用，尽管它不是唯一的作用。五六十年代标准集装箱的推广大大

[①] 2018年4月11日，高善文在清华大学时事大讲堂的演讲。

降低了远洋运输的成本,也在客观上破除了贸易在全球范围之内展开的另外一个约束。信息交流和货物运输问题的解决为市场在更广范围扩张提供了有力保障。

如果市场要跨越一国的边界去展开,市场就变成了国际贸易、国际经济活动,它面临的基本困难就是用何种力量来实现私有产权的保护、汇兑体系的维持以及保护公平和充分的竞争。市场力量跨越一国的边界面临的一个内在的困难就是,一个国家在内部用来维持市场正常运作的一系列安排,一旦跨越国界以后,它的有效性、可得性就面临巨大的问题。

如果把1890年到1900年之间作为一个起点,大概到1920年前后,在差不多20到30年的时间里全球贸易,或者是以货物贸易的自由化为标志的全球经济的一体化,曾经经历了一段黄金时期。在这段时期我们可以看到全球的货物贸易量相对全球的GDP是有明显的上升的。经济的全球化,贸易的全球化,商品在全球范围之内流通,这一过程相对GDP以更快的速度展开,使得全球经济经历了第一轮全球化的黄金时期,而这一轮全球化也刺激和促进了当时深刻地参与其中的相关国家的经济的增长和发展。参与这一浪潮的包括美国、英国、西欧、日本等。

但是从1920年前后这个顶点,到第二次世界大战结束,全球化经历了20到30年的严重的收缩和倒退。在二次世界大战前后的时候,经济全球化的程度甚至比美国内战结束的时候还要更低。

……

原因是1900—1920年的全球化没有一个相对应的全球治理结构去维持它。市场力量是需要一些基础的制度安排去维持,需要保护产权、需要促进竞争、需要有国际汇兑安排等一系列的制度安排去维持。而这一轮的全球化,没有这样一个制度安排去支持它,它完全是由市场力量自发形成的全球化。

这种自发形成的全球化,当它处在上升浪潮的时候,每一个人都获益,大家都纷纷加入其中。但是当经济衰退到来的时候,每一个国家的反应都是要保护本国的产业,保护本国产业的方法就是竞争性加税,这样一来,跨国的贸易基本上就阻断了,贸易活动局限于越来越小的范围,这加剧了经济收缩,从而造成进一步增加关税的压力,形成恶性循环,全球化就崩溃了。

除了加关税之外,为了维护本国产品的出口竞争力,政府另外一个办法就是对货币进行竞争性的贬值。货币竞争性贬值的结果是国际汇兑体系极其混乱，加剧了经济严重的收缩和衰退，带来了全球化20多年的停滞。

第二次世界大战结束以来，相对于全球的GDP，全球的贸易经历了一轮又一轮大幅度的上升。从1945年到现在，在这70年的时间里，相对于全球的经济增长，全球贸易在以更快的速度成长。全球化在商品贸易以及后来在生产层面上深刻的展开，在一定程度上大大刺激了全球经济的增长和人们生活水平的提高。

对这一现象最有发言权之一的应该是中国，中国在1978年改革开放以后，能够实现惊人的经济成长，关键的原因是我们加入到了全球经济的分工体系中，我们的商品能够销售到全世界越来越多的国家和地区，我们加入到了全球生产链和供应链的形成过程之中，没有这样的基础，改革开放不太可能形成我们现在所看到的惊人的成就。

为什么在1945年二次世界大战结束以后，全球化能够取得这么大的成就，并在70年的时间里，在非常大的范围之内，促进了经济的增长和人们生活水平的提高呢？

……

在1945年，美国占全球经济产出的50%，美国对建立一个以美国为中心的全球经济治理体系，有足够的愿望，也有充分的能力。有充足的愿望是因为美国占全球经济体量的一半，所以建立这样的体系美国获利最大。在能力上，美国和盟国刚刚打赢第二次世界大战，在经济、军事、科技上的实力，没有任何一个国家能够挑战。

由美国所主导的这一全球经济治理体系，是二战以后维持全球经济秩序最为关键的制度安排，它保证了贸易和经济全球化，在随后非常健康蓬勃和持续地发展。

这一经济治理体系由一系列的支柱构成。

在贸易层面上，早先的关税与贸易总协定，以及后来的WTO，引导各国单向的、几乎是不可逆的降低关税。所以二战以后，全世界关税水平是不可逆地，稳定地下降，由此促进了贸易的繁荣。

在国际汇兑安排上，国际货币基金组织总体上维持了国际汇兑体系的稳定。尽管在这期间也出现过一个或者几个国家的汇率危机，但是总体上来讲，汇率危机持续的时间都不长，扩散的范围也都很有限，而且最后都在国际货币基金组织的干预下得到了化解。

在政治上，联合国虽然不是一个特别有效率的政治组织，但与第一次世界大战结束时所建立的国联相比，还是更有力量一些。此外还有世界银行等。

也就是说，在改革开放之前，中国是被排除在全球市场体系之外。而中国的香港、澳门、台湾地区，以及日本、韩国、新加坡，以及"亚洲四小虎"，却已经是由美国主导的全球市场体系的一部分，正是由于是这一全球体系的一部分，以自身优势获得在这个全球市场体系中的特定角色，加之其他因素推动，这些国家和地区获得了发展机会，迅速推动了工业化、城市化和现代化进程。而中国先是借由引入中国香港的产业投资，后是借由日本、韩国、中国台湾等亚洲经济体，以及欧美经济体的投资与市场，而逐渐融入了这个全球资本主义市场体系。

中国由于改革开放而加入全球市场，东欧剧变导致华约的解体使得华约国家体系加入到全球市场中来，这使得全球主要国家都被容纳入了一个全球市场体系，全球的生产和消费网络在20世纪八九十年代得以大规模重组，欧美日控制了这个生产网络的顶端，而中国成为全球生产中心，这就是这轮重组的结果。

4. 咬合部位

从这个角度来看深圳特区的改革开放，来看华为在全球的成功，就很容易理解了。

如第三部分所述，在中国改革开放之前，以欧美与东亚之间的产业分工为标志，全球的生产体系已经形成了一个"全球价值链"（GVC），东亚形成了一个所谓的"东亚生产网络"，而在这个生产网络中，又存在着一个所谓"雁阵格局"，雁阵的领头雁产业转型升级，导致低端产业不断地向雁阵的后排溢出，也就是说，劳动密集型产业如纺织服装业在20世纪50年代从美国转移到日本之后，到60年代末又向韩国、中国台湾、中国香港、新加坡等"亚洲四小龙"转移，日本自己则向汽车、电子等相对技术和资本密集型产业转型。到80年代初，亚洲四小龙的劳动力成本已经抬升，导致纺织服装产业不再适合在中国香港等工业化地区进行——正是在这个时候，中国对外开放。

改革开放使得中国得以顺利地挂钩上了这个"全球价值链"（GVC），而最初挂上钩的部位就是"深圳－香港"，香港在全球价值链的那端，深圳在打开国门的内地尖锐突出部，深圳与香港的咬合，使得中国与世界联结为一体。这就是为什么香港以及台湾的轻工制造业在20世纪80年代中后期如潮水般北迁到深圳、东莞地区以及长三角地区，而中国的沿海地区也迅速发展起了自己的轻工消费品制造业，以其价格优势向全球倾销。

接着纺织服装业的是另一个最具全球化生产形态的产业：电子产业。日本、韩国、中国台湾在20世纪90年代迅速向上游元器件产业升级，而把终端制造环节转移到中国（大陆）。中国结合自己原有的电子元器件产业的基础，迅速成为全球的电子产品生产中心。

2001年11月，中国加入WTO，整个中国都朝向世界开放，国门大开，中国成为世界的有机组成部分。21世纪头10年，已具备全球最大规模的工业生产能力的中国，开始向全世界销售电子产品。这就是华为在全球崛起的全球化背景。

在这个背景下看华为，就很清楚了：它切入了一个高速发展的全球电信设备产业，中国的电信设备市场迅速成为全球电信设备市场的有机组成部分，华为在中国市场上拼杀成功，借机走向全球市场，最终成为全球电信设备市场的顶尖企业，而与此同时，中国成为全球ICT产业链的制造中心，正如整个中国成为全球各个主要制造业的生产中心。

在这个过程中，许多的中国企业成为具有全球影响力的公司。这就是为什么在2019年《财富》世界500强名单中，中国共有129家企业上榜，超过了美国的121家，而华为在这个榜单中排名全球第61位。

当然，电信设备这个行业在电子行业中又十分特别。在20世纪80年代，中国电信产业相对于全球处于极端落后的水平和状态：相对于欧美日等国的技术落差大到中国根本就是技术空白的地步，而当时中国又急不可待地需要迅速提升电信服务水平，这才导致1980年中国的电信设备市场完全对外开放，产生所谓的"七国八制"现象——如果当时中国有自己相对成熟的电信设备行业，哪怕技术水平落后于先进国家，中国也断不会如此决绝地全部对外资、外商开放市场——与此可作为对比的是汽车制造业，虽然当时中国的汽车制造技术水平相对于西方国家也极其落后，但毕竟还是有包括一汽、二汽、上汽以及各省的小汽车制造厂这样一个产业体系，在这样的情形下，中国汽车制造业遂坚决实行"以市场换技术"的战略，要求外资汽车厂家必须与中国本土汽车厂家合资。虽然这一战略最终证明是失败的，但在20世纪80年代，中国的电信设备行业连汽车制造这样的产业基础都不具备，所以索性全面放开，让各国电信设备制造商进来，迅速提升中国自己的电信服务水平。

也正因为当时整个民族电信设备产业几乎为零，没什么国企的存在（巨龙、大唐都晚于中兴、华为成立，而上海贝尔也并不是上海方面主导，其实是外资控制），才会让华为这样的纯民营企业进入这个领域。如果有大规模的国有资本在这个产业领域布局，华为要再进入就极其困难了——看看汽车制造业就知道了，在20世纪八九十年代，民营企业要想进入汽车制造业何等之难，只是到了合资政策全然失败，而外资的汽车制造业实施了零部件的在地化，从而培养出了中国本土的汽车零部件制造体系之后，国营的汽车厂商如奇瑞、吉利、比亚迪在国企不成器且被外资控制了技术环节和品牌策略后，才在缝隙中生长了出来。

当国有资本在电信设备行业不成气候，而华为又迅速成长起来之后，它才最后被认可为民族工业的一部分而被国家所接纳。倘若不是因为生长在深圳经济特区，华为又怎么可能迅速成长起来？

与此同时，作为中国融入世界的前锋，或者叫第一个滩头阵地，深圳毫无疑问地成为中国改革开放、加入全球化、挂上全球价值链的最大受益者之一。

深圳由原来不到40万人口的一个边防小县崛起成为拥有2300万人口的国际性都会，中国第三大经济中心城市和金融中心、亚洲级的高科技产业中心。2018年7月，世界知识产权组织（WIPO）和美国康奈尔大学等机构在纽约发布"2018年全球创新指数报告"——中国排名第17，首次跻身全球创新指数20强；而在全球"最佳科技集群"排名中，深圳-香港地区位居全球第二，仅次于日本东京-横滨地区——这一成就就是邓小平改革开放路线成功的最好证明。

而深圳的产业链从一开始就是参加"国际经济大循环"的。从最初的以港台资本为主的轻工制造业，就是港台相关劳动密集型制造业向内地（大陆）转移的结果，利用内地（大陆）充沛的低成本劳动力，而迅速将规模做大，不断提升在全球的市场份额。到后来电子制造产业的崛起，同样是以低成本劳动力的优势从低端加工做起，到2000年之后则是利用中国庞大而低成本的工程师优势，在全球价值链中从下往上攀升的结果。

从 1993 年起，深圳市就在全国进出口总额中占据出口第一大城市的地位，至今已蝉联 28 年。1994 年，进出口总额为 349.83 亿美元，2007 年进出口总额为 1518.40 亿美元；2010 年深圳市进出口总额为 3467.5 亿美元，其中出口 2041.8 亿美元，同比增长 26.01%，成为全国第一个出口超 2000 亿美元的城市。2013 年深圳对外贸易出口总额达到创历史纪录的 2316.4 亿美元，2018 年，深圳市进出口总额为 4535.86 亿美元，其中出口 2459.76 亿美元。

2019 年深圳进出口总额按当年 12 月 31 日汇率计算为 4264.37 亿美元，其中出口 2393.15 亿美元，均较上一年有较大跌幅，原因有二：一是人民币汇率较上年走低；二是受中美贸易摩擦影响，深圳对外贸易值下降。

过去 28 年里，深圳进出口总额长期排全国第一，近年让出总额第一的位置给上海市，但出口仍居第一位。这表明上海在进口港的地位上超过深圳。进口的物品不一定是作为生产的原料及元器件，这一点上海与深圳、苏州、东莞等制造业城市略有不同。此外，长期以来深圳的进出口总额占全国的比重都在 10%—12% 之间，而且在深圳的出口结构中，近年机电产品占比都在 70% 以上，代表了中国进出口贸易中相对高质量的部分。

深圳、上海、苏州、东莞、广州等城市的对外贸易代表了中国加入全球化产业分工的程度。深圳由此也长期成为全国对外贸易依存度最高的城市，历史上，深圳对外贸易依存度最高曾达 300%，到 2019 年已降低到 110%，但仍然是全国对外贸易依存度最高的城市之一。由此可见深圳经济参与全球价值链的深度。

深圳经济有四大支柱产业，分别是电子信息、金融、物流、文化创意，其中电子信息产业对 GDP 的贡献度超过 30%，而电子信息产业对深圳出口的贡献度超过 70%。物流、金融产业甚至文化创意产业（工业设计、印刷等）的发展也主要是对电子信息产业提供服务的结果。

深圳早在 20 世纪 90 年代就提出了建设国际化城市的目标，近年则定位自己为"现代化国际化创新型城市"，但深圳在联合国城市国际化各项指标中，最突出的就是经济和产业的国际化，尤其是进出口贸易对 GDP 的贡献度，在其他各项国际化指标中，比如在入境旅游人数占本地人口比例方面，深圳只有 19%，还没有达到国际化初级水平 40% 的标准。深圳的外汇交易量和外国直接投资占本地投资比例也均处于相对劣势，前者处于国际化城市初、中级之间，相当于国际化高级水平的33%，后者亦处于国际化城市的初、中级之间，相当于国际化高级水平的41%。

深圳就是在这样的宏观背景下作为中国的改革开放前沿阵地而加入了全球化的浪潮之中，并在这过程中成长为中国经济中心城市之一、亚洲级的高新技术产业城市和中国三大金融中心之一、全球第四大集装箱港。而华为也受益于全球化而成为著名的全球性科技型跨国公司。

二、被改变的华为

华为是一家怎样的公司？或者说，这家公司有着怎样的管理风格和品牌形象？这些管理风格和品牌形象是如何形成的，经历了哪些改变，受到哪些因素的影响？再进一步问：华为人自己对公司的看法和外界对华为的观感是否存在着偏差？

在早期，国内人谈及华为，最爱用的一个词是"狼性文化"，喻其市场开拓时的作风极其凶猛及坚韧不拔。

一家由一个在贵州长大的中国男人创办的科技公司，其研发人员及市场营销人员大都是由中国中部及南方的汉族人组成，为何会被喻为"狼性"？要知道，狼一向是中国北方蒙古高原游牧民族的图腾符号，说到狼，一般会想到的特点是"野、残、贪、暴"，与受儒家文化熏陶的汉民族温文尔雅的形象从来没有交集。汉学家们描述华夏民族的特点时，往往会用"道德"这个词，而称呼儒生们为"道德理想主义者"。

齐秦的名曲唱道："我是一匹来自北方的狼，走在无垠的旷野中。凄厉的北风吹过，漫漫的黄沙掠过。我只有咬着冷冷的牙，报以两声长啸。不为别的，只为那传说中美丽的草原。"而总部在华南沿海亚热带地区的深圳的华为，怎么会成了一头狼？

任正非一定会回答说：这都是被生存给逼的。在辽远而荒凉的"市场草原"上，一头孤独的狼，不凶猛就找不到吃的，就会饿死。为了不饿死，见到猎物就要扑上去，想尽一切办法咬到嘴里。

华为人为了把"狼性文化"去负面化，往往会重新定义"狼性"。狼性文化之"野"：便是指在工作中、事业开拓中不要命的拼搏精神；狼性文化之"残"：便是指对待工作中的困难要一个个地、毫不留情地把它们克服掉、消灭掉；狼性文化之"贪"：便是指对工作和事业孜孜不倦地追求；狼性文化之"暴"：则是指在工作的逆境中，要粗暴地对待一个又一个难关，不能对难关仁慈。这是一个典型的道德重塑，把"狼性"从负向道德价值修改成了正向道德价值。

任正非自己也专门谈过"狼性文化"这个标签：

> "狼文化"是外部的编派讽刺我们的，我们自己没有说过，其来源是我根据生物特性和团队奋斗精神如何结合起来说的。我曾经在一篇文章上讲过狼的特性：第一，狼的嗅觉很敏感，很远的地方有肉，它都会跑过去，这是希望大家向狼学习，对市场机会和技术趋势具有敏锐性；第二，不会是一只狼去抢肉，而是一群狼去抢肉，这就要强调团队精神，不要总是一个人孤军奋斗；第三，狼的奋斗精神是不屈不挠的，抢不到肉还要抢，甚至有时奋不顾身，我们希望团队作风要向它学习。
>
> 我们还有部分人不是"狼"，要向"狈"学习。狈很聪明，但狈的前腿很短，后腿很长，没有独立作战能力，必须要和狼结合在一起，才有战斗力。进攻时它抱着狼的后腰，狼冲锋的时候，它看到方向错了，屁股一摆，狼就对准了方向。狼和狈结合起来，是一个优质的团队协作。汉语里"狼狈"这个词是负面的，因为中国五千年社会是保守的，不喜欢进攻，这种积极进攻精神就被否定成为负面名词。
>
> "狼文化"是外面给我们取的，并不是我们自己说有"狼"的文化。其实社会上起"狼文化"这个名字的时候，对华为是否定的，还有专家写文章说"狼很残忍，吃别人的肉"，我们讲的不是他那个概念，他都没有看过全文。华为那时还处于低潮阶段，社会对我们微词很多，大家归纳出这个名词来，就流传开了。

到了现在，华为基本上不再提"狼性文化"这个词了，而无论是国内市场还是国外市场，似乎评论者们也不再用"狼性文化"这个词来指称华为这家公司了。

在接受媒体采访时，任正非最多强调的是公司的理性规范运作，强调公司为全人类服务的道德理想主义，强调与整个产业共存、与友商团结协作的协同创新精神——这显然不再是一头狼了。

任正非则有意无意地突显自己对咖啡的热爱——你见过喝咖啡的狼吗？

这中间发生了什么变化？

1."狈战略"

1996年，在国内市场厮杀的华为，开始拓展国际市场，寻找新的"草原"。

现在回过头来检视华为走向国际化的过程，应该是一件很有意思的事情。

华为内部对于自己开拓国际市场，常常说的口号有两句：一是"农村包围城市"，另外一句是"跟着国家的外交路线拓展国际市场"。

"农村包围城市"，是一个著名的战略思想，意即在自己弱小的时候，不与对手在大城市和中心城市进行血拼，而是去敌人力量比较薄弱的边远地区、山区和乡村地区求生存、求发展，逐步扩大自己的实力，最后再夺取城市和夺取政权。

华为在国内市场的生存法则也是如此，先去竞争对手不大看得上的、利润微薄的农村市场和三四线城市市场，找一些残羹冷炙来讨生活，慢慢长大一些，再去落后省份的中心城市打拼，之后一步步占领大城市和发达地区的市场。这个策略运用得很成功，所以华为就将之照搬到国际市场。

应该说，这一策略符合狼性中的狡诈的一面，但也是实力不济时的无奈之举——首先要活下去。

"跟着国家的外交路线拓展国际市场"这句话更主要说的是市场切入机会的把握。当国家的外交拓展，跟某一国建立友好关系之初，国家会往该国投放较多的资源以巩固友好关系，两国间的高层交往也会比较频繁，这时候借势进入该国市场，当然从时机上来说是最佳的，这叫借势；另外，进入那些与中国长期友好的国家，无论是它们的政府还是人民对中国人和中国产品的接受度都会比较高一些，自然就减少了许多障碍。而在那些对中国极其不友好的国家，开拓市场的难度自然就会大了许多，会增加许多不必要的成本。

但是"跟着国家的外交路线拓展国际市场",对华为来说也存在着一定的风险:

其一,华为只是一家民营企业,而不像央企那样是"共和国的长子",跟政府有天然的血缘联系,更容易得到政府的支持和保护。华为能做到的只是借势操作而已,以及偶然性地利用与驻外使领馆的私人关系。

其二,国际关系总是变幻莫测的,两国关系交好时,企业也会顺带受益;而两国关系恶化时,企业往往会成为受害者。

而且即便是两国交好,却又会牵涉到两国之外的第三国,企业利益可能在交好国家得到了好处,但却在第三国的市场受到巨大损失。比如中国与伊朗两国友好合作,但美国却对伊朗进行严厉制裁。华为此时在伊朗市场,由于西方竞争对手企业无法进入伊朗市场,而获得相对垄断的好处,但华为却会因此承受美国政府的巨大压力,比如被迫退出美国市场,以及自身利益因触犯美国的"长臂管辖权"而受损。

其三,外交领域总是既有合作又有斗争。当国家的外交领域以合作为主基调时,企业开拓国际市场相对就有一个和平、宽松的环境,但是倘若国家的外交领域以斗争为主基调时,企业所面临的国际市场环境就会变得极其复杂险恶。这需要企业对国际政治有超常的研究,以及付出更多的额外成本。

2. 锤炼

像很多中国内地企业进军国际市场的第一步是试水中国香港一样,位于深圳的华为当然更是如此。对许多中国公司来说,这几乎是一种本能,当然也是中国公司的一种幸运:我们有个香港。

首先香港是中国的固有领土,后来不幸被英国占据,并将之改造成了一个英式城市,但1997年之后香港又回到祖国怀抱。对内地公司来说,与香港人在心理上有亲近感,语言上没有隔阂,文字基本相通,经商就有很大便利性。而香港就是全球金融中心、贸易中心之一,它就代表着国际市场,进入香港市场就等于进入了国际市场,这种国际化的便利,并不是任何国家都有。俄罗斯就很羡慕中国有个香港。香港又是遗留了英国式的城市治理结构,保留了英美法系的法律框架,一方面内地公司可以在香港训练自己适应国际市场的能力,另一方面,香港与欧美市场有着制度和文化亲近性,也有千丝万缕的联系，可以借香港这个桥头堡进入欧美市场。最后一个原因，香港的金融、产业服务业能够为内地公司进入国际市场提供最完善的服务。

当然华为选择香港也有市场机会的偶然性，如我们之前提到的，当时的香港电信市场正面临着打破香港电讯垄断地位的革新局面，李氏家族收购和记电讯后与香港电讯展开竞争，需要合适的供应商作为合作伙伴，华为进入香港适逢其时。

当时的香港，是英国人管治下的华人社会——上层管治架构是英式的，至少在当时仍是全球各个国家和文化层面，高水平的管治理念和经验；下层的华人社会里，中国人的社会关系网络、讲感情、讲关系、讲义气，广东人的向钱看、和气生财、你来我往、有钱大家赚，传统儒家社会的纲常伦理仍在。联结上层精英治理和下层华人社会的纽带，是英美法系的法治传统。

内地企业进军香港市场，既有与香港社会相同的文化背景、同声同气的感情纽带、语言相通的便利、深港的地利之便，又必须接受香港法治社会的一套游戏规则，受英美法系的规则意识、契约精神的熏陶和训练。如果中国内地企业最终志在欧美发达国家市场，则香港为最佳见习场所。

然而华为在香港市场之后，并没有直接进军欧美发达国家市场，而是掉头转向了俄罗斯、非洲、东南亚、拉美等市场。这样华为事实上在很长时间里只是利用香港的金融、会计、法律等专业服务，以及香港国际机场的全球联系通道而已。香港对华为企业文化的塑造，就不是那么浓墨重彩。

为什么华为没有沿着香港通道直接进入欧美市场？任正非道出因由："当我们走出国门拓展国际市场时，放眼一望，所能看得到的良田沃土，早已被西方公司抢占一空，只有在那些偏远、动乱、自然环境恶劣的地区，他们动作稍慢、投入稍小，我们才有一线机会。"似乎仅仅是市场策略的选择，但是可能还有别的因素：比如当时对知识产权问题的自信心不足；比如试过香港之后知道，发达经济体的法律制度与中国内地有质的区别，以华为当时的市场开拓模式，根本玩不转。

东南亚及南亚、非洲、拉美、东欧等地区，从宗教、文化各方面来说，确实千差万别，华为需要锻炼自己面对不同文化时的适应性。但这些地区有一个最大的共同点：均处于前现代性社会，法制不健全。华为在国内市场的许多老办法到了这些国家仍然有效，甚至如鱼得水。加之许多国家受到与中国外交关系的巨大影响，通过施加外交或政治影响的办法，能够促使所在国市场接受华为的进入。华为在俄罗斯申请入网许可时，最初被明确拒绝，之后由中国大使馆出面，俄方才给了华为一个机会。当然，华为还有一个撒手锏：低价策略。

而在2004年之后进入非洲（当年与沃达丰合作肯尼亚智能网改造与升级工程是第一个订单，2006年在毛里求斯建立非洲第一个3G商用网），华为除了用老办法获取客户（有华为人说在这些地区"拉拢客户并不是什么难事"）外，更重要的是用过硬的技术和优质的服务来获取长期信任。这是华为一开始就与其他许多中国企业的不同之处。

最终华为还是要进入欧洲市场，尤其是西欧市场，事后我们可以说，正是由于欧洲市场的锤炼，让华为脱胎换骨。

虽然华为仍然是以所谓"农村包围城市"策略，先东欧、南欧，后北欧、西欧。东欧国家有过社会主义制度和"华约"的历史经验，在某种程度上与中国人有共同记忆。但只要进入西欧市场，你就必须改变自己的传统打法，适应新的游戏规则。

华为最初撬开西欧市场有偶然的因素，但更主要基于华为产品与服务的"价廉物美"。一家名为Inouam的英国跨国移动运营商想以CDMA网络切入葡萄牙市场，然其实力较弱，无力承受北电、朗讯和摩托罗拉三家公司的高报价，华为的合作伙伴、CDMA的专利巨头高通公司向Inouam推荐华为，华为提出了一个价格只有三家电信巨头三分之一的产品解决方案，而技术测试结果全部合格，于是获得了这个敲门砖。华为利用这一次建立起来的信心和人脉，主动与欧洲著名的代理商进行合作，并利用更低的价格迅速打通了德国、法国、西班牙和英国市场。

在2001年进入法国市场之后，华为率先在法国建立了研发中心，雇用了许多当地员工。如今华为在法国拥有三个研发中心——用欧洲人来打开欧洲市场和西方市场。

英国是欧洲市场的顶端。可以想象得到，为进入英国市场而进行的"资格认证"，让华为国际市场营销部门改变了思维方式。

从普通投标者、供应商到战略供应商、战略合作伙伴等不同类别的资格，需要进行不同的资格认证。当时华为想进入英国电信的重要潜在战略供应商级别，这需要40个小时的认证，战略合作伙伴则必须接受200个小时全面而彻底的认证。2004年11月，华为第一次经历了为期4天的认证，英国电信采购认证团对涉及业务管理的12个方面进行认证。当时英国电信的专家提出一个问题："从端到端全流程的角度来看，影响华为高质量将产品和服务交付给客户的五个最需要解决的问题是什么？"结果到场的那些华为最有经验的流程专家、质量专家和公司高层中没有一个人能够回答得出来。

这令华为和任正非大受震动。接下来的两年时间里,华为花了大量时间和精力重新准备认证。2005年,华为终于通过了英国电信的考察,在技术、管理、案例标准、环保标准、员工福利待遇、工作环境等方面全部通过了认证。拿到证书的华为在几轮筛查之后,成为"21世纪网络"的供应商,2005年12月23日,华为与英国电信(BT)签订了正式合同,这标志着华为正式被英国接受。

进入欧洲市场令华为重新审视自己的管理制度和企业文化。华为下决心向西方学管理。任正非曾这样说:"华为从一个小公司发展过来,是在中国发展起来的,外部资源不像美国那样丰富,发展是凭着感觉走,缺乏理性、科学和规律,因此要借助美国的经验和方法,借用外脑。""我认为科学是没有国界的,资本主义国家几十年的管理经验、管理方法值得我们借鉴。"

3. IBM 基因

1996年,华为进入香港市场,其后华为就在香港考察了几家著名的咨询公司,最终选择了一家美国背景的管理咨询公司——Hay Group(合益集团)为华为做薪酬体系咨询,接着又与其合作了任职资格项目,目的是建立岗位任职标准,规范人才的选拔和培养。

1997年,任正非带领华为高管团队去美国访问,参观了休斯公司、IBM 公司、贝尔实验室和惠普公司。回国后,任正非写下了《我们向美国人民学习什么》,决心向 IBM 学习西方企业管理。

1998年华为决定聘请 IBM 为华为梳理流程和建立系统。IBM 报价为4800万美元。任正非拍板签订了项目合同。华为与 IBM 的这次咨询项目,算上合同价、实施费和IT 工具费,整个项目投入将近20亿元人民币。

IBM 在华为先后做了 ITS&P(IT 策略与规划)、采购、IPD(研发管理)、ISC(供应链)、系统集成中心及数据中心以及网络研究、组织及人才培训、领导力发展等项目。从1998年到2003年,IBM 有多达270多位顾问在华为工作过,而华为方面与之配合的员工则多达千人。

2007年，任正非亲自给时任IBM公司CEO的彭明盛写了封信，希望按照IBM的财务管理模式进行华为财务转型变革。由此华为成为IBM的事业部客户，由IBM美国总部直接负责。在IBM的事业部客户群里，华为是唯一一家中国企业。

任正非曾为推动IBM项目告诫员工："IBM的管理也许不是全世界最好的，我们的员工也有可能冒出来一些超过IBM的人物，但是我只要IBM。高于IBM的把头砍掉，低于IBM的把腿砍掉。只有谦虚、认真、扎实、开放地向IBM学习，这个变革才能成功。"又说，"在变革的过程中，我们不要反对的人，不要耍小聪明的人，不要认为自己比IBM还要聪明的人，要确保理解和积极投入。那些表现出来自己比IBM更聪明的人，而且比所有人都聪明的人要把他从流程变革队伍中请出去。"

这样坚决的态度令人想起日本的明治维新，想起"岩仓使团"和大久保利通、木户孝允、伊藤博文、大隈重信等一系列人物。你可以明白为什么明治维新成功而中国的戊戌变法以及后面的改革屡次失败的原因：中国的聪明人太多，太会讲辩证法，太会讲"中学为体，西学为用"之类捣糨糊的正确的蠢话。不坚决，何以变革？

在和IBM的合作之后，2014年，华为和埃森哲正式签署战略联盟协议，共同面向电信运营商和企业信息与通信技术两大市场的客户需求开发并推广创新解决方案。而早在2007年，华为就与埃森哲合作过CRM（客户关系管理）和LTC（从销售线索到销售回款的流程）项目。

除Hay Group、IBM、埃森哲之外，华为还和波士顿咨询公司、普华永道、美世以及韬睿惠悦等著名咨询公司合作，前后总共投入超过300亿元人民币提升华为的管理水平。管理学者周留征在《华为创新》一书中提到："华为只和国际一流的咨询公司合作，从来不与'江湖游医'式的咨询公司接触。不与咨询公司砍价，只在意咨询的最大效果。对待咨询顾问非常尊重和信任，态度坚决，宁愿'削足适履'，也不愿穿旧鞋走老路。""僵化是任正非根据东方人爱幻想、容易情绪化的特点所要求的，既然要穿美国鞋，就要有敢于对自己动手术的勇气。"

任正非也多次说过："在管理改进和学习西方先进管理方面，我们的方针是'削足适履'，对系统先僵化，后优化，再固化。""我们现在向Hay公司（合益集团）买一双'美国鞋'（西方鞋），中国人可能穿不进去，既然西方的鞋子是先进的，穿不进去不能怪鞋子不好，只能是脚的问题。但是，僵化并不是简单机械地生搬硬套，而是要规范。在管理规范化时期态度是要坚决的，是不能打任何折扣的。""我坚决反对搞中国版的管理、华为特色的管理，我们不是追求名，而是追求实际使用。"

回过头来看华为公司现在的管理文化的形成，可以说，与IBM的合作是最具关键性的，甚至可以说，与IBM合作之后，华为已不能再说是一家纯粹"中国模式的企业"，而已经是"中美混血儿"，它的身体内流淌着美式管理文化的基因。这是它能够超越许多中国企业而成为一个全球性跨国公司巨头的根本原因之一。

4. "不能怪鞋子不好"

为什么任正非会坚决反对搞中国版的管理，"穿不进去不能怪鞋子不好，只能是脚的问题"，相信到迷信的程度，服从到盲从的地步？

2019年任正非接受30多批次外媒的采访，在这些访问中，任正非多次发表过他对欧美等国家的看法：

> 我们在往外走时，更多向西方公司学习了很多管理。我们的审计报告是美国KPMG（毕马威）审计的，那是很严格的，有什么问题揭露出来，我们是要改掉的。我们经历了三十年才建立了这样有序的公司。
>
> 华为的人力资源系统管理使用SAP的软件，产品的设计、生产、供应整个体系用的是西门子、博世、达索的软件，我们还是用了非常多欧洲先进的高科技产品。我们设备中所含有的很多数学、物理、化学、美学……也是来自于法国、德国、意大利……应该说我们用了非常多的欧洲先进科技。
>
> 我们松山湖的制造工厂今天有参观过吗？你们就会发现生产线上基本都是日本设备，我们完全按照日本的理念建的生产线，而且将会有几百条、上千条这样的生产线，每条生产线长度是120米，会大量采购日本设备。日本很多资深的顾问和工程师来指导我们，教会了我们日本的管理方法，也教会了我们如何使用日本设备。以后我们在全世界也会建立工厂，把这种精神贯彻到全世界去。
>
> 德国的管理方法是先生产、再测试，德国有它的自信心。日本人民有高度的警惕性，每道工序都在检测。我们采用日本的质量管理。
>
> 我去德国斯图加特，工程院院长带我参观一个工学院一年级学生入学，给每个人发一块铁、发一个齿轮的图纸，让他们用锉刀锉出一个齿轮或者一个轴来，

完全用手工做，做出来并不打分，必须装到减速箱里，让汽车开，开完回来检验才给打分。所以德国机械工业将永远无敌于天下，同样的钢铁，德国车并没有消耗更多，但是价格贵几倍。

特别是对美国和英国，任正非从来不掩饰他的赞美之情。

2019年2月18日他在接受BBC记者采访时，记者曾问过他："您之前说您的领导风格很大程度上是受到了西方的鼓舞或者从那里面吸收了灵感，整个欧洲历史哪一块对您的领导风格影响最大？为什么您对此这么有兴趣？现在西方对华为有这么多的抵制，您是否改变了您的初衷？"

任正非回答说：

我觉得，英国对我影响比较深的，因为英国这个国家建立的君主立宪制——"王在法下"，皇帝在法理之下，法在议会中。皇帝不是最大的，要受法律的制约；第一，皇帝不是最大的，要受议会的集体表决，形成了平衡的社会。英国的光荣革命（使英国）350年没有战争，非常发达，造就了英国的今天。它对我有影响。

第二，清教徒漂洋过海到美国去以后，实际上是继承了英国法律，但是美国国土很大，扩张很快，特别是进军西部时非常混乱，因此不可能把法律制定得非常细致。英国把法律制定得非常细致，细致到很多细节都规范好了，创新动力就减弱了。美国在大框架管理上是有很规范的体系，但是末端放得很宽，美国社会就很活跃。

我们就学习这一点，我们公司把大制度管得很死，到末端百花齐放，允许你规模化发展，造成华为公司既有序、又民主、又自由，然后华为公司被外界看起来是奇迹。

其实就是学习了两个文化：一是，英国的文化，把主干文化一定要管得很清晰、很标准；二是，向美国学习，把末端文化很开放，允许开放、允许竞争，不把规范做得很细致。这都有影响。西方很多哲学、很多东西有很多丰富的内涵，所以我们在学习中还是起到很大作用。

2019年9月19日，在接受美国《财富》杂志记者采访时，他再次阐述了他对英国的敬重：

第一，我非常敬重英国这个国家，这几百年来英国在工业革命中对世界做出了卓越贡献。英国民族具有一定的扩张性，它把先进文化、先进工业带到了全世界，全世界2/3人口用英语，这就表明了英国对全世界做出了多大贡献，如果没有语言的统一，就不可能实现现代化。所以，英语是世界上最通用的语言，是英国把工业化、先进文化等各种现代文明元素带给全世界。

第二，英国最大特点是高度重视制度建设，对世界历史进程的贡献非常大。英国实行的光荣革命，是和平改良，一个人都没有死，稳定的政治制度让英国350年都没有内战。"君主立宪、皇权虚设、临朝不临政"，充分发挥议会的聪明才智，英国式发展向世界示范了新的模型。革命对社会损伤太大，不仅仅会死人，导致的矛盾可能几百年都解不开。我认为英国走的道路是非常成功的。英国讲的是规范，英国缺了一点是创新。美国继承了英国的规范，因为大量清教徒到美国去。但是美国扩张太快，在末端控制不住，就允许创新，所以美国崛起速度快过英国。

在另一次采访中，任正非强调华为向美国学习："华为在用人上不拘一格，跟美国是一样的。美国这个国家多伟大，布热津斯基、基辛格、奥尔布赖特、索罗斯……都是东欧人，但是在美国担任这么高的职务，对美国这个国家做这么大的贡献，这就是美国开放的结果。我们要学习美国开放，使我们公司强大，我们就是基于这些东西慢慢做。"

也许任正非这一系列接受采访中的言语确实有危机公关的成分，接受哪个国家媒体的采访就夸赞哪个国家，也属于共情的一部分。但我更愿意相信任正非对英国和美国的赞赏是由衷的，华为是真真实实地受到了英国和美国的巨大影响，而且任正非在内心里也希望中国借鉴和学习英国、美国文化中那些非常好的部分，比如法治和制度建设，比如开放与创新。

何况通过引入IBM的管理科学，华为的企业管理深深地打上了美国式企业管理哲学的烙印，何况在华为的日常管理中，任正非多次强调向美军学管理。

5. 内核

现在国内分析华为的管理和华为企业文化的书籍和文章层出不穷，许多分析一般都会提到华为文化的以下两个主要内核。

一是"以客户为中心"。

"华为基本法"确定："为客户服务是华为存在的唯一理由，客户需求是华为发展的原动力。"

华为现在的客户遍布全球，而且近年开始主动进入欧美日等发达国家市场。这些发达国家市场的客户希望华为是怎样的行为方式？它们希望华为的总部和整个生产服务链条生存于一个怎样标准的社区和社会之中？这是作为总部所在地城市的深圳市政府必须认真思考的。深圳市政府任何与华为有关的表态或政策出台，都必须评估它在华为客户那里会造成什么影响。

二是"以奋斗者为本"。

"以奋斗者为本，其实也是以客户为中心。把为客户服务好的员工，作为企业的中坚力量，以及一起分享贡献的喜悦，就是促进亲客户的力量成长。"

以奋斗者为本在制度设计上的体现就是员工持股制度。

华为以奋斗者为本，深圳就应该在为华为员工服务上做好文章。深圳市政府如何服务华为？着眼点在于：如何服务好华为的客户，如何服务好华为的员工。

但其实任正非一直崇尚美军的管理思想，包括诸如开放、妥协、人性、自我批判、变革、世界观（全球市场）。很多人误以为任正非曾在军队服役，他的管理思想处处显示出军事管理思维的痕迹，应该是受到军队管理思想的影响，其实这纯属误解。

2019年3月接受美国《时代》（Time）周刊采访时，记者曾问道："您在军队里待过，这段经历如何影响您管理华为的风格？"任正非回答说："我在军队时是一个很低阶的工程师，而且没有管理过军队，就只是从一个技术员升为工程师。如果说我有一点军队的知识，应该是从网上看来的，更多是在西点军校和美国将领的传记中看来的。我会对比一下美国将领和苏联将领在作战过程中的管理有什么不同，来确定应该怎么学习管理方法。"

有一本管理学书籍专章介绍《华为向美军学管理》。据说任正非一直强烈号召公司的17万员工要反复学习美军，他曾说美军是世界上最伟大的公司。在华为的崛起过程中，他们通过建立项目型组织，使团队具备像军队般的集成能力及快速作战能力，通过各个小团队的灵活、敏捷的运作，推动了整个公司业务的持续增长，从而实现了华为的长远发展。

2015年6月，华为以总裁办电邮方式，要求华为全体员工学习金一南的《美军还能打仗吗？》。为此，任正非还亲自撰写按语："军人的责任是胜利，牺牲只是一种精神。华为的员工不只是拥有奋斗精神，更要把这种奉献，落实到脚踏实地的学习与技能提升上，在实际工作中体现出效率与效益来。"为此华为还请金一南到华为大学授课，专门讲美军的管理文化。华为的高管还在公开刊物上发文，指华为的目标是建立美军那样的管理指挥系统。

金一南说美军作战的三个特点：目标导向、灵活应对、快速制胜。"目标导向"是对准结果，"灵活应对"是策略和方法，"快速制胜"是目标达成，这三个方面简单、清晰、有效，其背后反映的是一套适应现代战争特点的管理体系和组织运作机制：构建"军政"（养兵）、"军令"（用兵）两大流程，明确各流程的范围、定位、职责、边界、关联协同机制，实现根据战争规模和战场形势有效组合、配置一线集成作战的多专多能团队——"班长"，提供给"班长"应对不同作战场景的平台和武器装备，使其可依据战场形势及时向后方呼唤炮火和资源，支撑其现场作战、自我决策、打赢战争，这就是流程型组织的特质。

任正非在《谁来呼唤炮火，如何及时提供炮火支援》中提到，通过全球流程集成，把后方变成系统的支持力量，沿着流程授权、行权、监管来实现权力的下放，以摆脱中央集权的效率低下、机构臃肿，实现客户需求驱动的流程化组织建设目标。之后，"从以技术为中心，向以客户为中心的转移""从中央集权式的管理逐步迈向让听得见炮火的人来呼唤炮火""从以功能部门为中心，转向以项目为中心""从屯兵组织，转为精兵组织"，实现"班长的战争"，就是流程型组织管理思想。

也有专家认为，华为向美军学习三件事：

首先，重新唤起华为员工的血性。

其次，学习美军流程性的组织架构。

最后，学习美军"去中心化"，由"功能为中心"向"项目为中心"转变。

在美军的文化中，最典型地体现着美国文化。也有学者指，美国的文化基因是很典型的罗马帝国式（对内共和国、对外帝国）的。而中国的文化基因则是秦汉帝国式的。

那么华为呢？

2004年，根据美国咨询公司的建议，华为创建了在企业界史无前例的EMT（Executive Management Team，即经营管理团队）集体决策机制。这种集体决策机制很像古罗马时期的"共和制"，公民大会是形式上的国家最高权力机关，元老院则在管理国家方面起主要作用，拥有立法、行政、军事、财产、司法和宗教等实权。由于任正非本人并不愿出任EMT主席职务，华为便开始实施EMT主席轮值制度，由高层管理团队轮流担任EMT主席，每人半年。由于任正非仍然是华为总裁，因此EMT轮值主席实际上扮演了COO（首席运营官）的角色。董事长和总裁任正非也在轮值之列，这样真正参与轮值的高管有6人。

2011年年底，华为开始执行在董事会领导下的轮值CEO制度，由3位副董事长郭平、胡厚崑和徐直军轮流担任首席执行官一职，每半年轮换一次。

据《华为创新》一书透露：华为公司从EMT轮值主席制度到董事会领导下的轮值CEO制度的演进，有三个明显变化。首先是董事会的地位和作用得到了进一步强化，企业的所有权与经营权实现了进一步分离，更为符合现代企业的公司治理理念；其次是参与轮值的CEO数量进一步缩小，由8个人缩小到3个人，这就为每位轮值CEO提供了更多轮值时间；最后是轮值CEO的权力进一步扩大，每位轮值CEO在轮值期间的权力与其他公司相比没有明显的差异。虽然创始人保留了一票否决权，但这更多是非常时期的一种特殊安排，至今为止并没有使用过一次。

从这个制度创新来说，可以牵强附会到罗马帝国文化的影子。但其实更重要的是，华为生存在阴阳两界，也就是说同时生存在罗马帝国与秦汉帝国之中，它的企业文化兼容了在罗马帝国和秦汉帝国之生存所需要的文化。而这一点，在2018年底以后，华为被迫夹在中美两大国角力的夹缝中时，它的各种反应模式，可以说就清晰地将这种兼容性凸显了出来。

三、共识

深圳的一位民间学者老亨,写过一本书《深商的精神》,他提出一个"深商"的概念,认为"深商"是中国第一个最具有现代精神的新型"商帮",深商的精粹最代表了深圳这个城市的精神。他把袁庚、王石、马明哲、任正非、马化腾、马蔚华、王传福、任克雷等都划入到"深商"的大旗之下。

如何从这一干性格迥异的企业家那里提炼出共性的精神因子是老亨的事情。我们想要借此提出的问题是:有人说,在融入全球的过程中,深圳的城市文化、城市精神,与华为的企业文化、企业精神是完全同构的、一致的,或者说华为就是深圳城市文化、深圳精神的最重要形象代言人。如果华为毫无疑问是深圳最具代表性的企业之一,华为的企业文化与深圳的城市文化有多少共同之处?它们之间有着怎样的互相影响?

1. 三个共识

在中国融入全球化的过程中,深圳崛起,华为崛起,这中间有着什么关联?

我们认为,如果说深圳是邓小平改革开放路线的代表作之一,那么华为就是深圳特区的代表作之一。而且,如果说深圳代表了中国改革开放的价值取向,那么华为就是这个价值取向的最佳体现者之一。在相当长的时间内,深圳这座城市与华为这个企业的价值观高度重合。

那么深圳这座城市与华为这家公司的共识是什么?我们认为,深圳市委五届十八次全会曾经有一个不错的概括,那就是"三化":市场化、法治化、国际化(全球化)。

其中市场化是前提和基础,法治化是目标和保证,而国际化则表达一种开放精神和拥抱全世界的态度。如果说深圳在20世纪八九十年代的改革是市场化取向的改革，那么在进入 21 世纪之后的改革则主要是法治化取向的改革。它们都通过开放、融入全球化而获得保证。

而华为是市场化改革的产物，它在国际化过程中认识到了世界最先进的管理是标准化的管理，最先进的国家治理模式是法治的治理模式。华为在欧洲市场最深刻地感受到了法治是一个企业生存和发展的制度保障，所以它学会了尊重法治，学会了在法治框架下的科学、理性思维。即便是在中美贸易摩擦的风云激荡中备受颠簸，华为仍坚持其法治化价值取向，任正非接受全国多家媒体集体采访时的 2 万字答问中，就渗透着这种价值取向。

而市场化、法治化、科学、理性，说白了就是现代性。华为事实上在呼吁中国的现代性建构。

作为一个全球经营的公司，华为既在欧美日等已完成现代性建构的国家做生意，也在俄罗斯、印度、巴西这些金砖国家做生意，更在非洲等贫穷落后国家做生意，它能够适应各种不同的社会治理结构、宗教文化特点，但它也更清醒地知道什么样的社会治理模式才是良善的治理。

2. 市场化改革

为什么"市场化"是深圳与华为的第一原则共识？

深圳与华为都是市场化改革的最大受益者之一，没有市场化改革就没有华为与深圳的今天。

诚然，你可以说深圳经济特区的设立本就是权力意志的决定，而非市场的选择——如果 20 世纪 70 年代末中国不仅仅是在几个经济特区授权对外开放，而是一下子全部打开国门，那么外资优先涌入的肯定是上海、广州、北京、天津这样的大城市，以及大连、青岛、厦门这样的沿海港口城市，而不必在宝安县再重新建立起一座大城市。正是由于中央决定先开几个窗口有条件地试一试，而所设立的 4 个窗口唯深圳处于对接香港的位置，加上如袁庚、梁湘的偶然因素——深圳就得以崛起了。

但是在权力意志做出决定之后，深圳仍然是由于其坚定而领先的市场化改革，才使得它成为吸引外资、国企和民营企业顺利发展的沃土。要知道，中央早在 1985

年就开放了14个沿海城市，1985年时，深圳还仅仅是一个不到100万人口——仅有罗湖和上步以及蛇口两片城区的中小城市，在当时来说城市规模、人口及人才集聚程度，甚至产业基础，比起大连、青岛来说都不如，更不要说与天津、广州相比。

直到1994年，中央才在十四大时确定"社会主义市场经济"的政治正确性，在此之前，先是有计划的商品经济，然后是"计划经济为主，市场经济为辅"的双轨制，到"有计划的社会主义市场经济"，再到不再遮遮掩掩地承认"计划和市场都是手段"，经历了很久的争论和斗争。在这个过程中，能够坚定不移地推进市场经济，是需要政治勇气的，深圳幸运的是早于其他城市推动了市场经济制度的建立，这样也就在后来的区域市场竞争中，争得了先机，一着先，着着先。

20世纪80年代，当国内其他城市还笼罩在计划经济的氛围之下时，推动激进市场经济改革的深圳，自然就会吸引全国的人才、技术和资本来深圳寻找机会——这就是所谓的"先机"。

20世纪90年代后期，市场经济的大方向在全国已成为政治正确时，全国各省份、各城市便展开了资本、产业项目、人才和技术等各种资源的争夺战，而最热门的产业如家电产业——当时几乎全国每个省都有自己的彩电厂，各省都动用金融资源保护本省的企业——便在此背景下进行了一轮全国性大厮杀，结果便是各省的大批家电企业倒闭被兼并，而深圳的康佳、创维和TCL彩电三强，占了六个赢家的半壁江山。

各省、各城市摆脱不了计划经济思维的惯性，政府的权力之手忍不住要干预微观经济，保护地方国企，最后却让它们背上沉重的包袱。而深圳市政府不干预微观经济，让企业（包括地方国企）自己在市场中拼杀，反而造就了最有竞争力的产业体系。

于是，在2008年之前，深圳形成了全国最好的经济和产业结构，包括所有制结构。当时深圳的经济中，国有、外资与民企三分天下，民资占到半壁江山，外资与国资各占二三，而国资也以地方国企、中央驻港央企（如招商局、华润集团、港中旅等）为主导，此外还有一些早期参加深圳特区创业的央企如深圳中航集团、华侨城集团等。这些国企往往被称作"南派国企"，与靠垄断和政策保护吃饭的"北派国企"相区别，其最大特点是它们都是在市场竞争中摸爬滚打出来的——都有清晰的市场经济意识，并且精于市场运作。

而深圳市政府并不特别偏爱或保护这三者中的哪一方。深圳并不像国内其他城市那样，给一些外资项目过度的超国民待遇，也不会特别保护国企，事实上特区初期建立的一些国企，如特发集团、赛格集团、深房集团、莱英达集团、先科电子等，最后纷纷衰落，甚至像南方证券这样的大型地方金融国企也任其破产。

让市场在资源配置中起主导作用，其结果是产业肌体更健康，而地方财政也更健康。一直到2017年之前，深圳财政一直几乎是零负债，这在全国城市中几乎是绝无仅有。

作为市场化的受益者，深圳也一直是市场经济改革的鼓吹者。

在深圳这样一个环境中成长起来的华为，当然首先是市场经济的受益者。没有中国的市场化改革，就不会有华为，同样，没有深圳这样的市场经济制度环境，华为也不可能发展成为一个大型科技公司。华为的"客户至上"原则，就是最基本的市场经济准则，因为是客户、市场给企业饭吃，而不是政府、权力给企业饭吃。

20世纪80年代末至90年代中后期，中国电信市场呈喷发之势，本土力量应运而生，新兴的4家有代表性的通信制造厂商分别为巨龙通信、大唐电信、中兴通讯、华为技术，据说时任邮电部部长吴基传取各家的头一个字串联起来，恰好是朗朗上口的"巨大中华"。

中国电信市场由进口高价设备垄断的局面，从此破局——20世纪90年代中后期，由"巨大中华"带来的牵制效应被日渐放大：一方面，由于本土厂商介入竞标，长期高企的电信设备价格开始快速下滑，为运营商争取到了相对合理的价位；另一方面，由于成本的下降，中国运营商开始步入大规模建网周期，电信基础设施水平快速提升。此时，充当"棋子"角色出现的"巨大中华"，也借机在国内市场上站稳了脚跟。

但是这4家中资电信设备商所得到的支持并非等量齐观，巨龙、大唐是国有企业，得到政府的更多呵护，中兴通讯作为央企孙公司，也远比华为得到更多帮助。而华为在1996年之前，根本没有被政府看在眼里，有一段时间，甚至因得不到贷款而濒临倒闭。不过后来若非深圳地方政府助华为一臂之力，可能就没有今天的华为了。因此从根本上说，华为后来成为中国电信设备产业的顶梁柱，最主要的原因是华为公司自己在市场上摸爬滚打。

"巨大中华"的不同发展，也在证明了市场应该在资源配置中起主导作用。华为的成功断不能证明是所谓国家NVC战略的成功，事实上，至少在电信设备产业和智能手机产业，我们看不到明显的NVC战略，相反，无论是中国市场还是全球市场，它都是经由充分竞争的市场而最终导致的寡头垄断格局。华为无论是在国内市场还是全球市场，都是靠竞争而获得的市场优势。

这里要打一个问号的是：近些年来，深圳是否还像原来那样坚持小政府定位，坚持市场经济方向改革？华为成长为一个巨型公司有可能得到政府的垂青之后，是否还会坚持市场经济制度至上？

最近六七年的一些变化，确实让人有所疑虑。

以华为而言，虽然它是市场经济的受益者，但任何企业都是逐利的，如果有公权力来帮助它赚更多的钱，它还会拒绝吗？

迄今为止，我们能够看到的是华为和任正非仍在竭尽全力地坚持市场经济原则。

那么，深圳呢？

过去的数年里，我们看到了在深圳发生的以下诸多变化：

其一，深圳市政府对央企的热情拥抱。

其二，热情洋溢地强调做大、做强国有企业。国有资本入主民营上市公司。最典型的是深圳地铁集团并购深万科。

其三，深圳不断新设国有企业，甚至是在市场激烈竞争的领域，比如金融领域或产业园区开发领域，大量财政资金注入地方国有企业。

其四，外资企业大量撤出深圳。现在除了驻港央企，外资企业在深圳经济中的比重不足一成。

其五，政府越来越热衷于介入微观经济领域，并且行政审批制度改革多年不见效。

3. 客户和货源

关于"依法治国"，中共中央十九届四中全会《中共中央关于坚持和完善中国特色社会主义制度推进国家治理体系和治理能力现代化若干重大问题的决定》的表述是："坚持和完善中国特色社会主义法治体系，提高党依法治国、依法执政能力。"

深圳可能是国内城市中较早认识到法治环境是营商环境最基础的部分的。早在1998年，当时的深圳市委书记派出重要研究力量，赴新加坡进行考察调研，之后中共深圳市委确定了深圳城市向新加坡学习的两个重要目标：建设"园林城市"和"社会主义法治示范城市"。

2008年11月，国务院法制办与深圳市政府签订了《关于推进深圳市加快建设法治政府的合作协议》。根据此协议，国务院法制办与深圳市政府共同研究确定了《深圳市法治政府建设考评指标体系》——这是国内首个"法治政府"指标体系。

2013 年，中央批复"前海深港现代服务业合作区"为"中国特色社会主义法治示范区"。

2013 年 12 月，中共深圳市委五届十八次全会上，提出"在全面深化改革的新时期，深圳要牢记历史重托，勇担特区使命，以实施市场化、法治化、国际化、前海开发开放（'三化一平台'）重点攻坚，来牵引和带动全局改革"。

2018 年 12 月 27 日，深圳召开建设法治中国示范城市工作会议，全面部署《法治中国示范城市建设实施纲要（2017—2020 年）》，从立法、法治政府、司法等六个方面入手，提出到 2020 年深圳要基本建成法治中国的示范城市。

2019 年 8 月 18 日中共中央、国务院发布的《关于支持深圳建设中国特色社会主义先行示范区的意见》，明确要求深圳要做"中国的法治城市示范、城市文明典范"。

全国各地方政府也都会强调"法治"建设，但像深圳这么早就提出建设"法治城市"目标，并且认识到法治环境才是一个地方投资环境、营商环境的根基的，国内并不多见。这显然得益于深圳毗邻香港，亲身体会到香港的"法治"对于整个市场经济制度的决定性作用。

虽然深圳作为统一的中国司法管辖区的一个城市，除非经过中央授权，不可能有超越现有司法体系的权力，但可从"相对法治"的制度落差中受益。也就是说，深圳不必像伦敦、香港那样是一个成熟的法治城市，但只要它相比较于其他中国城市更为法治化，就可以奠定国内城市竞争中的优势地位。而与国际城市的竞争，深圳则只有依靠中国的要素禀赋：人力资源、国内市场、国家支持。

除了出文件，深圳在法治城市的建设，主要体现在：

其一，立法方面，深圳市人大利用"特区立法权"做了不少立法改革的探索，比如"开门立法"等。

其二，司法改革方面做了一些探索，深圳市中级人民法院、深圳市检察院一直都走在全国司法改革的前列。国内一般认为深圳和上海是国内的司法体系中相对比较规矩的地方。

尤其是前海法院、前海检察院，负责审理全深圳市的涉外商事案件，探索引入英美法系的商法原则，且结合中国内地实际，进行了大胆的探索。

另外，最高法 2015 年在深圳设立第一巡回法庭，这在当时也是一个创举。现在最高院共有深圳、沈阳、南京、郑州、重庆、西安六个巡回法庭。

其三，在律师制度改革方面，深圳也一直走在全国前列，深圳律协的内部治理也很有特色。

而对于是一家全球性跨国公司的华为来讲，它在全球各种法治水平的国家做生意。过去20多年的国际化过程中，它既能用中国的方式在弱法治国家如鱼得水，也有一个艰巨的在法治国家学习生存的过程。但总体而言，前者是无奈，后者是华为的向往。

任正非在许多场合都强调华为要遵守所在国的法律，既要遵守中国法律，也要遵守所在国的法律："我们是在中国这个环境下注册的，和中国政府的关系就是要遵守中国的所有法律，要遵守中国所有的管理规定。""作为一个企业，最重要的是遵守所在国的法律要求。"

即便是面对女儿在加拿大被逮捕这样的事情，任正非也一直强调，加拿大、美国是法治国家，会尊重法院的判决，所以华为会聘请最好的律师，捍卫自己的权益，甚至可以去起诉美国政府。

对于外媒对中国是否是一个法治国家的质疑，任正非也进行反驳："中国法制社会建设也在进步，逐渐走向法治化、市场化。如果你们觉得中国做的程度还不够，华为的商品不能卖到你们那里去，那你们把汽车卖到法制环境不够的国家来，不是支持这个国家的法制环境不够吗？"

为什么华为如此重视法治？任正非在一次回答BBC记者采访时说，"市场经济就两个东西：一是客户，一个是货源，两个的交易就是法律。"

"法治化"是华为与深圳的一个坚强共识。"化"，指向的就是一个过程，就是朝着这个方向的努力。现状也许并不完美，但总是在逐步改善之中，相信总有一天能够达到一种相对比较完善的状态。

4. 全球化的世界

"国际化与全球化"应该算是深圳与华为的第三个共识。

深圳给自己的城市定位是："现代化、国际化、创新型城市。"中共中央、国务院《关

第四部分：精神共识

于支持深圳建设中国特色社会主义先行示范区的意见》要求深圳到 2025 年实现建设成为现代化国际化创新型城市，到 2035 年建成具有全球影响力的创新创业创意之都，到 21 世纪中叶成为竞争力、创新力、影响力卓著的全球标杆城市。

深圳特区的诞生本就是改革开放的产物，是"全球化"的受益者。而正是对外开放，才让深圳加入到全球价值链中，成为东亚生产网络和全球 ICT 产业链的重要组成部分。深圳追求国际化几乎是一种与生俱来的本能，它不可能不是"全球化"的支持者。

除了中央事权的范围外，深圳作为地方政府一直在努力保持自己对全球的开放性，近年则斥巨资推动深圳机场开通更多的国际航班，并尽力吸引国际人才来深圳工作和生活，在全市开展"国际化街区"建设，按照规划，到 2022 年，深圳将建成首批 15 个国际化街区。

如前所述，华为也很早就推动公司走向国际市场，最终发展为一个全球领先的高科技跨国公司。华为目前共有 19.4 万员工，其中外籍员工接近 3 万人，来自全球 160 个国家和地区。从 2005 年到 2016 年，华为每年总营收中，国际市场收入占比一直超过 50%，其中最高年份达到 70%。2017 年之后，国内市场收入占比才反超海外市场收入，其中终端产品智能手机在国内的成功是重要因素。

由于 40 年的改革开放，中国的地方政府往往都以国际化为荣，机场哪怕仅开了一条香港航线，也要自称为"国际机场"，国际化意识浓厚，这本身不是坏事。但是每个城市需要扪心自问的是：你在城市管理和运营中，真的具有如此开放的心态吗？地方政府的许多做法，真的能跟国际接轨吗？你的市民真的具有"全球公民"的观念吗？在平常情况下这是看不出来的，每个城市的国际化意识需要一些特殊事件的检验。

2018 年起，中美两个大国之间的贸易、科技、金融等一系列冲突在产业上的聚焦似乎开始围绕深圳展开，首先是美国制裁中兴通讯事件，之后是华为 CFO 孟晚舟在加拿大被捕，再之后是美国将华为等若干中国公司列入"实体清单"，美国一系列政治人物在全球推动盟友弃用华为。这一系列事件，以及引起的国内舆论骚动，对华为和深圳的"国际化"来说正是一个检验和考验。

让我们看看华为的应对。

首先这一系列事件毫无疑问是华为的生存危机，虽然任正非在接受媒体采访时一再强调华为对此有足够的应对措施和准备，因此不会有太大影响，最多影响到华为的总营收，2019 年初，估计华为会较计划减少 300 亿美元的营收，到年中这个数字被缩小到 100 亿美元。

到 2019 年 9 月，任正非将华为总营收较年度计划减少 300 亿美元这个数字，降低到 100 亿美元。也就是说，华为原计划 2019 年总营收达到 1350 亿美元，最后可能会只有 1250 亿美元。事实上最终华为实现 8588 亿元人民币，同比增长 19.1%，与任正非在 9 月份的估计相差无几。

总的来说，华为通过一系列向外发声，以及发布芯片、操作系统等一系列新产品，降低对美国软硬件产品的依赖度，并在美国之外的地区加强了市场营销力度，这使得华为公司 2019 年的经营形势总体而言没有受到太大冲击。但这也是美国政府的打击之锤尚没有重击的缘故——在中美签署第一阶段贸易协议后，某种程度上特朗普按下了暂停键，美国大选后形势仍有恶化的可能。华为需要经受的考验可能会在 2020、2021 年更多地显现出来。

其次，华为研判自己会成为夹在中美两大国之间的小兔子，这是因为华为在 5G 技术上获得了全球领先水平。华为一直向全世界宣布自己没有后门，不是间谍，也不会配合国家情报部门的要求，会遵守所有所在国的法律。在 2019 年 9 月更宣布自己愿意将 5G 核心技术转让给一家美国公司。

2019 年 2 月 18 日，接受 BBC 采访时任正非强调：

> 2 月 16 日，中央政治局委员、中央外事工作委员会办公室主任杨洁篪在慕尼黑的安全会议上发言，讲了"中国政府从来不会指引任何企业去安装后门，中国政府要求所有企业都要遵守国际法、遵守联合国法律、遵守各个国家的法律，在任何地方都要合规经营"。所以，中国政府也表态了，不会让企业安装后门；我个人也承诺了，我们企业也承诺了不会有后门，三十年的历史也证明我们没有后门。
>
> 中国政府这么高的领导已经明确表态"不会让企业安装后门"，而且我们也不会安装后门，因为华为的销售收入是几千亿美金，不会因为这一点引起全世界的客户和国家反感，否则以后我们就没有生意了。没有生意，我们怎么偿还银行的钱？我也不会冒这个险。"解散公司"的讲述是表明了一种决心，表明我们不会做这件事，更不会把任何信息交给别人。

再次，虽然备受美国的打击，但任正非一再向美国释放善意，指美国打华为是

第四部分：精神共识

打错了。对于事件的处理，更愿意通过法律的手段，证明华为自己的清白。华为还对美国相关供应商表示了充分的理解和感谢，只要允许，还会采购美国产品，不会放弃跟友商的合作。

我很感谢美国政府，因为华为公司本来就是一个小公司，也不是很出名，但美国这么多高官在全世界游说，告诉全世界"华为这个公司很重要，它有问题"，结果让全世界人关注华为。他们关注华为，再一解剖，其实华为是一个好公司，我们的销售额增长速度非常快，终端平均每个月增长50%的销售量，所以我们要感谢美国政府到处为我们做广告。

特朗普总统把美国的税收在这么短时间降下来，在世界上特别是民主国家是很艰难的，民主国家最大的特点是大家要争，争论很长时间才能达成一个认识，美国税收从这么高跌下来这么低，在一个很短时间达成共识，形成美国的法律，这对美国一百年左右的经济振兴是有好处的。因为税收低了，企业负担轻了，企业就可以快速发展，而且人类社会会进入一个快速的发展时期。所以，特朗普这点做法非常伟大的。

减税的政策是一个伟大的政策，很难做的一件事情，它做到了，哪个国家都很难做。减税以后怎么去支付国家的开支，怎么去支付对穷人的救济，这些都要平衡的，但是美国能够做大幅度事情，这个国家应该是很伟大的。

在谈到华为发布了自己的芯片后，是否就不依赖美国的问题时，任正非说：

第一，我们永远需要美国芯片。美国公司现在履行责任去华盛顿申请审批，如果审批通过，我们还是要购买它，或者卖给它（不光买也要卖，使它更先进）。因此，我们不会排斥美国，狭隘地自我成长，还是要共同成长……要共同建设人类信息社会，而不是孤家寡人来建设信息社会。

在与《纽约时报》（*The New York Times*）著名专栏作家弗里德曼（Thomas Friedman）对话，以及在接受外媒采访时，任正非正式多次表态，如果美国对华为不信任，华为可以把5G技术转让给美国公司。

对于孟晚舟事件如何处理，任正非一再表达对法律的尊重和信任，这显然是符合美国人对法律的信仰精神的：

> 在这个事件和这段时间里，我非常感谢尊敬的威廉姆·亨克（William Ehrcke）法官的公正，感谢约翰·吉布卡司利（John Gibb Carsley）检察官和凯利·斯卫福特（Kerri Swift）检察官。感谢加拿大阿诺特（Alouette）女子监狱的人性化管理，以及狱友对晚舟的善待。我也感谢中国政府维护孟晚舟作为中国公民的权益，为她提供了领事保护。我相信加拿大和美国的法律体系的公开、公平、公正，以及后续会给出公正的结论。
>
> 无论是华为的中国籍员工或非中国籍员工，只要违反当地法律，我们都会配合司法机构调查。我们坚决反对员工任何违反法律的行为。公司内部有非常庞大的内外合规管理系统，用来预防这些事件，违反后，有纪律部门来处置。

接着，华为在用法律手段对抗美国打击的同时，尽最大努力稳住欧洲市场，对欧洲各主要国家展开魅力攻势。

2月18日接受BBC采访时说：

> 英国也有对我们担忧，并不影响我们在英国的投资。我们最近在剑桥买了500英亩的土地建光的芯片工厂，在光的芯片上，我们是领导全世界的，我们建工厂就是为了将来出口到很多国家去。我们英国工厂可以接受英国的监控，经过英国监控的芯片卖到西方国家，为什么不可以呢？这样就不在中国生产了。中国也生产芯片，可能只卖到中国和一些相关能接受的国家去。所以，我们在英国的投资规模很大的，并不等于"你怀疑我，我就不在你那里投资了"，这是两回事。
>
> 英国是一个对我们非常友好的国家，这些年我们与英国政府有非常好的合作，把我们安全的认证中心放在了英国，主动把所有东西开放给英国政府来观看。

2019年6月接受法国《观点》（Le Point）周刊采访时，任正非宣扬中国与欧洲的合作：

> 欧洲是政治多元化，不具有侵略性。欧洲主要想做买卖赚钱，中国也想多

买一些欧洲的奢侈品，中国欢迎欧洲来赚钱，不然还要飞到巴黎去买东西。中国不断对奢侈品减税，就是欢迎欧洲商品。而且中国和欧洲的经济是互补的，所以中国需要欧洲，欧洲也需要中国。如果用"一带一路"连接起来，欧洲的商品到中国来，中国的商品到欧洲去，车走到中途没有油了，中东、中亚就是能源基地，给我们经济加油。这样从欧洲、中东、中亚到远东就连成一个大的经济板块。

2019年10月接受北欧媒体采访时，任正非进一步谈了华为与欧洲合作的设想：

> 我非常支持欧盟的数字主权建议。因为数字主权和过去物理主权同样重要，过去物理主权牵涉到地缘政治，信息化没有地缘，信息在全球流动，还是要有数字主权。每个国家都要建立自己数字主权的概念，我是非常接受的，也坚决支持数字主权战略和诉求，我们尽可能把欧盟所需要的基础设施做出贡献。同时坚定不移面向AI和鲲鹏的编译器、Mindspore等关键技术开源给欧洲和全球的开发者，开源以后就能让欧洲小公司在上面创新，它们的创新可以辐射到全世界，也会辐射到中国来，改变它们的经济结构和收入结构。我们坚决支持欧洲在数字生态上规模化发展，这是我们的决心，也是我们将来的愿望。

然后，任正非借机向外界表达华为的世界观，未来的科技趋势，一定是全球化的世界，各国必须合作共荣。

面对国内汹涌的民族主义和民粹主义情绪，任正非表达了冷静的反对态度，不希望华为利用民族主义情绪获利。

迄今为止，华为对事件的处理过程，都展现出一种理性、冷静、平和的态度，一种协同创新、开放包容的商业理念，一种为全人类的发展福祉着想的世界观，这代表一家中国的跨国公司在价值观和世界观上所达到的新高度。

深圳这个城市对华为事件的反应是什么呢？从政府侧来说，我们看到的有两点：

一是，2018年12月6日，"深圳微博发布厅"以"深圳市政府相关负责人"的名义就华为公司首席财务官孟晚舟在加拿大被拘押一事发表声明：

> 我们密切关注此事，强烈要求加拿大方面立即澄清事实，解除无理拘押，

切实保障当事人的合法、正当权益,立即释放被拘押人员。

我们将继续关注事态进展,协助华为等在深企业维护在境内外正当权益。

二是,作为华为总部所在地的地方政府,深圳市加大服务华为的支持力度——这当然是应该做不必说的事情。

从民间来说,我们看到的是"粤海街道办"这个词一下成为中文网络热点。2019年5月的某一天,一篇题为《原来,这是美国与深圳粤海街道办的较量!》的网文刷爆了微信朋友圈,文中说:

你仔细看一看,去年是中兴,今年是华为,最新又搞到了大疆,美国人其实都没搞出深圳市南山区粤海街道办的范围。想一想,还真是啊!中兴、华为、大疆,都是从深圳粤海街道办发展起来的企业。

原来斗来斗去,美国人也就是在跟中国一个小小的街道办在斗啊。一个面积不到15平方千米,常住人口也就20万人的神奇地方。

网络上,还有人神补刀:别忘了,身处同一个街道办的鹅厂(腾讯),现在还没上阵呢!

姑且不说,华为跟粤海街道办没有太大关系,但这样"风华大国民"的心态,与华为的世界观,似乎不那么合拍。

如果单就这几件事来说,华为与它总部所在的城市以及它的市民,在精神世界的层面上还真是有一些落差。深圳与华为固然有国际化(全球化)的共识,但深圳国际化的路程未来还很漫长,而华为已经是一家一流的全球科技巨头。

深圳,华为在世界等着你。

5. 第五个现代化

深圳与华为对于市场化、法治化、国际化的共识,意味着什么?

20世纪70年代末,结束"文革"的中国,给自己提出了一个发展目标,叫作"四个现代化"：工业现代化、农业现代化、科学技术现代化、国防现代化。虽然现在早已不再提"四化"了，但如果我们对照一下那个"四化"的目标，我们似乎可以说，到现在，"四个现代化"已经实现了。

2013年11月，中共十八届三中全会上提出："全面深化改革的总目标是完善和发展中国特色社会主义制度，推进国家治理体系和治理能力现代化。"

又一个"现代化"。也有人称之为"第五个现代化"。

什么叫"现代化"？

"现代化"是一个舶来词语。"化"是指一个进程，"现代化"就是走向"现代社会"的进程。

"现代"这个词被当作一个历史（时代）概念来使用，始自黑格尔。在其《历史哲学》（The Philosophy of History）中，把1500年前后发生的三件大事，即新大陆的发现、文艺复兴和宗教改革，作为现代与中世纪之间的分水岭。"时代精神"这个新词曾令黑格尔心醉神迷，它把现在说成是过渡时代。其后哲学家谢林在《关于时代的哲学》（Philosophie der Weltalter）中，提出"未来已经开始"，之后的本雅明等人以此赋予"现代"以在末日之前的进步性——使末世论的希望此岸化。此后的欧洲历史学家将欧洲历史划分为古代（希腊、罗马）、中世纪和现代三个时期。

黑格尔在提出"现代"这个词时，定义了现代性的概念。他认为，"主体性"乃是现代的原则——"说到底，现代世界的原则就是主体性的自由，也就是说，精神总体性中关键的方方面面都应得到充分的发挥"，同时，也阐明了现代世界的优越性及危机之所在，即这是一个进步与异化精神共存的世界。

自黑格尔之后，西方哲学以及从中分析出来的社会学，就围绕着"现代性"这个概念进行了无穷无尽的论述与争论。我们不想在本书中陷入到哲学思辨中去，却可以用一个通俗却又略显简单的话语来解释说，现代性的核心概念就是：理性。马克斯·韦伯则将其描绘为一个"祛魅"的过程，即摆脱愚昧、迷信、专制，而追求理性、科学、自由的过程。

无论如何，"现代性"这个词跟中国的思想传统没有任何关系。但19世纪中期以后，西方哲学体系包括马克思主义引入中国，现代化运动开始成为中国一个经久不息的主旋律。但奇怪的是，中国的社会充满着追求"现代化"的热情，对"现代化"有着非常通俗的理解，却一直没有深入到西方哲学的内部去理解"现代性"究竟意味着什么。这就是秦晓所谓的"现代化"压倒了"现代性"，也就是说，中国人只追求在器物层面上的西方化、现代化（诸如工业化、城市化、信息化），而不追求在"道"层面上的现代精神、现代性。

我们也无意纠缠在"现代性的哲学话语"（哈贝马斯一本书的书名）之中，让我们回到深圳与华为的三项共识：市场化、法治化、国际化（全球化）。

这"三化"其实并非三个并列的概念，"市场化""法治化"是制度层面的改变，而"国际化"其实是一种"空间"层面的概念，或者说是一种"方法论"的概念，即打破边界，不闭关锁国，融入全球的国际社会之中。而我们前面已经指出，融入全球秩序之中，亦即融入全球资本主义体系之中，融入全球市场之中，融入全球价值链之中。所以"国际化"事实上是一种"工具理性"，即以一种"国际化"的方法使中国避免"闭关锁国"，以加入全球体系的方法，倒逼中国"现代化"，或者说倒逼中国"治理体系和治理能力现代化"。

放在中国大历史的框架下，我们其实应该明白，"市场化"和"法治化"其实都是关于"治理体系和治理能力现代化"的一种根本主张，其本质上都是关于国家权力的一种理念或思维方式：市场化是希望国家不要过度介入微观经济运行，划定一条国家与市场之间的边界，使国家权力不要越界，让市场主导资源的配置；而"法治化"事实上也是界定国家、社会与个体三者之间的关系，使之有规则和稳定的预期，其中，界定国家有一项基本的功能，就是黑格尔法哲学所论及的"法权"，国家所保证的"法权"，其中核心是明晰的产权，是一切市场交易的基础。

任正非有两段话表明他模模糊糊地触及到了"现代性的哲学话语"。

一段话是他认为：

> 统一的哲学是创新的基石。王国维讲哲学才能改变中国，今天来看确实是这样的。英国、美国、日本、法国、德国及整个欧洲社会，它们在哲学体系上搞清楚了。它们国家几百年没有动乱过。

另一段话是他认识到了中国传统思想的非理性主义：

> 中国的宗教是玄学，玄学是模糊科学，对创造发明有好处，但对做可靠的产品不一定有好处。从这个角度出发，我们和世界达成互补性的经济关系，多交一些朋友，才能有助于达成主要的战略目标。

第四部分：精神共识

任正非在 2019 年一年三四十次的访谈话语中，虽然极力回避政治问题，但难以避免地，明里暗里仍涉及了他对国家的看法、对政府作用的看法、对社会及企业的看法，对"人"的看法。

如果深圳这个城市偏离了"科学理性"这个词，那就表明深圳与华为的三项共识出现了价值裂痕。

6. 三角形关系

让我们回到世俗社会之中。当我们把华为与深圳进行对比研究时，大谈它们之间的关系时，我们忘了，华为本就是深圳的一部分。由于它的总部置身于深圳坂田这个社区之中，它需要如所有其他全球科技巨头一样，需要处理企业总部与所在社区之间的社区公共关系。

而且它的员工，包括总裁任正非，都安家于这个城市之中，是这个城市社会中的一员，就不可能不感知这个城市生活的轮廓与纤毫。

我们常常说，一个城市的力量一般分布在政府、市场和社会这个三角形权力框架内。如果这个三角形倾向于成为一个等边三角形，那么这就是一个均衡的城市治理结构。让我们看看过去 40 年里深圳这座城市的三角形三条边的变迁。

其一，政府。

在特区初创的很长一段时间内，至少在 1998 年之前，因为要进行市场经济制度的试验，深圳市政府一直被刻意设置得比较小——政府规模小，政府的权力也小，政府不设置管理微观经济的部门，而只设置一些国有企业，作为行业的领导力量，但这些国企后来纷纷衰落，谈不上对行业的领导或主导。而政府也借由国企改革，让地方国企退出了竞争性领域，主要保留在水、电、燃气、公共交通等公共服务部门，所以一直有人称赞深圳是典型的"小政府、大市场"。

除了政府刻意的不介入市场外，就连政府一些最基本的职能或权力，也被当时深圳存在的两种力量进行了各种分解。

一种是所谓的"诸侯"。特区初创时，深圳市政府没有资本实力进行区域的开发，遂将大片的土地授权给一些大型央企进行开发，比如招商局集团负责蛇口工业区，南油集团负责南油工业区，港中旅集团（后来是华侨城集团）负责华侨城片区。这些片区中尤其是招商局蛇口工业区，形成了典型的企业办社会，而且在区内进行了大胆的治理模式改革。

另一种是所谓的城中村，原住民以村和村民组为单位，在其保留的集体用地中，自力更生地发展起了股份合作经济，而每家每户则依托自己的宅基地，搞起了自己的出租屋经济。政府没有财力为城中村提供公共服务产品，后来又由于不肯承认农民房的产权，而将之视作违法建筑，从而任其自生自灭，这种情况事实上形成了自我管理机制。

这种很像美国的"印第安人保留地"的封闭空间，虽然不被承认合法产权，但却阻挡不了它进入市场交易体系之中，从而使人聚集大量的财富，因而并不曾出现印第安人那样的穷困状态，反而呈现出在政府眼中的那种病态的繁荣，这些"城中村寨"很大程度上更像是战乱时代的土匪山寨，形成一套自治体系。

不期而然地，"城中村寨"作为与政府并列且有些对立的两大一级土地供应商之一，事实上承担了深圳市政府一直缺位的"廉租房"供应商角色，为深圳经济、社会的发展做出了自己的历史性贡献。

这两种自治体一定程度上形成了事实上的分权体制，并与深圳市政府展开权力竞争，削弱了这个城市的集权程度，是深圳经济最初腾飞的重要原因和制度保障。

1990年之前，深圳经济特区作为改革的探索者，曾经想对中国的政府组织形式进行根本的改革，在李灏任市委书记时期，曾设想参考香港的体制，设计一种"三权分立"的制度。但这一试验没能付诸实施。1990年之后，深圳设立人大和政协，政体向全国统一的体制回归。

某种意义上，1998年之后，深圳的政府体制"去特区化"的特点越来越明显，回归到一个正常城市的脚步有加快之势，政府的规模越来越大，政府的财政收入则连续30多年高速增长，政府的权力边界也有外扩的趋势。

根据深圳人社局发布的数据，截至2017年12月，深圳市的公务员和参照公务员法管理单位工作人员共4.65万人，深圳没有发布过事业单位的人员数量，根据全国事业编与公务员编的人员比例约为1∶4.5来估算，深圳市的事业编人员应该在20万人左右。而临聘人员等吃财政饭的人员规模在全国范围内基本都相当于公务员编和事业编之和，那么我们约略可以估算出深圳市的财政供养人员在 50 万人左右，就算打个八折，也还有 40 万人左右。这个规模放在 1990 年之前的深圳是完全不可想象的。

2015—2019 年，深圳市地方财政支出规模分别为：4265 亿、4393 亿、5401 亿、4949.6 亿、5008 亿。这个财政支出规模与全国第八经济大省福建省的财政支出规模相当。

其二，市场。

深圳一直是国内最具有市场意识和企业家精神的城市之一。按 2020 年第一季度末的数据，深圳市共有注册企业 209 万家，个体工商户 124.7 万户。即便是按 2300 万人口这个数据，也平均每 10 人就有一个公司，每 20 个人就有一个个体户。

2019 年底，深圳共有就业人口 1168 万人，倘若去除掉 50 万左右吃财政饭的，和规模不太大的社会组织（全市社会组织约 1 万家）就业人口，则深圳仍有 1100 万人就业于市场主体，其中接近 1000 万人在企业就业，占全市就业人口的 90%。这个比例在全国大中城市中都属于较高的行列。有社会学者称之为"企业化生存"，也就是说 90% 的家庭不依赖吃财政饭，而是生存在企业之中。

胡润发布的 2019 年中国民企 500 强中，深圳有 63 家企业上榜，而在 2019 年中国企业 500 强名单中，深圳也有 26 家企业上榜。深圳企业家群体在全国具有很大影响力。

2010 年 9 月 6 日，在深圳大学城体育馆举行了深圳经济特区成立 30 周年庆祝大会，特别引人注目的是，有 4 位成功的企业家被允在庆祝大会上发言，分别是香港长实集团主席李嘉诚、招商局集团董事长傅育宁、腾讯创始人马化腾、比亚迪总裁王传福。这是企业家群体在深圳经济特区建设中的重要作用得到国家承认的标志。

可以说，从创建特区以来，深圳的市场力量十分强大，相当程度上主导了整个城市的发展。若论及在全国和全球的影响力，深圳市政府的知名度和影响力显然远远比不上深圳企业家的知名度和影响力。

其三，市民社会。

总的来说，与政府、市场相比，深圳的市民社会则处于萌芽期。2012 年之前，它曾经有一个比较自然的和相对宽松的演变气候。

在改革开放之前，宝安县人口只有不到 50 万人，40 年时间接受了至少 2200

万人移民。深圳可以说是目前中国最典型的移民城市，而且大部分人口都还属于移民第一代。

毫无疑问，深圳目前是中国最具移民社会特质的城市。北京和上海都曾是最典型的移民社会，但最近60年里，它们沉淀了太多的既得利益人口，成为城市的主干人群，因而对新移民持排斥态度，导致移民城市的特质退化。而深圳虽已开始其退化过程，但刚刚开始，新移民第一代尚在当打之年，尚能保有更多的移民精神。

深圳和北京一样，是为数不多地集齐全中国每一个县的移民，集齐全国56个民族的移民城市。它虽然是一个广东城市，但粤文化在城市中并不居于主流地位。

这样的移民社会，天然具有冒险精神，因为移民必须重新来过，所以必须打拼才能重新建立一个基础。因为脱离了原来的熟人社会关系网络，所以不惧失败，没有人知道你的失败，只有人欣赏你的成功。所以失败了，从头来过，直到成功，荣耀自己的人生。由自己奠基建立家族财富的基业，是许多移民第一代内心的真实欲望。

新移民来自四面八方，谁都不是地头蛇，所以才说"来了就是深圳人"，所以才天然地把多元文化熔于一炉，每个人都具有对异质文化的包容性。

这样一个移民社会，本来最易于建构一个全新的社会结构和社会治理模式。而在前面30年中，它也正是经历了这样一个自然演变的过程。除了原"城中村寨"的原住民先天具有的保守性，自成一体结成了一个个相对封闭的小共同体之外，新移民的一个个小共同体也逐步建立起来，而它们具有相对的开放性。

商会及行业协会（专业性商会、区域性商会等）、同学圈子、同乡会、战友会、兴趣沙龙等在进入新世纪后有一个蓬勃发展，业主自治和居委会自治则在政府的有序推动下有了长足进步。而社会慈善事业则在深圳有一个显著的大发展。

欧洲人常用"Old money"（传统贵族）和"New money"（新贵）来做对比，那么深圳人也常以"New money"自居。他们的财富观会强调"美与善"，即所谓财富的"来源要美、去向要善"。以自我的冒险精神与聪明才智，以创业与创新来赢取财富，无论是IT领域的创富英雄，还是金融市场上博得的财富，在他们看来都是美的，无可厚非的，这与那些依靠精子而得到的财富，依靠出租、出售权力而换得财富的"Old money"，有本质的不同。

对于财富的去向，除了支持自己和家族过上更好的生活之外，深圳人更强调积极回馈市民社会，通过做慈善，通过身体力行地介入市民社会的建设，他们认为这是财富"善"的去向。

2007—2012 年,时任中央政治局委员、中共广东省委书记汪洋在广东推动社会管理体制改革,在全省建立了三级社工委体制,有力地推动了社会建设和社区自治进程,深圳在其中有最突出的表现。总的来说,1998 到 2012 年之间,在深圳,政府、市场和社会这三者从发展态势上来说处于一种比较均衡的状态,虽然社会刚刚发育,但有一种蓬勃之势。

在这过程中,深圳的企业也纷纷更加深入认识到了自己的社会责任和社区责任,企业对社会创新和市民社会的成长起到了推动的作用。

在黑格尔的市民社会理论中,本来就把除国家之外的市场体系和社会实体统称为"市民社会",他把市民社会理解为"现代世界中形成的"自由市场社会,在那里,个人的自我利益从宗教的、伦理的、政治的考虑中解放出来,获得了合法性。市民社会是一个个人利益得到充分自由表现的社会。

2013 年之后,广东省三级社工委体系撤销。在深圳这座城市,政府体系对经济的干预和对社会的控制也愈益加强,市场力量受到一定程度的抑制,而社会创新的萌芽也渐趋陷入停滞。

不过相对来说,我们看到的是,华为小心翼翼地生存在深圳这个城市社区之中,避免批评地方政府,也较少介入社区的社会创新,只是一味地在市场系统中发挥作用。华为介入整个地区的供应链网络之中,带动整个产业链的发展;华为离职员工在深圳地区的创业活动和投资行为也十分频繁,形成一个叫作"华为系"创业群体,这可以视作一个以"华为文化血缘"为纽带的小共同体。

7. 革自己的命

2019 年 1 月 17 日,任正非在接受国内媒体采访时说:"曾经有首长说要总结一下华为公司的机制,我说首长您别总结,前 20 年是积极进步的,这 10 年是退步的,为什么?就是人们有钱就开始惰怠了,派他去艰苦地方不愿意去,艰苦工作也不愿意干了。如何能够祛除惰怠,对我们来说是挑战。所以我们强调自我批判,就是通过自我批判来逐渐祛除自我惰怠,但我认为并不容易,革自己的命比革别人的命要难得多得多。"

在后面的多次接受外媒采访时，任正非也一再提到感谢美国政府和特朗普总统给华为当头一棒，实质上对华为来说是一种"当头棒喝"，打醒了华为，消除怠惰，重新焕发出生命力。

事实上，深圳这个城市与华为公司一样，面临着同样的问题：创业成功之后进入守成期，不再年轻，不再冲劲十足，当年创业和逆势向上时的激情消退，而怠惰心态潜滋暗长。

华为已经成为一个年销售额达到 8588 亿元人民币（2019 年）、员工总人数接近 20 万人的庞然大物，内部形成了"叠床架屋"的管理架构，而功成名就的持有虚拟受限股的老员工和刚刚从大学进入公司的年轻人之间形成巨大的精神代沟或者说是阶级分歧。华为已大到不能倒，因而也就长成了一头巨大的利维坦。

深圳这个城市又何尝不如此？早已告别了青春期，这些年充分鼓起了啤酒肚，成为一个志得意满的中年胖子。改革的激情年代早已成为过去，大规模的既得利益死死拖着整个城市使之无法前行，阶层流动变得越来越僵化，城市的活力慢慢消失。

虽然看上去，它已长得膀阔腰圆，2300 万人，2.7 万亿元人民币 GDP，5000 亿元政府财力，全国四大一线城市之一。

如果说中美贸易摩擦唤醒了华为的生存危机感，它是否同样唤醒了深圳的生存危机感？

四、文明的冲突？

2020 年 3 月 31 日，全世界正处在疫情之中，华为公司在线发布了其 2019 年年报。发布会上，华为轮值董事长徐直军说："2020 年是比 2019 年更为艰难的一年，也是检验华为实力的关键一年。华为在 2019 年遇到很多挑战，但公司毕竟还有当年 5 月前近半年的快速增长阶段，而在 2020 年，公司全年都处于美国商务部'实体清单'之下，而新冠（肺炎）疫情又在此时出现。所以 2020 年，我们力争活下来，明年还能发布年报。"

这可能并不是危言耸听。美国政府虽然对华为一再"缓刑"，但并未取消实体清单，达摩克利斯之剑一直悬在华为头顶。其实徐直军所表达的意思，任正非在过去一年多时间里已多次表达过。当然也有人认为，华为未必就像任正非所判断的那样会猝死，而是可能被迫收缩战线，变成一家以中国国内市场为主的跨国公司——事实上腾讯、阿里目前的状态也不过如此，中国的四大国有银行、"三桶油"的状态也不过如此，不也活得好好的吗？——而不再是一家全球性的跨国公司。不过这显然不是华为和任正非愿意看到的结果。

1. 拥抱对方

在任正非接受外媒采访时，记者们一而再，再而三地提出一个关键问题：中国和美国会战略脱钩、产业脱链吗？

媒体频频提出这个问题，表明他们已经看到这是一个现实问题，并且是一个趋势性战略问题。而这个问题不仅对华为性命攸关，对中国和全世界也都会影响至巨。

任正非对此的回答似乎是充满了乐观主义态度："我认为，中美两国科技不会脱钩，还是要互相依存的。"但他的依据却略嫌主观，"历史已经证明，封闭会导致落后，只有开放才能先进。少数政治家希望脱钩，但很多企业是不愿意脱钩的，因为脱钩了东西就会卖得少，怎么会接受呢？大家都想多卖一点飞机，多卖一点汽车，多卖一些电子部件，没有一个厂家说'我想少卖'。办企业的目的就是想多卖产品，只要有人想卖、有人想买，就脱不了钩。"

在 9 月 27 日的任正非咖啡对话中，他又说：

我认为，全球产生两个生态和分裂的可能性应该不存在。

当主持人追问他："似乎您是 100% 的确定这种技术脱钩不会发生，您愿意再说一遍吗？您确信不会发生脱钩？"任正非回答说：

我为什么确信不会脱钩呢？在互联网时代，传播已经很广泛了，美国教授的论文不可能放在冰箱里，谁都看不见，美国的工程师如果看不见，美国也无法做出产品来呀。只要他一放出来，互联网上谁都能看见，看见的人就会跟着美国这位科学家的理论走，也可能会跟着欧洲科学家的理论走，或者跟着俄罗斯数学家的步伐走，最后就形成了还是在同一个平层的生态，这个生态可能有高低的差别，但从整个生态来说，应该没有绝对的差别。

他认为现在的世界已经互相依存，而且未来还必须互相依存，共同发展。

但也有一次，在回答彭博社记者时，他从乐观的态度上往后退缩了："技术是否可能分裂成两个标准系统，现在我不能肯定地回答。如果将来是两个标准，两个标准在交汇的时候，一个标准在南边爬坡，一个标准在北边爬坡，到山顶的时候，我们不会跟对方'拼刺刀'，我们会拥抱对方，为人类信息化服务的胜利大会师。为了庆祝大会师，我们好好喝一杯，因为山上只有雪，用雪代替香槟干一杯，终于为人类做到了共同服务。一个标准、两个标准还是多个标准，其实都不重要，重要是降低服务的成本。"

这表明他虽然大的趋势仍有信心，但对近中期的变化有些怀疑，他其实并不能排除脱钩的可能性。

2. 三种解读

中美关系出了什么问题？

让我们回忆一下，1997 年 10 月，克林顿政府时期确立对华全面接触政策，中美共同致力于建立"面向 21 世纪的建设性战略伙伴关系"。四年后，中国加入 WTO，由此开启了中国经济高速增长的"黄金十年"。2010 年，中国 GDP 超过日本，成为世界第二大经济体，仅次于美国。为什么短短不到十年后，中美之间就面临着全面战略冲突？

对于中美贸易摩擦和中美战略冲突，如果概括起来的话，大概有三种解读。

一种是所谓"大国战略的冲突"，也就是马凯硕（Kishore Mahbubani）所谓的"地缘政治冲突"。

马凯硕的观点颇具有代表性：

> 将华为列入"实体清单"其实是美国整体的地缘政治决策，因为现在中国变得太强大，发展太快，因此从美国角度来看，需要想办法减缓中国的崛起速度。美国有一些政策制定者普遍认为，要给中国减速，最好的办法就是让中美两个经济体脱钩。他们认为，一旦脱钩，美国作为较强的一方会继续增长，而中国作为较弱的一方增长会减缓。这就是"实体清单"背后的战略算计。但是我认为这是一个非常不明智的决策。

芝加哥大学的约翰·米尔斯海默（John Mearsheimer）在其经典作品《大国政治的悲剧》（*The Tragedy of Great Power Politics*）最新版中持相似的论述：

> 简而言之，我的看法是如果中国在经济上继续增长下去，它会希望像美国统治西半球那样统治亚洲。而美国会百般阻挠中国实现这种区域霸权。北京的多数邻国，包括印度、日本、新加坡、韩国、俄罗斯和越南，都会和美国联手来遏制中国的势力。这样一来就会有一场激烈的安全竞赛，战争的可能性相当大。

还有一些文章谈得更具体一些：

> 美国的一些战略智库已经想得很明白，美国从 1945 年到 1991 年差不多花了 50 年的时间搞垮了苏联，打赢了冷战，美国也要有决心拿出 30 到 50 年的时间在中国还没有能力全面挑战美国的时候把它彻底摁住，现在不摁 20 年以后摁不住了，现在不摁，20 年以后中国的经济总量可能是美国的 1.5 倍。到 2028 年的时候，中美的经济总量大约都会接近市值 30 万亿美金，中国和美国的经济总量会是一样，按照"中国制造 2025"的规划，那时候在一系列关键行业我们跟美国在技术层面上会很接近。然后到 2040 年的时候，中国的经济总量也许比美国还要大 30% 到 50%，那时候美国就没有能力把中国压住了，所以美国要把中

国压住一定要趁现在。

第二种是所谓"意识形态的冲突"。前述高善文的演讲就基本持这种观点：

> 如果一个国家愿意接纳，至少愿意接近或者表现为愿意接近美国的意识形态，美国就愿意跟你当朋友，美国就愿意跟你正常交往，美国就愿意对你提供力所能及的援助，美国就愿意帮助你。但是如果美国认为在意识形态上你跟它是格格不入，并且是背道而驰的，它就会把你看作陌生人，看作路人，甚至是看作凶恶的敌人。
>
> 这是由美国的意识形态决定的，它自从建国以后，美国的白人精英始终有深刻的传教士情结。

而近几年的一些事情的变化，让美国认识到中国离美国的意识形态越来越远。所以高善文认为，"中美过去40年交往的政治基础已荡然无存"：

> 当年美国接纳中国加入WTO的时候，克林顿总统给美国人民描绘了一幅美好蓝图，这幅美好蓝图的支点是：中国会坚定不移地走向市场经济。所以美国的精英接受了这一点，有一些人抱有怀疑态度，但总体上美国精英接受了，给中国一点时间，一点机会。
>
> 但是现在，美国主流精英的共识是，当年克林顿总统的许诺忽悠得太大了。15年过去了，18年过去了，回头看不是这么回事。在他们看来，当年克林顿总统的忽悠完全没有兑现，反而给美国制造了一个可怕的敌人。这个可怕的敌人拥有巨大的经济体量，如果现在再不采取措施，美国以后也许将会丧失机会和能力去遏制中国。
>
> 这种看法是美国主流精英的看法，这时候美国的商人在做什么呢？美国的商人都云集在美国贸易谈判代表办公室，要求对中国采取强硬措施。他们提出的抱怨是什么呢？是知识产权、是强制技术转让、是国进民退、是不公平的竞争地位、是国有企业和政府在经济之中具有越来越大的作用，而他们在中国的市场之中不能享受公平的对待，他们没有能力与中国政府对抗，所以他们云集在贸易谈判代表办公室，提出了这么多要求和诉求。

第四部分：精神共识

《联合早报》2019年5月发表的一篇署名"余智"的文章就中美冲突实质上是意识形态做了全面论述：

> 当前中美矛盾的一个表现，是双方在经贸体制方面的矛盾，其本质是双方经济意识形态的冲突。这一矛盾的核心，是美方认为中国以政府为主导的经济发展模式，包括政府扶持出口的出口导向战略、扶持国有企业的做大做强战略、扶持特定行业发展的产业发展战略等，对美国企业的发展形成了竞争威胁。在美方看来，这些发展战略从本质意义上说，带有浓厚的传统计划经济（以政府为主导）色彩，是中国从传统计划经济体制转向现代市场经济的经济体制改革不够彻底的表现。
>
> 这些战略与美方主张的自由市场经济发展模式，包括自由贸易摩擦略、民企为基础战略、市场化产业发展战略，形成了矛盾。因此，双方在这一领域的矛盾，从本质上看反映了中美双方原有的经济意识形态的矛盾。这一经济意识形态的矛盾，在过去30多年中国以市场化改革为主导的改革进程中没有凸显出来；但在近年来，随着中国经济体量的增大，以及美方认为的中国市场化改革进程的放缓乃至局部回退，而逐步凸显并加剧。但随着外部压力的增加与中美贸易谈判的推进，中国在部分领域对美有所退让（如承诺缩减出口扶持与产业补贴、遵循国企竞争中性等），双方经济意识形态上的矛盾有望得到一定程度的缓解。

第三种是所谓"文化的冲突"或"文明的冲突"。

"文明冲突"这个词是哈佛大学教授亨廷顿（Huntington）在1996年出版的《文明的冲突与世界秩序的重建》（The Clash of Civilizations and theremaking of World Order）的著作中提出来的。他认为：冷战结束后，世界格局的决定因素表现为八大文明，即中华文明、日本文明、印度文明、伊斯兰文明、西方文明、东正教文明、拉美文明与非洲文明；世界各国冲突的基本根源，不再是意识形态差异，而是基于文化与宗教的方面的"文明的冲突"。

这一观点与概念提出后，在社会各界引起广泛辩论和争议。在"9·11"恐怖袭击发生后，这一概念被广泛应用于解释西方基督教文明与中东伊斯兰文明之间的冲突。2019年初，美国国务院政策规划室主任基伦·斯金纳（Kiron Skinner）在一个论坛上提及：美国国务院正在制定基于"文明冲突"认知的对华外交战略，将中美当前矛盾界定为两种不同文明之间的冲突，以此制定对华全面应对战略。她还提出一个更加惊人的观点：美中矛盾不同于当初的美苏矛盾，因为美苏矛盾是"高加索人"（西方人）之间的内部矛盾，而美中矛盾则是"高加索人"（西方人）与"非高加索人"（中国人）的矛盾。

中国国内也有许多人持"文明冲突"论。比如著名经济学家张维迎的观点就接近于"文明冲突"这个论点："中美贸易摩擦的背后不仅仅是中美两个国家之冲突，而是中国同西方世界之冲突，包括欧盟、英国等与中国贸易逆差并不严重的众多国家，也从正面转向负面。这意味着冲突不只是贸易摩擦，更可能是背后价值体系之冲突、体制之冲突，而后一问题更为深远、更难以用技术手段调和。"而过去数年里，也有不少中国学者发表论文，从亨廷顿"文明冲突"视角来检讨中美关系。

任正非在多次接受媒体采访中的谈话，似乎也暴露出他基本是支持"大国战略的冲突"这种观点。比如他一再强调华为是夹在中美两大球之间的"小番茄"：

> 我觉得，中、美两国体量都非常大，两个大"球"在碰撞的过程中，我们一个小小的"西红柿"能阻挡这两个"球"碰撞吗？没有这个可能性，没有这个价值，孟晚舟也不会有这么大的价值。因此，中美贸易摩擦和孟晚舟这个事件应该没多大关系，是中、美两国必须调整相互的关系，要靠政治、法律、制度来调整，我们个人在这里面起不到大的作用。
>
> 华为没有这么大价值，在中美冲突中，像夹在中间的一个小番茄，没有这么重要的作用。

任正非将中美冲突比喻为两个大球的碰撞，潜意识里即接受了"大国战略的冲突"说。他还多次说美国打击华为是"恐慌过度"了，潜台词是美国见不得华为在5G技术上获得领先地位才打击华为，因而使得华为成为一个"小番茄"。

当然，华为一再强调，希望中美两大国，希望全世界都要合作共赢。在接受《时代》周刊采访时，任正非说："中美两国之间要加大合作才能共赢。中国有十三亿人口的市场，美国有先进的科学技术，这两者结合起来就是世界经济的发动机，带领世界走出困境。如果有领导问我，我就是一句话'希望中国走向更加开放的政策'。"

究竟中美冲突的性质是上述三种中的哪一种？还是说，三种因素都有，以其中一种为主？或者说，表面上看是某一种，实质上是另一种？这可能需要看事态的进一步演变，以及双方出招打击的重点，谈判提出的要求和拿出的筹码究竟为何，才能逐步做出判断，或者一定要等到双方打出个结果来，才知道究竟为何而打？让我们拭目以待。

3. 任正非的自主创新观

无论如何，我们现在看到的是，当中国走向海洋，却导致了与另一个海洋强国的冲突。而华为却由于各种原因，处在这场冲突的风口浪尖上，而且深圳这个城市，本来作为一个接合部，应该成为中西交往的枢纽与桥梁，却成为双方对撞的"受力点"。

由于中美贸易摩擦殃及华为，也由于华为一直被视作中国少有的在全球重要产业占据了技术制高点的科技公司，所以，一直争论了很久的话题又一次成了国人争论的焦点，那就是：自主创新。

一种在中国主流的观点认为：美国见不得中国崛起，所以一有机会就会阻挠中国复兴；华为正是因为5G技术领先，才招致美国政府打压；这更加说明中国要自强，自主创新，不依赖美国及世界，美国也就卡不了我们的脖子。华为备胎海思芯片和操作系统的推出，就被认为是华为最值得尊敬的地方，因为如此美国卡不了华为的脖子。所以中国必须在关键技术领域全面自力更生，才能不被"卡脖子"，才能实现中华民族的伟大复兴。

出人意料的是，因为"自主创新"而成为国人心目中"民族英雄"的任正非，却旗帜鲜明地不赞成"自主创新"。这个观点，还有他一再公开宣称的态度，让他成为一个备受争议的人物。

熟悉华为的人，应该知道这是任正非一直以来的观点。他对此有过多次的论述，本书开头所引用的正是他最经典的语句。其实任正非在好几年以前就谈过他为什么不赞成提"自主创新"，他更主要担心中国重回到闭关锁国、故步自封。很多人并没有真正理解他关于"自主创新就陷入熵死里面，这是一个封闭系统"的关键论点。

4. 深圳的自主创新观

任正非的自主创新观，显然与深圳地方政府并不完全一致。

事实上，深圳市从 2005 年开始，就一直强调自主创新，并认为自己探索了一条自主创新求发展的模式。而华为倒是常常被作为深圳自主创新抓得好的核心证据之一——比如深圳常常引用的一个数据——PCT 国际专利申请量多年占全国的 50% 左右，其中华为、中兴通讯、富士康、比亚迪几家企业贡献了超过 90%。

2009 年开始，科技部主导推动了"国家自主创新示范区"的建设，并于 2009 年 3 月、12 月和 2011 年 3 月，先后批设了北京中关村、武汉东湖、上海张江三个"国家自主创新示范区"，深圳很着急于自己没有被批设为"国家自主创新示范区"，担心是由于自己的大部制改革将科技部门合并到了"科工贸信委"而导致失去此项桂冠，遂于 2012 年 2 月重新将"科技创新委"从"科工贸信委"拆分出来。2014 年 6 月，深圳获批成为第四个"国家自主创新示范区"。

迄今为止，国家已批了包括之后的苏南、长株潭、天津、成都、西安、杭州、珠三角、郑洛新、山东半岛、沈大、福厦泉、合芜蚌、重庆、宁波—温州、兰白、乌昌石、鄱阳湖共 21 个国家自主创新示范区。

差不多近 20 年来，深圳市特别在意的一个数据就是 R&D（研究与试验发展）占 GDP 比重，因为这是国际上评价一个地区创新能力的重要指标之一。所以我们看到 2018 年，深圳市 R&D 占 GDP 比已达到 4.2%，在国内仅次于北京市（高达近 6%，之前曾有年份高达 7% 以上，为全球之冠，而且占全国 R&D 投入的十分之一），在国际上已达到著名的创新型国家韩国和以色列的水准。

深圳市过去常常强调六个 90%，即 90% 以上的创新型企业是本土企业，90% 以上的研发机构设立在企业，90% 以上的研发人员集中在企业，90% 以上的研发资金来源于企业，90% 以上的职务发明专利出自企业，90% 以上的重大科技项目发明专利来源于龙头企业，较好地解决了科技与经济"两张皮"的问题。但近年，深圳又开始强调公共研发投入，其中尤其是基础科研。从 2019 年起，深圳宣布以后每年财政科技经费投入基础科研占比不低于 30%。为何是 30%？因为发达国家在基础研究和应用研究等原始性创新研发的经费投入占全部经费投入的比例一般是 30%（法国最高达 60%），而中国这个数据只为 16% 左右。

地方政府追求什么并不一定与企业所追求的完全有交集。而在自主创新这个问题上，深圳是否应该倾听一下任正非的话？

五、瞧，任正非这个人

尼采说："瞧，这个人！"

2019年前，华为在国内国际市场叱咤风云，而任正非则极为低调，云遮雾罩，不露庐山真面目。2019年，在华为生死攸关之际，任挺身而出，为华为而战，一年之内接受全球三十多批一百多家近千名记者采访，还举行了三期任正非咖啡对话，向全世界发布华为对这个世界的看法——"我想和这个世界谈谈"。这些视频，这些话语，向我们展现了一个真实的任正非。

任正非说，他出来见媒体，是公司公共关系部门逼的。但华为公共关系部只能要求任正非"不能说什么"，却不能完全主导任正非"想说什么"。从这些多次采访的内容中我们可以猜想到，任正非基本上没有违反公关部门"不能说什么"的要求，敏感的问题，不适合华为来说的内容，他都回避掉了。虽然有些回避得比较巧妙，有些则略嫌生硬，甚至有时被记者逼到墙角。但老任基本没有犯原则性的错误。

但任正非说什么，还真不是公关部门所能够约束的。他尽可能说他自己的真心话，而且许多话里凝聚着他这一生的经历和思考，他是真诚地说出来，给他希望能听到的人听。

他对英国的高度肯定，如果不是对世界历史和英国历史有过深入的阅读，如果不是对英国社会和经济各方面有过亲身经历的经验认知，那些话他是讲不出来的，是讲不到位的。

1. 饥饿者

让人最惊心动魄的，是他对饥饿的刻骨铭心的记忆。

没有经历过饥饿的人，可能到了 75 岁时脸不会是他这个样子。

就 2020 年这个时点上来说，可能世界上没有任何一个国家、一个民族，其整体代际认知冲突的完全不能互相理解，会像中国这样惊人地复杂和多层次。仅从对饥饿的认知上，就可以把这 13 亿人分为好几个考古地层学的异质层次。

甚至有人说，没有长年饥饿过的人，不足以认识中国。

任正非是在长身体的时候长年挨过饿的那一代。他沉痛地说出的那句话："你不应该问我当年有没有挨过饿，而应该问我当年有没有吃饱过。"那些面对他的外媒记者们根本是无法理解这句话的。

饥饿塑造了任正非的整个人生。为什么他在华为 33 年的历史中，一直碎碎念的一个字是"死"，两个字是"活着"，三个字是"活下去"？"下一个倒下的会不会是华为？"这把达摩克利斯之剑为什么一直悬在华为的头顶？因为他知道，人的确是可以饿死的。

为什么他一直强调再强调"客户至上"？因为他知道，只有客户才会给他"馍馍"吃。别的人都是讨债的，都是想从你身上扒走什么东西的，只有客户才是给你送钱的人，养活你的人，是你的衣食父母。

当任正非说希望记者们明年再来看看华为，看看华为是否还活着，当徐直军在华为 2019 年报发布会上说希望华为今年能活下去，明年还能发布年报，许多人可能都会认为这是开玩笑。但是，天啊，他们是认真的。

如果你读过余华的《活着》，你就知道，没有比活着更艰难的事情。

李泽厚说，西方哲学的核心概念是"Being"（中文只能不太准确地译为"存在"），而中国哲学的核心概念也是一个词——"活着"（英文只能不太准确地译为 alive）。中国人的哲学是生活哲学，一切思想围绕着"活着"而展开。

《射雕英雄传》里"九阴真经"的创立者黄裳说，你能活下去，你就赢了。

想必任正非对此有深刻理解。

对饥饿有深刻感受的人，在赚到财富之后，会有两种心态，一种是暴殄天物，怀着对饥饿的痛恨，对物质财富有报复性的占有欲和变态蹂躏般的挥霍，这种"暴饮暴食"的状态其实等于是一直在心理上没有走出饥饿；另一种是超越物质享受，不再将财富作为一种包装自己的衣服。只有少部分真正国际化或全球化的中国人，才会呈现出第二种状态。

任正非当然属于后者，其生活的节俭，比如穿着很普通的衣服，开着标致308的旧车子，坐地铁，到机场不要人接，自己排队等出租车等行为，与其说是养成了节俭的习惯，不如说是超越了物质享受。

2. 军人

西方媒体特别怀疑华为与中国军方的关系，但缘由竟然是任正非是军队出身，了解中国情况的人都会感到啼笑皆非，显然这是文化隔膜，因为在中国当过兵跟与军队有关系是两件事。就像任正非向他们解释的那样，第一，他在军队只是个低级军官；第二，任何国家军人复员后也都要找工作，他只不过选择了创业而已——不必拿他在军队待过说事。

其实中国企业家里面，军人出身的人并非任正非一个。万科创始人王石是汽车工程兵出身，联想创始人柳传志毕业于军事院校，宁波杉杉集团郑永刚当过三年兵，新疆广汇集团的孙广信毕业于西安陆军学院，并当过教官，大连万达的中国首富王健林在部队服役16年，青岛双星集团的汪海是为数不多的上过战场的军人企业家。

14年的部队生涯给了任正非什么？任正非谈得最多的是吃苦，但是任正非在加入军队之前，吃的苦还少吗？他的人生前半段的主题就是吃苦，却并非是部队给他的礼物。部队给他的礼物也许是搞科研，因他是正牌建筑学院大学生参军，加入的是工程兵部队，其实按其学历如果不入伍而是参加工作，未必能有多少机会搞科研，但在普遍文化素质不高的工程兵部队，像他这样的大学生稀缺之极，所以当承担辽阳化纤厂的建设工程时，他也就被赶鸭子上架从事了科研，没想到竟然还因为一项发明得了许多奖励，甚至去参加了全国科学大会。这才是他的人生奇遇。

其实部队的历练可能给一个人的一生留下最大影响的，大都是纪律、服从和等级森严。这些在华为的管理中有多大影响？我们不得而知。任正非是非军事院校毕业而入伍，一进去就是军官，而且主要是搞科研，关于纪律与服从，在他身上感受未必那么强烈。反而他多次强调他在部队时的读书，尤其是许多军事书籍对他影响比较大，尤其是通过读书知道了西点军校的许多理念。所以我们在前面才会说，对他的管理思想影响最大的可能不是中国军队，而是美军。

有意思的是，整体转业到深圳特区的基建工程兵部队，后来进行纪念活动——2017年1月18日在深圳举行的大型文献纪录片《激情燃烧的记忆——我们是光荣的基建工程兵》新闻发布会，还邀请任正非参加。任正非并不属于1982年用100多列军车专列从全国各地拉来的2万工程兵（以原31支队3个团、2支队2个团为主体），而是自己提前转业通过妻子的关系分配到深圳南油集团的干部，可以说，虽然同样出身于基建工程兵，同样在深圳，任与他们走了完全不同的道路。

3. 人子

任正非创办华为时43岁。对中国人来说，"三十而立，四十而不惑，五十知天命"。但43岁时的任正非有没有立起来？有没有不惑？

在此之前，他有一个出身于高干家庭、身为国企高管的妻子，他的大女儿孟晚舟1987年时15岁。1988年大女儿据说是自作主张改随母姓孟。当时任正非知道后内心感受如何？

即便是在75岁的时候，任正非向媒体描述说，他的三个孩子跟他都不亲。任正非解释说主要是因为他创立华为后，忙于工作，没有时间陪孩子。但无论如何，从他的片言只语间，可以知道他还是重视亲情，比如孟晚舟被拘在加拿大，父女俩反而可以多一些电话交流。

作为人子的任正非，从他那篇《我的父亲母亲》中可以看出端倪。作为父亲的任正非，则很少有公开资料。与第一任妻子所生的一女（孟晚舟）一子（任平），现都在华为公司内部工作。任正非多次公开表态，都否认了自己子女接班华为掌门人的可能性。小女儿姚安娜，是第二任妻子姚凌所生，还在求学时期。据说任对小女儿的爱超乎她的姐姐哥哥。老幺嘛，多疼爱一些是可以理解的。

但他的婚姻观呢？他对女人的看法？我们无从得知。

第四部分：精神共识

从网上能查到的仅有的一些资料，也很有意思。华为副总裁李玉琢曾写文说过这样一段辞职往事：

任正非开门见山地质问："李玉琢，你的辞职报告我看了，你对华为、对我个人有什么意见？"

李玉琢解释说："我没什么意见，华为给了我很多机会，你也对我悉心培养，我感谢都来不及呢。只是这样的身体，病了都没人给我一口水，突然死了都没人知道。"

任正非很愤怒地大声说道："假话，我不听。"

过了五六分钟，任正非又过来挽留他说："我们对你的人品和能力是肯定的，你在华为还有许多工作可以做……"讲了大约半个小时，我打断了他："任总，非常感谢你谈了这么多，但是我不想拖累华为。另外，我爱人又不在身边，我已经七年单独在深圳。"

他说："那你可以叫你爱人来深圳工作嘛！"

我说："她来过深圳，待过几个月，不习惯，又回北京了。"

任立刻说："这样的老婆你要她干什么？"

任正非似乎是认为，妻子应该尽全力支持丈夫的事业，否则不如不要这样的妻子。这似乎有两层潜意识：一、一定程度的大男子主义，妻子应该为丈夫做出牺牲；二、离婚不是多大的事儿，男人应该重事业。

和第一任妻子的婚姻给他的人生观带来多大影响？

任正非的辉煌其实应该是60岁以后才开始的，2004年之后，华为度过了2001—2002年的生死劫，开始进入大发展的阶段，国内市场和国际市场先后获得突破，华为成长为中国著名的大型民营企业，经过2003—2004年"华为-思科"事件，任正非个人在国内和国际的知名度也大幅度提升。当然，可能直到2019年，他在全球的知名度才真正达到巅峰。

孔夫子那句话的后半段是："六十而耳顺，七十而从心所欲，不逾矩。"耳顺，什么话都能听进去；从心所欲而不逾矩，是心灵自由的中国版辩证状态。这两种状态看样子老任都已达到。

作为"网红"，在国内不能在外面咖啡馆喝咖啡，那就在华为总部的舒适环

283

境里喝咖啡。这大概就是任正非"从心所欲而不逾矩"的状态写照。

4. "中国的乔布斯"

任正非最佩服的商界人士是乔布斯和比尔·盖茨,似乎是把他们作为自己的人生对标。比如在谈到他在公司持股比例时,几次说过,"今天,我个人在华为持有股票占总股数为1.14%,我知道乔布斯的持股比例是0.58%,说明我的股权数量继续下降应该是合理的,向乔布斯学习"。

当有记者称他为"中国的乔布斯"时,任的回答是:"第一,我不是乔布斯,因为乔布斯对人类贡献非常大,他创造了移动互联网,而且他在哲学上追求完美。我没有特别精湛的技术,只是提了一桶'糨糊'把十八万员工粘起来一起奋斗,他们奋斗出来的成绩就扣在了我头上。我在哲学上信奉灰度,信奉妥协,'白'与'黑'之间有一个妥协是灰度。乔布斯是追求极致的,我们两个性格上很多不一样。我没有他那么伟大,所以不能叫乔布斯,这不是谦虚,是真心不认为自己伟大。"

在与尼葛洛庞帝对话时,他拜尼为师,并说:"尼古拉斯·尼葛洛庞帝教授是乔布斯的老师,他的儿子与乔布斯同一个宿舍,今天我拜尼古拉斯为老师,所以我与乔布斯就是同学了,我感到无上光荣。"

他念念不忘乔布斯及苹果的根本性创新给人类带来的巨大福利。他自己说过乔布斯死的时候,他们全家在小女儿的提议下默哀了一分钟。

任正非对标的偶像都是人类历史上最伟大的企业领袖,由此可知任正非志不在小。

从20世纪90年代中期开始,任正非就开始频频出国考察,到后来华为业务向全球铺开,任正非也可谓是足迹遍全球,到美国、欧洲、日本更是家常便饭。待到华为成为一家全球著名的高科技巨头,则他所能会见的政商界巨子如过江之鲫,实践中的学问自是水涨船高,眼界常常超乎一国之内——在整个地球范围内思考问题,加之他就是个求知欲很强,爱读书爱学习的人,那么这样多年的历练下来,他对产业的认识,对科技与商业的认识,最终上升到从人类福祉的角度思考,也是水到渠成的事情。

所以在他的谈话中，类似以下这样的话语比比皆是：

> 我们认为，在人类未来二三十年，一定会发生一场巨大的革命，这场革命就是技术革命，技术革命就是信息社会会智能化，因为人工智能的出现，会推动世界智能化。云化和智能化，信息会像"海啸"一样爆炸，爆炸一定要有东西支撑，要有最先进的连接设备和计算设备支撑。我并不认为5G，也并不认为今天各种传送，会满足人类目标的顶点，我认为人类还有更深刻的需求要解决。所以，今天我们只是在变革的初期，我们也只是跑到这次变革的起点，后面的路还很长，我们努力要做到使人们得到更快、更及时、更准确、更便宜的信息服务。
>
> 我认为，人类社会最主要的目的是要"创造财富"，使更多人摆脱贫穷。社会一定是要合作共赢的，每个国家孤立起来发展，这在信息社会是不可能的。在工业社会，由于交通问题、运输问题形成了地缘政治和地缘经济，一个国家可以单独做一个缝纫机、拖拉机……在信息社会，一个国家单独成一个东西是没有现实可能性的。所以，全世界一定是走向开放合作，只有开放合作才能赶上人类文明的需求，才能用更低的成本让更多人享受到新技术带来的福祉。

他已成为真正全球化的企业家。

所以他确已站到了乔布斯、比尔·盖茨、马斯克的行列中去了。

5. 爱国者

全球化的中国企业家，应该有着怎样的中国观？任正非其实做出了一个榜样。那就是在心底深爱这个国家，科学理性地看待中国，理性看待中国的成就，理性看待中国的问题，寻找解决问题的合理化路径。

没有人能否定任正非是爱国的。他的爱国，不仅仅是把华为做成一家在全球具有技术领先地位的高科技跨国公司，为中国人挣了面子，增强了中国人的民族自尊心和自豪感，更在于，他无时无刻不希望中国能够繁荣昌盛，无时无刻不希望中国人过上好日子。

他的爱国，深刻地体现在对邓小平"改革开放"的感恩及坚定支持上。

他的此类观点经常表达出来：

> 开放改革是有利于中国的，中国封闭了五千年，贫穷、落后，没有富裕过。这三十年就是邓小平开放改革以后，中国才转向富裕了，所以中国必须坚持开放改革的路继续往前走，不要因为一个华为公司，中国改变了，要闭关自守。
>
> 中国在寻找自己的道路时也是弯来弯去的，中国最终会找到实现有序的民主、可以发展、有利于中国的新的发展动力。今天的动力，还是让人民过上幸福生活，走到小康社会；让贫困的人民摆脱贫困，让绝大多数孩子能受到良好教育，才有未来。有了这个目标，整个国家还是有奋斗动力的，是有序化的。中国政府实施控制，不要出现无政府主义，不要出现动乱，使国家在有序的基础上不断去改革，不断去发展。
>
> 当我们近期在西方受到很严厉的挫折，我们还是支持我们国家继续走向更加开放。因此，我认为，中国只有更加开放，更加改革，才会形成一个更加繁荣的中国。

也因为如此，在政治家中，他最为崇敬的就是邓小平：

> 开放改革之前，中国的政治和历史是另外一个状况；但是邓小平开放改革以后，中国开放了一个新世界，我们就要勇敢地去迎接这个新世界。
>
> 邓小平之所以那么伟大，就是把五千年封闭的中国开放了，通过三四十年，让中国实现了初步的繁荣。
>
> 邓小平的中国发展的目标是社会主义加市场经济。社会主义讲公平，市场经济讲有差距，"火车头"总要多拿一点嘛，两者平衡一下，不要差距拉得过大。为什么过去有些人搞社会主义不成功？他们把公平理解为平均主义了。所以，邓小平提出"我们是在社会主义的初级阶段"，什么叫初级阶段？就是承认收入分配有差距。所以邓小平讲了"要让一部分人先富起来，先富

的一定要帮后富"，您认为他讲的话与新教文化是否有一致的地方？天主教的文化就是要公平的，马丁·路德的宗教改革就是允许人有差距，就是这样一句话，促进了五百年来西方的繁荣。

邓小平对外国人是很友好的，特别是对日本。胡耀邦时期，中日青年一船又一船地互相往来交流，中国和日本在八十年代到了友谊的高峰，中日之间的经济互补性关系得到了发展。日航在上海建的花园饭店，今天还是很漂亮的。花园酒店已经不知道赚回多少个花园酒店了。中国是真心对外资好的，像特朗普这么吓唬人是没人敢投资的。

字里行间，无不显示出他对邓小平的崇敬和感恩之心。当然，他崇敬邓小平，是因为他做了对国家和人民有利的事情。

任正非认为，中国在新一轮技术革命中最需要的就是基础教育：

我们国家面临着这种分化，就应该要把基础教育提到国家的最高纲领，才能迎接未来的革命。提高全民族的文化素质，这应是党和国家的主要责任，每个公民的义务。今天满街高楼大厦，过二三十年就变旧了。如果我们投资教育，二三十年后这些穷孩子就是博士，开始冲锋，国家就会走向更加繁荣。

中国首先要在基础教育，特别是在中小学教育、农村教育上，要向西方学习，追上来；在高等学校的学风，像世界科学家一样，专注学术研究，博士论文充满真知灼见，打好这个基础。这样经过五六十年甚至一百年以后，才能来讨论这个问题。西方无论是在初等教育还是高等教育上，都有创造性方法；中国现在只有统一的考试方法，这让天才很难脱颖而出。

因此，中国短时期不会全面达到西方的科技水平。我们也在呼吁，希望国家重视教育，改变过去落后和跟随的状态，希望孩子有些独立思维，也希望能为世界输出技术上的贡献。

他还就人才问题向国家献计献策：

现在大量的人才从国外海外回国，这对我们国家是一次机会。因为有两次人才大转移高峰，第一次是第二次世界大战结束以后 300 万犹太人从苏联转移到以色列,崛起了一个高点。现在美国正在排外,它的科研就受限了。第二个我们可能有一些大量的留学生在国外不能公平就业的话,他可能要回国。这个时候我们国家敞开怀抱,拥抱这些人,让他们到中国来,多挣钱,让他们来为国家多发光。其实我们有时候我们跟外国人说,你把这个高科技卖给我们吧,你把这个东西卖给我们,当这个东西买回来以后,你把这个蛋一打开,发现这个蛋是中国蛋,是咱们中国鸡跑到美国生了一个蛋,然后卖给我们中国蛋,我们还交了关税,我们还要高价买回来。为什么不能自己的鸡在自己国家的土地上生?

第二个,为什么不能让外国的科学家到中国来生蛋?大家也知道,美国有非常多伟大的领袖、政治家、哲学家、科学家,大多出自穷困的东欧。为啥不能再把东欧的优秀人才引进到中国来生蛋?让他们有幸福的生活,让他们感觉到好的环境。这样中国能大量把世界人才像美国一样把科学家吸纳到中国来,这个国家怎么不能井喷?

这才是真正的爱国者。

在视频里,看着任正非那张沧桑的脸,听着他那带着浓重方言味的普通话,我总想起严复。这个1854年1月出生于福建侯官县的中国思想家。

他可以说是第一个站在全球看中国的中国人。

严复在英国学习两年多,深入全面地了解了英国的制度和法律,甚至哲学,他可谓是第一个真正了解西方为什么会发达起来的中国人,接受了纯正的英国自由主义哲学,认识到中国仅仅在器物层面向西方学习是远远不够的,而必须在软件制度层面,甚至在哲学层面学习西方。所以退出海军后,严复先后翻译了《天演论》《群己权界论》(即密尔的《论自由》)等大量的西方理论著作,在国内产生了巨大影响。

严复领先于他所处的时代太多,因此一生虽然到处奔走呼吁,但最终郁郁不得志,不能践行自己的理论,实现自己的理想。但他毕竟真正认识到了西方文化的精髓,看清了中国未来的方向——他标志着在他那个时代中国知识分子的思想见识所能达到的高度。

任正非某种程度也是领先于他所处的时代太多,代表了中国企业家在现今这个时代所能达到的思想见识的高度。

6. 北非之狐

让我们以一些旁观者对任正非的评价为本书作结。

经济学家张五常说："在中国的悠久历史上，算得上是科学天才的有一个杨振宁，算得上是商业天才的有一个任正非。其他的天才虽然无数，但恐怕不容易打进史书去。""尽管我认识的世界级学者一律智商高、用功、分析力强，但算进事业的难度论高下，我们没有一个比得上任正非先生。"

马未都说，任正非是我最佩服的企业家。

金融学者向松祚认为华为公司比国内的几大互联网公司要高好几个档次，"现在中国能够称得上跨国公司的著名企业，就是一个华为"。

国内企业界所谓的"教父"级人物柳传志则表示：佩服任正非，自己的魄力不如他。

阿里巴巴创始人马云认为，华为的成就和影响力是世界性的，"在中国企业界，任正非才是一个被遗忘的高人"。

娃哈哈宗庆后说，中国的企业家中他最欣赏的人是任正非。

小米雷军公开说自己视任正非为偶像，会背很多任正非的语录。

万通冯仑说任正非是当今企业家中最能立得住的人。

大疆无人机的汪滔唯独服气任正非，"20世纪90年代中国还是一团糟的时候，任正非从做销售起家，最后可以把技术做得那么厉害，团队管得那么好，而且他的方法论、价值观又不是为了钱。现在这些为了钱和名的人，都是蛮 low 的"。

同在深圳，与任正非有较多交往的万科创始人王石认为，任正非是一个非常狡猾的人，非常老谋深算，非常不动声色。王石称任正非为"北非之狐"。

王石的这个评价，最值得玩味，可能要过一些时间来对照。

至少要等华为这一次的"生死劫"度过之后，我们才知道评价得当不得当。